本书为陕西省社科基金一般项目"习近平领导思想研究"（项目号：2017A013）成果

领导力"四力"模型

张记国　柴岳春　著

西北工业大学出版社

西　安

图书在版编目（CIP）数据

领导力"四力"模型/张记国，柴岳春著．—西安：西北工业大学出版社，2019.12
ISBN 978 - 7 - 5612 - 6965 - 7

Ⅰ.①领… Ⅱ.①张… ②柴… Ⅲ.①领导学 Ⅳ.①C933

中国版本图书馆 CIP 数据核字（2020）第 009450 号

LINGDAOLI SILI MOXING

领导力"四力"模型

责任编辑：万灵芝		策划编辑：张　晖	
责任校对：李文乾		装帧设计：李　飞	

出版发行：西北工业大学出版社
通信地址：西安市友谊西路 127 号　　邮编：710072
电　　话：(029)88491757，88493844
网　　址：www.nwpup.com
印 刷 者：广东虎彩云印刷有限公司
开　　本：710 mm×1 000 mm　1/16
印　　张：15.625
字　　数：306 千字
版　　次：2019 年 12 月第 1 版　2019 年 12 月第 1 次印刷
定　　价：68.00 元

如有印装问题请与出版社联系调换

前　言

党政领导干部领导力影响着我国各级党政机关的领导效率，关系到能否有效推进"四个全面"战略布局。当前，一些党政领导干部在工作中出现了不适应状态，也存在不少消极腐败现象，如何提升党政领导干部领导力成为一个重要又紧迫的问题。对这个问题，亟须基于马克思主义理论进行分析研究，辩证施策，有针对性地加以解决。

本书以马克思主义领导理论为指导思想，借鉴现代领导力理论，从"党政领导干部""领导力"等概念出发，构建党政领导干部领导力"四力"理论分析框架，通过调查反映当前党政领导干部领导力的现状与问题，探讨各种因素对党政领导干部领导力的影响，最后提出提升党政领导干部领导力的建议。本研究有助于拓展马克思主义领导理论研究，也有助于促进国家治理能力现代化，为党政领导干部提高领导水平提供智力支持。

本书的主要创新点如下：

（1）提炼马克思主义经典作家和中国化马克思主义关于领导力的论述。本研究是对马克思主义领导理论的拓展与补充。

（2）从领导权力、领导魅力、领导能力、领导影响力四方面构建了党政领导干部领导力"四力"理论分析框架。本书深化了有关领导力的研究。

（3）发现个人因素对党政领导干部领导力的影响最大，第二是社会文化因素，第三是组织因素，第四是政治因素，第五是经济因素，家庭因素的影响则最小。

（4）采用问卷调查方法对党政领导干部领导力研究进行验证。本书开发了测量党政领导干部领导力及其影响因素的研究工具，通过实地调查以获取第一手材料，以此促进理论与实际的结合。

在编写本书的过程中，得到了李景平教授、陆卫明教授、王宏波教授的指导；在收发问卷时，得到了张欢、屈直、刘舒辉、郭淼、高宁等同学和朋友的大力帮助，在此表示真挚的感谢。另外，在编写过程中参考了大量文献，向其作者表示感谢。

  由于水平有限，书中难免有不足之处，敬请读者批评指正。

著 者

2019 年 6 月

目　　录

1 绪论 ··· 1
　1.1 选题背景及问题提出 ·· 1
　1.2 国内外研究现状 ··· 6
　1.3 研究意义 ··· 18
　1.4 研究思路、方法与框架 ··· 20

2 概念界定与相关理论 ·· 23
　2.1 概念界定 ··· 23
　2.2 相关理论 ··· 33

3 党政领导干部领导力分析框架 ······································ 48
　3.1 基本要素与要素关系 ··· 48
　3.2 测评指标体系与问卷设计 ······································ 77
　3.3 测评与数据分析方法 ··· 83

4 党政领导干部领导力调查与测评——以西安市为例 ············· 86
　4.1 样本选取 ··· 86
　4.2 调研过程 ··· 89
　4.3 统计分析结果 ··· 98

5 党政领导干部领导力问题分析 ····································· 108
　5.1 党政领导干部领导力总体水平偏低 ···························· 108
　5.2 不同群体党政领导干部领导力问题分析 ······················· 111
　5.3 党政领导干部领导力构成要素问题分析 ······················· 113

6 党政领导干部领导力影响因素分析 ······························· 126
　6.1 宏观因素 ··· 126

  6.2 微观因素 ·· 153

7 党政领导干部领导力提升路径 ································ 193

  7.1 分类提高不同群体党政领导干部的领导力 ············· 193

  7.2 着力提升党政领导干部领导力的薄弱环节 ············· 198

  7.3 采取不同举措提升党政领导干部领导力 ················ 210

8 结论与展望 ·· 226

  8.1 主要结论 ·· 226

  8.2 展望 ·· 227

附录 ·· 228

参考文献 ··· 234

1 绪 论

1.1 选题背景及问题提出

1.1.1 选题背景

党政领导干部领导力的高低,影响我国各级党政机关的领导效率,关系各地方各部门能否有效推进"四个全面"战略布局,影响"中国梦"的实现。党的决议早就提出,保证党和国家的长治久安,不断推进社会主义现代化事业,"首先在于"各级党政领导干部。① 胡锦涛也指出,当今世界的竞争日益激烈,说到底,这些竞争首先是领导人才"能力的竞争"。② 习近平更是强调,前进道路上会不断出现各种困难与挑战,关键看"有没有克服它们、战胜它们"的本领。要着力克服本领落后的问题,不断提高履职尽责的能力。③ 政治路线确立以后,干部就是决定因素。领导干部是治国理政的"关键少数",而党政领导干部更是"关键少数"中的少数。与一般干部相比,党政领导干部是上达中央高层、下及一般公务人员的中间层,掌控着普通公务人员无法比拟的庞大公共资源。与其他领域的领导干部相比,党政领导干部直接掌握着各地方各部门的党政权力,是公共权力运行的枢纽环节。因此,党和国家的事业能否兴旺发达,能否推进各地方各部门工作的大力开展,先决条件为是否具有一大批领导力水平高的党政领导干部。

2014年5月,李克强在国务院常务会议上批评了"为官不为"的问题。他强调国务院各部委有些官员存在主动作为不足的问题,指出要注意领导责任是否履行到位的问题。在基层调研时,他发现有些地方确实出现了"为官不为"的现象,一些政府官员抱着"只要不出事、宁愿不做事",甚至"不求过得硬,只求过得去"的态度,敷衍了事。

2015年2月,李克强在国务院第三次廉政工作会议上指出,当前我国经济

---

① 中共中央关于加强党的建设几个重大问题的决定[J].党的建设,1994(11):10.
② 胡锦涛.胡锦涛文选:第一卷[M].北京:人民出版社,2016:107.
③ 习近平.第四批全国干部学习培训教材《序言》[N].人民日报,2015-02-28(1).

社会发展处于攻坚克难的重要阶段,党中央国务院出台了一系列既利当前又惠长远的政策措施,启动了一批重大发展和民生工程,实施有效但还不够理想。去年投资完成率总体上达到86.8%,但个别领域重大工程投资只完成一半左右;全国建设用地供应量下降了16.5%,已供土地使用率只有50%左右。这种状况是多年来少有的。项目批了,资金下了,土地供了,为什么工程上不去,要从精神状态、作风行为上找原因。应当看到,身在岗位不作为,拿着俸禄不干事,庸政懒政怠政,也是一种腐败。该负的责任不负,该干的事情不干,不符合与党中央保持一致的要求,不符合依法履职的要求,不符合反腐倡廉的要求。

2016年1月,习近平在省部级主要领导干部学习贯彻党的十八届五中全会精神专题研讨班上指出,综合各方面反映,当前"为官不为"主要有3种情况:一是能力不足而"不能为",二是动力不足而"不想为",三是担当不足而"不敢为"。这些情况,过去也有,为什么当前表现得比较突出?除了一些干部自身素质不适应新形势新任务要求外,也有我们工作上的原因,还有社会上种种复杂因素的影响。

2016年3月,李克强在国务院第四次廉政工作会议上指出,中央巡视组和国务院督查组工作中发现,一些地方、部门、企事业单位和金融机构反腐倡廉制度不健全,少数干部不作为、不会为、乱作为,简政放权改革有不少方面还不到位。重点领域和群众身边的腐败问题也不容忽视。反腐倡廉形势依然严峻复杂,必须一以贯之抓紧抓好。

总的看,我们的干部队伍素质不断提高、结构明显改善,总体上适应事业发展需要,特别是大批优秀年轻干部正在成长起来。同时,受成长经历、社会环境、政治生态等多方面因素影响,当前干部队伍也存在种种复杂情况,一个突出问题是部分干部思想困惑增多、积极性不高,存在一定程度的"为官不为"。对这个问题,我们要高度重视,认真研究,把情况搞清楚,把症结分析透,把对策想明白,有针对性地加以解决。

1.1.2 问题提出

党的十八大以来,随着我国正风肃纪和反腐倡廉力度的加大,党政领导干部队伍的主流是好的,党政领导干部队伍的整体情况有很大好转。但是不可否认,当前党政领导干部队伍的领导力状况仍然存在以下问题。

(1)"乱作为"的现象说明了部分党政领导干部领导力的溃败

"乱作为",是指党政领导干部在履行公共权力的过程中,滥用领导权力谋取私利,其领导力表现出违纪、违法、腐败的特点。王岐山指出,"乱作为"的现实危害性更大,对党的负面影响更大,"乱作为"这个问题更有紧迫性。① 2013年中国共产党中央纪律检查委员会(简称"中纪委")的通报显示,全国有19名省部级、54名厅局级、1477名县处级党政领导干部存在违法违纪、贪污腐败问题;2014年中纪委的通报显示,全国有28名省部级、198名厅局级、2630名县处级党政领导干部存在违法违纪、贪污腐败问题;2015年中纪委的通报显示,全国有19名省部级、441名厅局级、3818名县处级党政领导干部存在违法违纪、贪污腐败问题,合计如图1-1所示。党政领导干部掌握大量公共资源,掌控党政机关的公共权力,本应利用权力为人民造福、干事创业,其违纪违法、贪污腐败等"乱作为"的现象说明一部分党政领导干部的领导力发生了溃败。

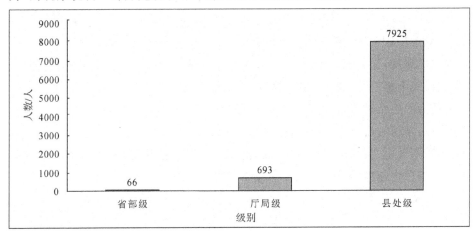

图1-1 中纪委通报的"乱作为"的党政领导干部(2013—2015年)

(2)"不敢为"的现象说明了部分党政领导干部领导力的萎缩

"不敢为",是指党政领导干部在领导工作过程中缺乏担当精神,没有开拓创新的勇气,其领导力表现出踌躇、犹豫、观望的特征。有的信奉"少种刺多栽花",有的奉行"没事就是本事",有的信守"妥协就是和谐",有的相信"宁愿不干事也要不出事"。党的十八届三中全会以来,全面深化改革的战略部署已经展开,但从严治吏、高压反腐的推进让部分党政领导干部产生不必要的困惑,有些人不敢干事、不敢改革,开拓进取的魄力仍有待提升。2015年人民论坛调研中心的调研结果显示,多数受访者认同改革型的党政领导干部"正遭遇断层",认为"想改革、善改革"的党政领导干部非常少。党政领导干部"不敢为"的主要顾虑表现在

---

① 王岐山的政协内部报告透露了哪些新动向?[J].党的生活(黑龙江),2014(9):29.

以下几个方面(见图1-2):19.8%的人表示"维稳心切顾不上谈改革",25.6%的人表示"不知从何下手",34.7%的人表示"改革对我没好处",37.0%的人表示"官场不搞另类",38.4%的人表示"干事的不如跑门路的",48.4%的人表示"何必改革得罪人",52.6%的人表示"干多干少一个样",62.6%的人表示"枪打出头鸟"。① 党政领导干部本应锐意进取,推进全面深化改革,"不敢为"的现象说明一部分党政领导干部的领导力出现了萎缩。

(3)"不能为"的现象说明了部分党政领导干部领导力的消失

"不能为",是指党政领导干部本领有限、能力不足,没有足够的办法解决问题、开展工作,其领导力表现出执政效率低下、工作成果不大、领导效能不高的特点。在一定范围、一定时期内,党政领导干部本领不足的状态是客观存在的事实。2014年人民论坛调查中心的调研结果(见图1-3)显示,党政领导干部存在本领缺失现象,有13.8%的人觉得"对中央精神领会不准",有26.8%的人觉得"岗位技能不足",有28.5%的人觉得"不知如何推动工作"。② 不少党政领导干部有很高的工作热情,也有做好工作的良好愿望,但习惯于传统的领导思路,缺乏解决新问题的领导本领,或者领导方法不对路,出现事与愿违的局面,出现了"老办法不管用、新办法不会用"的问题。办法不足、能力缺乏等"不能为"的现象表明一部分党政领导干部的领导力面临消失的危险。

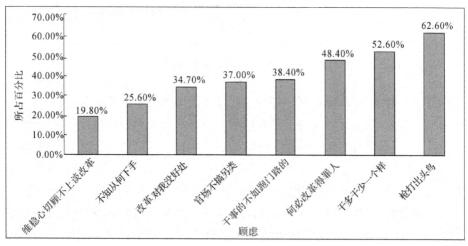

图1-2 党政领导干部"不敢为"的顾虑

---

① 争当"改革促进派",干部有哪些顾虑?[J].人民论坛,2015(6):14-15.
② 张潇爽.当前官员怕什么?顾虑什么?郁闷什么?[J].人民论坛,2014(7):18.

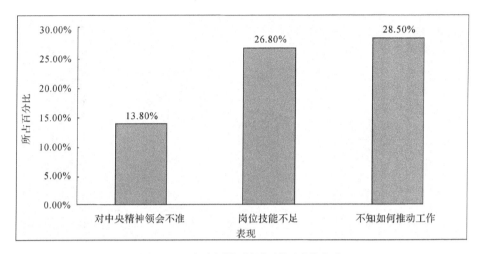

图 1-3 党政领导干部"不能为"的表现

(4)"不想为"的现象说明了部分党政领导干部领导力的衰退

"不想为",是指党政领导干部在领导过程中缺乏主动性,消极应付,不能积极履行自身的领导职责,不能主动发挥自己的领导作用,其领导力表现出前进动力不足、工作热情下降、领导意愿低下的特征。在党风与政风转变的时期,往往伴生着一些不适应的状况。当前,党政领导干部中"上面九级风浪,下面纹丝不动"的现象仍不同程度地存在着。2014 年人民论坛调研中心的调研发现:党的十八大以来,不少党政领导干部心态发生一些变化,干事创业的动力有所下降,开拓进取的热情有所降低。党政领导干部干事动力不足的原因(见图 1-4)包括:40.2%的人认为"尝试创新,难得支持",44.3%的人认为"太出风头,易找麻烦",64.4%的人认为"工作出事,被人追究",78.8%的人认为"触动利益,易得罪人"。① 消极应付、敷衍塞责等"不想为"的现象证明一部分党政领导干部的领导力有所衰退。

总之,当前党政领导干部"乱作为""不敢为""不能为"和"不想为"等消极现象的大量存在,说明其领导力出现不可忽视的问题。如何提升党政领导干部的领导力是实践界迫切需要解决的重大现实命题,也是学术界亟须深入研究的重要理论课题。对这个问题,亟须基于马克思主义的立场、观点、方法进行分析研究,辩证施策,有针对性地加以解决。

---

① 官员心态调查[J].人民论坛,2014(7):16.

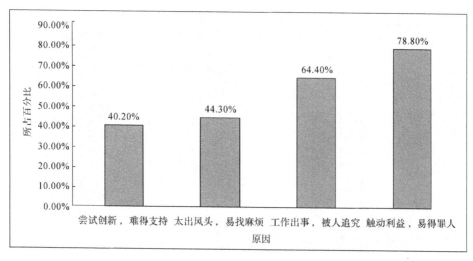

图1-4 党政领导干部"不想为"的原因

1.2 国内外研究现状

在中国知网、万方数据库以"党政领导干部""党政官员""党政领导者"和"领导力"为篇名进行检索,直接切题的研究文献非常少,仅有普通期刊论文"浅谈全面深化改革背景下党政领导干部领导力提升"[1]、会议论文"党政领导干部提升危机领导力的思考"[2]等很少量的文献。但相关的文献不少,研究成果主要集中在领导力的概念、构成要素、问题、提升路径等方面。

1.2.1 国内研究现状

(1)关于党政领导干部领导力概念的相关研究

近些年来,"领导力"这一概念在学术界及实践界得以广泛传播与应用,但是也逐渐成为一个边界模糊、定义宽泛的术语。由于对其界定的泛化,其内涵难以统一,对这个概念的理解也存在争议。在目前的文献中,领导力这一概念与领导、领导行为、执行力、胜任力之间的界限比较模糊。

---

[1] 陈海燕.浅谈全面深化改革背景下党政领导干部领导力提升[J].城市建设理论研究(电子版),2015(2):3861-3862.

[2] 李军.党政领导干部提升危机领导力的思考[C]//中国领导科学研究会."领导科学发展30年"理论研讨会论文集:2011年卷.[出版地不详]:[出版者不详],2011:5.

1) 领导力概念过于泛化。领导力这个概念的内涵尚未得到深入挖掘,其外延却不断被扩展,对领导力的认识也存在误区。陈望东(2009)提出,有的把领导力等同于领导能力,有的把领导力等同于领导素质,有的把领导力等同于影响力,这削弱了领导力概念的相对独立性。① 刘兰芬(2013)也指出,有的研究者将领导者的能力、领导者的影响力、领导效果、领导体制等一概称为领导力,对领导力这个概念的理解,逐步从过去的神秘化走向了现在的过于泛化。② 这些认识有些是混淆了领导力本身与领导力的要素,有的是混淆了领导力与其他概念的关系。

2) 领导力与领导、领导行为之间的界限比较模糊。一些研究者认为领导力与领导、领导行为不同,领导力的实质是领导过程之中存在的一种力量。如邱霈恩(2002)认为,领导力是由领导素质、领导体制、领导环境等多种因素共同作用产生的,是达成组织共同目标、应对外部挑战的核心力量。③ 萧鸣政、龙凤钊(2015)认为领导力与领导、领导行为不同,领导力侧重领导者对他人的影响力,而领导、领导行为侧重领导者在职权范围内的行动,主要是与领导工作相关的行为。④ 另外,一些研究者没有将领导力与领导、领导行为进行区分。如马建新(2007)认为,领导力这个概念具有一定的张力,但都离不开领导行为这个核心,领导力的普遍意义在于强调领导行为。⑤ 这实际上指的是领导或者领导行为,而不是领导力。马静(2009)认为,领导力是组织之中领导者提高被领导者对组织共同目标认同度的能力。同时,领导力也可以被形容为一系列领导行为的组合。⑥ 这对领导力概念的认识,既强调了领导力是一种能力,也强调了领导力是一种行为组合,没有区分领导力与领导行为。

3) 领导力与执行力之间的界限比较模糊。有的研究者认为,两个概念之间没有从属关系,领导力与执行力是不同的、平行的两个概念。如杜君、嵇景岩(2011)认为领导力对执行力起决定作用,执行力对领导力起保障作用,领导力与执行力是领导者表现出来的两种取向,领导力与执行力不同,领导力强调领导者对人们施加的影响,而执行力强调把领导者的战略决策、规划思路付诸实施。⑦

---

① 陈望东.领导力的相关概念辨析[J].西部大开发,2009(12):21.
② 刘兰芬.对"领导力"泛化的审视与思考[J].领导科学,2013(7):30.
③ 邱霈恩.领导力:制胜新世纪的关键力量[J].领导科学,2002(3):12-13.
④ 萧鸣政,龙凤钊.领导者领导力形成与发挥中的品德与法律[J].北京大学学报(哲学社会科学版),2015(1):58.
⑤ 马建新.有效领导力的构成及提升途径[J].理论界,2007(14):8.
⑥ 马静.现代领导力问题研究[J].中国商贸,2009(98):6.
⑦ 杜君,嵇景岩.论有效提升领导干部的领导力与执行力[J].理论探讨,2011(4):157.

彭向刚、程波辉(2014)认为领导力不同于执行力,领导力强调引航、指挥、教练的力量,而执行力强调对战略意图的贯彻、对预定目标的实现程度。① 另外一些研究者认为两个概念之间具有从属关系,领导力包括执行力,执行力是领导力的子概念。陈小平、肖鸣政(2011)提出的领导力模型就包含执行力,认为执行力是领导力的构成要素。② 贺善侃(2014)指出,领导力是认知力、执行力与决策力的统一,领导力包括执行力。③

4)领导力与胜任力之间的界限比较模糊。一些研究者没有辨析领导力与胜任力的区别,对领导力与胜任力两个概念等同使用。如赵佳兴(2011)将麦克利兰的胜任力理论模型引入领导力理论中,把人力资源的相关理论与领导力的相关理论结合起来。④ 这是一种新的研究视角,但是没有指明胜任力与领导力有哪些区别和联系。吕泽萍(2015)基于胜任力理论研究了如何进行领导力开发的问题。⑤ 这些都是有益的探索,但是没有指出胜任力与领导力可以对接的理论内核在何处。

(2)关于党政领导干部领导力构成要素的相关研究

国内研究者主要基于政治学、行政学、管理学等各种学科和理论视角探讨了领导力构成要素问题,研究成果非常丰富,将领导力的研究引入了发展的轨道,为本书理论分析框架的构建与深入分析提供了参考。这些研究成果的观点并不统一,还存在一些分歧,尤其是基于马克思主义理论视角分析领导力构成要素的文献不多。

1)从管理学、行政学、政治学等学科视角探求领导力的构成要素。童中贤(2002)认为,领导力的要素主要包括:领导注意力,是领导主体捕捉外部信息、分析外部形势的力量;领导激励力,是领导主体鼓励和奖励领导客体从而提高资源配置效率的力量;领导决断力,是领导主体对备施方案进行抉择的力量;领导驾驭力,是领导主体促使各个因素围绕集体目标而行动的力量;文化力量存在于领导场,但不属于领导力的范围,并非领导场存在的所有力量都是领导力。⑥ 徐匡迪(2007)认为,领导力的关键要素包括敏锐的预见力、坚忍不拔的毅力、形成团

---

① 彭向刚,程波辉.论领导力提升的八个环节[J].理论探讨,2014(6):141.
② 陈小平,肖鸣政.公共部门局处级领导领导力模型构建与开发实证研究[J].领导科学,2011(36):4-6.
③ 贺善侃.执政党领导力的内涵与提升路径探析[J].领导科学,2014(1):27.
④ 赵佳兴.胜任力素质模型在领导力研究中的应用[J].产业与科技论坛,2011(22):122-123.
⑤ 吕泽萍.基于胜任力素质的电力企业领导力开发[J].人才资源开发,2015(6):45-46.
⑥ 童中贤.领导力:领导活动中最重要的功能性范畴[J].理论与改革,2002(4):96.

队的凝聚力、独特的个人魅力。① 苗建明、霍国庆(2007)提出,领导力包括制定战略目标的前瞻力、吸引被领导者的感召力、影响被领导者和情境的影响力、正确而果断决策的决断力、控制目标实现过程的控制力五大要素。② 高兴国(2012)认为,领导力的构成要素包括:领导影响力,是领导者积极对被领导者施加影响的力量;职务权力,是强制他人的力量,是领导力的基础;环境制约力,是领导环境对领导力的约束性作用。③ 刘峰(2014)认为,领导力包括:硬权力,就是职位权力;软权力,就是定目标的决策力、凝聚力量的影响力。④ 综合以上文献可以看出,一方面,研究者指出了领导力包括权力、魅力、能力、影响力等各种要素,这为本书的理论构建提供了素材;另一方面,对领导力要素的分析存在分歧。有的研究者认为领导力包括权力,有的认为不包括权力。有的学者认为领导力包括环境制约力,有的学者认为环境制约力是领导场的力量,但是领导力本身不包括环境制约力。不可否认,环境力量是处于整个领导场的一种力量,但是它不是领导力本身,而是对领导力起支撑或者制约作用的外部影响因素。

2)基于马克思主义理论视角探讨领导力的构成要素。领导力研究是从国外发轫并传到中国的,其研究主要分布在政治学、管理学、行政学等学科领域。目前基于马克思主义立场、观点、方法专门分析领导力问题的研究成果不多,此领域的代表性成果如下。陈占安(2004)认为,领导权力是实施领导的必要条件,领导责任是领导工作的核心内容。⑤ 郝贵生、李俊赴(2007)认为,要从群众史观看待领导力的本质,把领导力理解为支配他人的力量的认识过于简单,领导力的实质是领导者体现出来的指挥、组织和凝聚多数人的力量,是强制性与非强制性结合的力量,包括强制力、魅力、能力等。⑥ 国家社科重大课题"马克思主义领导思想研究"(2008)指出,领导是权力和非权力影响力的有机统一,这是马克思主义领导理论关于领导力思想的重要内容。权力,是组织上所赋予的岗位权力,通过纪律等手段实施。个人与组织、上级组织与下级组织之间,必须有一定的行为规范加以约束。假设个人或者组织违反规定,上级领导者就给以处分或者惩罚。影响力,是领导者自身威望产生的力量,影响力在领导活动中具有重要作用。实施有效领导,仅靠权力是远远不够的,建立在个人能力、魅力基础上的非权力影

---

① 徐匡迪.领导力与成功[J].北京师范大学学报(社会科学版),2007(1):112.
② 苗建明,霍国庆.领导力五力模型研究[J].领导科学,2006(9):22.
③ 高兴国.领导力是一个力的系统[J].生产力研究,2012(12):6-8.
④ 刘峰.新领导力 新在哪里[J].领导之友,2015(10):20-21.
⑤ 陈占安.领导干部要善于理论思维和战略思维[J].唯实,2004(2):19.
⑥ 郝贵生,李俊赴.群众史观与"领导权力"的本质[J].理论探讨,2007(2):155.

响力,其作用才更大、更持久。① 张长立(2010)认为,马克思主义语境中的领导力,是领导者的岗位权力和个人威望两者的整合,是权力、感召力、影响力等构成的综合性力量。②

(3)关于党政领导干部领导力存在问题的相关研究

肖晓(2014)认为,当前领导干部的领导力主要有以下不足:在政治定力方面,有些人的马克思主义政治信仰不够坚定,理想信念动摇,对社会主义事业缺乏信心;在领导权力方面,领导职责履行不到位;在领导能力方面,缺乏基本的领导能力与专业本领,有的学历不低但是能力却很一般,有的考试成绩很好但是政绩却很一般,有的年轻有"位"但是作为不大;在魄力方面,担当精神不足,有的怕出事担责任,有的对群众反映的突出问题得过且过,有的对腐败问题听之任之。③

(4)关于党政领导干部领导力影响因素的相关研究

当前关于领导力影响因素的研究不多,也非常零散。梳理文献发现,领导力的影响因素主要包括宏观影响因素和微观影响因素两个方面。

1)宏观影响因素。研究领导力宏观影响因素的文献并不多见,代表性的文献主要有两个。童中贤(2003)认为,外部环境对领导力有很大的制约作用,这些外部环境包括政治因素、经济因素、社会文化因素等外部因素。只有外部环境变得宽松稳定时,领导力才能得到充分发挥。④ 孟毓焕(2012)认为,外部环境因素对领导力的作用很大。这些外部环境因素包括:政治因素,主要是指政治制度、领导制度等;经济因素,主要是指经济发展状况、收入情况等;文化因素,主要是指风俗习惯、文化传统等。⑤ 从上述研究可以看出,影响领导力的宏观因素概括起来主要有政治因素、经济因素、社会文化因素。这些研究者从理论上提出了外部环境中的政治、经济、社会文化因素对领导力具有影响,但是还没有进行深入分析。

2)微观影响因素。系统研究领导力微观影响因素的文献不多,成果比较分散,概括起来主要有组织因素、家庭因素、个人因素。董芳芳(2007)指出,个人因

---

① 王修智,岳增瑞.马克思恩格斯列宁领导理论研究[M].北京:人民出版社,2008:174.
② 张长立.领导权威的实质及其运行规律探微[J].苏州大学学报(哲学社会科学版),2010(6):23-25.
③ 肖晓.要着力提升领导干部的领导力[EB/OL].[2014-12-19].http://www.rmlt.com.cn/2014/1219/361866.shtml.
④ 童中贤.领导力运行机制的理论分析[J].理论与改革,2003(3):78.
⑤ 孟毓焕.领导力作用的环境因素分析[J].管理观察,2012(12):130-131.

素和组织因素是影响领导力的主要因素,个人的文化程度、心理素质、工作年限、组织的内部支持对领导力具有很大影响,而家庭因素对领导力的影响不显著。① 周明建、阮超(2010)提出,个体动机对领导力具有重要影响,利他性的奋斗动机可以形成服务型领导力。② 梁枫(2015)等人认为,组织的培训对领导力存在显著的正向作用,参与领导力培训项目会提高被培训者对领导力的认识,提高自身领导意愿。他的研究还指出,领导者的动机对领导力没有显著影响。③ 刘涵慧(2015)等人认为,性格对领导力具有较大的影响:尽责性对领导力的影响最稳定,认真做事的领导者最有可能具有很高的领导力;外向性对领导力具有影响,善交友者清楚如何凝聚人心;开放性对领导力的影响不稳定,在受控制较多的组织里,开放性对领导力水平影响不大,在受控制较少的组织里开放性对领导力水平影响大;宜人性对领导力没有显著影响。④ 李苗苗(2016)等人认为,家庭因素对领导力具有重要影响,家庭支持、和谐的婚姻状况对领导力具有积极作用。⑤ 从上述文献可以看出,当前对领导力微观影响因素的研究主要集中在组织培训、家庭因素、文化程度、性格、动机等方面。同时,这些研究结论尚存在分歧,例如,有的认为动机对领导力影响不显著,有的认为非常显著;有的认为家庭因素对领导力具有重要影响,有的认为影响不显著。

(5)关于党政领导干部领导力提升路径的相关研究

1)从不同群体入手提升领导力的相关研究。在年轻领导干部方面,邵景均(2002)指出,领导价值是领导活动最基本的评价标准。青年领导干部正处于成长期、价值困惑期,树立科学的领导价值观至关重要。青年领导干部要把为人民作为最值得追求的价值,把为祖国干事业作为最重要的价值,把清正廉洁作为最宝贵的价值。⑥ 在女性领导干部方面,王森燕(2013)提出,提升女性领导干部的领导力,要注意干部制度与政策问题,要考虑生育因素对女性干部的影响,加强女性参政政策的操作性。⑦ 高静娟(2015)认为,提升女性领导干部的领导力,要

---

① 董芳芳.我国本土企业女性领导力及影响因素的研究[D].杭州:浙江工商大学,2008.
② 周明建,阮超.领导,首先意味着服务:服务型领导力回顾与展望[J].社会心理科学,2010(6):9.
③ 梁枫,郑文栋,赵建敏.大学生领导力的影响因素及培养模式研究[J].教育理论与实践,2015(30):10.
④ 刘涵慧,冯蔚,李茜.高校学生干部领导力的现状及其影响因素分析[J].中国青年研究,2015(8):90.
⑤ 李苗苗,孟勇.基于扎根理论的女性领导力影响因素模型构建[J].领导科学,2016(17):31.
⑥ 邵景均.青年干部尤其要树立正确的领导价值观[J].领导科学,2002(9):1.
⑦ 王森燕.基层女干部领导力提升路径[J].决策与信息,2013(10):38.

从以下几个方面入手：女性自身要克服意气用事、理性不足的性格弱点，保留女性的优势特质，塑造女性独特的领导风格，用女性特有的细腻、温柔关心下属，重视领导者与被领导者之间情感的培养；家庭成员要关心和帮助女性领导干部，当家庭责任与事业发展发生矛盾时，家人要给予理解和支持，帮助化解工作中的负面情绪，帮助女性平衡好事业和家庭的关系。①

2）从不同环节入手提升领导力的相关研究。戴维新（2006）认为，提升领导力要从以下几个方面入手：要提升控制力，掌握控制手段；要提升决断力，掌握决策的科学方法、科学程序，正确处理危机时刻的决策；要提升领人力，培养育人，识人选人，知人善任；要提升创新力，拓展思路，寻求解决问题的新方案。② 陆园园（2016）指出，要提升领导力，必须从这些环节着手：要具备广博的知识，优化知识结构；要不断总结经验，从经验中提炼领导规律；要有胆识，有悟性；要胸怀远大，具有大局意识，能够容纳他人。③

3）从不同举措入手提升领导力的相关研究。在宏观举措方面，杨春光（2013）指出了提升领导力的制度措施：完善考核制度，注重监督制度，明确考核和监督的内容与程序；注重领导能力建设的长期规划，从制度上做出长远部署；坚持集体领导的制度，重视领导集体的作用。④ 郑永年（2014）指出，解决官员"不作为"的问题，需要再分权。改革者需要权力，重新把权力下放到改革主体；处理好反腐败和激励机制之间的关系，改革激励机制，从经济上调节官员积极性，调整官员的收入结构。⑤ 燕继荣（2015）认为，要改变"不作为"的境况，需要针对不同可能性制定不同的方案，要增强官员的信心，明确官员的未来预期。⑥ 在组织举措方面，任真（2006）等人认为，导师制是把导师指导作为开发下级领导力的组织举措，通常将处于上级位置的领导者和下级部属进行配对，实行定向的一对一的指导。近年来，作为一种促进领导力发展的方式，导师制越来越流行。⑦ 陈位志（2008）认为，组织上要在处置突发事件、安全事故的实践中提升领导干部的领导力水平。要加强教育培训，以实际能力为重点，推动领导力培训方式多样化。⑧

---

① 高静娟.女性干部领导力提升途径分析[J].广州社会主义学院学报,2015(3):75-78.
② 戴维新.中共南京市委党校南京市行政学院学报[J].领导力的提升与开发,2006(3):29-30.
③ 陆园园.提升领导力是提高党的领导水平的关键[J].理论探讨,2016(4):129-131.
④ 张国玉,刘峰.中国特色的领导力和领导科学：2013年国家行政学院首届"领导力国际论坛"观点综述[J].国家行政学院学报,2014(1):124.
⑤ 郑永年.不能有官场新秩序已建成的麻痹思想[J].人民论坛,2015(12):23-25.
⑥ 燕继荣.官员不作为的深层原因分析[J].人民论坛,2015(15):22-25.
⑦ 任真,王石泉,刘芳.领导力开发的新途径："教练辅导"与"导师指导"[J].外国经济与管理,2006(7):54-55.
⑧ 陈位志.论新时期领导干部领导力的理念与提升[J].岭南学刊,2008(2):34-35.

在提升个人素质方面,任真、杨安博(2009)认为,把离岗课堂培训作为领导力提升的捷径是一种认识的误区,从经验中学习是提升领导力水平的根本路径。① 于永达、吴田(2014)认为,领导者的领导力发展模式大同小异,最重要的是自己的努力。领导力高的领导者既有前期的努力也有日后的再学习补充,能够先于他人觉察到社会发展趋势,提前学习准备,又能审时度势,根据形势变化调整自己。② 彭向刚、程波辉(2014)认为,领导素质是提升领导力的基础性环节,领导工作的职业化、领导力的科学化要求领导者必须具备相应的文化素质、心理素质、科学的思维方式、良好的性格。③

1.2.2 国外研究现状

(1)关于党政领导干部领导力构成要素的相关研究

国外研究者探讨领导力构成要素问题的研究成果比较丰硕,为本书理论分析框架的构建与深入分析提供了参考。同时,这些研究成果的观点也很不一致,表现出很强的门派化倾向。

1)不同领导力学派对领导力构成要素的分析。特质学派认为,领导力的构成要素就是领导者的个体特质和个人品质。Stogdill(1962)把这些领导力特性归纳为领导者的智力与能力特性,与工作有关的知识特性,社交特性。④ Kirkpatrick(1991)提出,好的领导者普遍具有不断进取、诚实和正直、才智与能力、与工作相关的丰富知识、充足的领导欲等特质。⑤ Northouse(1997)认为领导力主要有能力与才智、正直的品格、决策力等特质。⑥ Adair(2003)认为领导者在履行领导职责时需要具有判断力、责任心、专注、群体影响力等特质。⑦ 变革学派认为,领导力包括交易型领导力和变革型领导力,变革型领导力是更高层次的领导力。领导力变革学派的代表性人物是Burns,Burns(2013)认为交易型领导力是以领导者的资源奖励和被领导者的服从作为交换条件。变革型领导力是激发追随者的高层次需要,把被领导者引导提升到更高的层次,领导者激励被领导者超越本身利

---

① 任真,杨安博."从经验中学习"的领导力开发途径探析[J].中国浦东干部学院学报,2009(2):80-83.

② 于永达,吴田.成长路径与领导力发展关系的中美比较[J].中国行政管理,2014(1):112.

③ 彭向刚,程波辉.论领导力提升的八个环节[J].理论探讨,2014(6):142.

④ STOGDILL R M. New Leader Behavior Description Subscales[J]. Journal of Psychology, 1962(54):41-54.

⑤ KIRKPATRICK S A,Locke E A. Leadership:Do traits matter? [J]. Academy of Management Executive,1991(2):48-60.

⑥ NORTHOUSE P G. Leadership:Theory and Practice[M]. Sage Publications,1997:65.

⑦ 艾德尔.艾德尔论领导能力[M].熊金才,译.汕头:汕头大学出版社,2003:26.

益,利用价值观和更高层次的愿景来实现领导。① 服务学派认为,领导力就是服务。Greenleaf(1991)认为领导力的核心要素就是服务,不是因为拥有权力才拥有领导力,而是看领导者为别人做的贡献,为社会提供的优质服务。② Spears(2006)提出领导力就是服务,领导者就是服务者,服务型领导力包括具有同理心、善于抚慰被领导者的心灵,愿意培养被领导者,为社会做出贡献。③ 伦理学派认为,好的领导者具有符合伦理规范的道德与价值观,领导伦理是领导力的核心。Trevino(2000)指出,伦理型领导力要求领导者不仅具备诚信等个体特征,也要做出合乎伦理的决策。利他的领导力更有效,领导者的伦理榜样对下属具有显著影响,对组织的整体伦理具有决定作用。④ Bill George(2007)提出,真正的领导力量在于为人真实,有真诚的品质。领导者即使面临困难,有失望情绪,也奉守道德指南针。⑤

2)对领导力构成要素的综合分析。Joseph Nye(2011)提出,个人领导的力量包括硬实力与软实力。硬实力,实际上就是权力。领导者要理解不能只靠劝说和吸引办事,要注意运用不同类型的权力,在某些情况下通过强迫达到预想结果。软实力,是吸引、说服、聚集人们的力量。⑥ Lo Mi Lie(2014)指出,领导力的要素主要有三个:一是领导能力,比如分析和解决问题的创新能力;二是领导者对他人的影响力;三是领导者的道德魅力,如是否具有奉献精神等。⑦

(2)关于党政领导干部领导力影响因素的相关研究

国外研究者对领导力的探讨,主要关注领导力本身,重心是领导力由什么要素构成,对领导力影响因素的分析较少且不系统。纵观目前的文献,国外研究者对领导力影响因素的探讨主要包括宏观影响因素和微观影响因素两个方面。

1)宏观影响因素。Paul Gillis(2014)指出,导致领导力存在差异的一个主要

---

① 伯恩斯.领导学[M].常健,孙海云,译.北京:中国人民大学出版社,2013:3.
② GREENLEAF R. The Servant as Leader[M]. Indianapolis: The Robert Greenleaf Center,1991: 23-30.
③ 斯皮尔斯,劳伦斯.服务型领导[M].高愉,孙道银,译.北京:人民邮电出版社,2006:10-12.
④ TREVINO L K, HARTMAN L P, BROWN M. Moral person and moral manager: How executives develop a reputation for ethical leadership[J]. California Management Review,2000(4): 128-142.
⑤ GEORGE B. Authentic Leadership: rediscovering the secrets to creating lasting value[M]. San Francisco: Jossey-Bass,2003:7-9.
⑥ 奈.领导的力量[J].中国浦东干部学院学报,2011(6):5-11.
⑦ 张国玉,刘峰.中国特色的领导力和领导科学:2013年国家行政学院首届"领导力国际论坛"观点综述[J].国家行政学院学报,2014(1):125.

原因是文化的不同。中国文化中个体间的权力距离较大,大部分领导者给出指令,下级则负责落实;美国文化中比较强调个体的作用,权力距离比较小,领导者更多地邀请被领导者参与决策过程。① Tomas & Michael(2016)指出,因为文化的不同导致构成领导力的"配方"各有不同。在中国文化背景下,被领导者要懂得跟进领导者,等级观念更强一些。②

2)微观影响因素。Mcclelland(1976)指出,领导者的动机对领导力具有影响。个人化的动机会带来领导权力的滥用,而社会化的动机对领导力有正面影响。③ Goleman(1996)指出,情商是影响领导力的关键因素。情商是对自身和他人情绪的管理,包括自我情绪识别、自我情绪管理、同理心、关系管理几个方面。④ Judge(2002)指出,领导者性格中的外向性、开放性、严谨性、宜人性因素对领导力具有显著正向影响,神经质性格则会对领导力产生显著负面影响。⑤ Daft(2011)指出,领导者个人的思维模式对领导力具有重要作用。影响领导力的主要思维模式是:系统思维方式,着眼于全局而不是各个独立的部分,加强对整个系统模式的思考。独立思维方式,是根据自己的想法,根据实际,而非别人的限定来思考;发散思维方式,是打破对思维的束缚,摒弃习惯性的想法与单一的经验,进行多向度思考。⑥ Bennis(2013)指出,艰难事件对领导力至关重要。艰难事件类似于"熔炉",能够经受住事件考验的领导者会有脱胎换骨般的经历,从熔炉体验中找寻与创造意义,经受不住的就会被推垮。⑦

(3)关于党政领导干部领导力提升路径的相关研究

1)个人方面。Digman(1990)提出领导性格是提升领导力的重要基础,认为领导性格包括外倾性、稳定性、开放性、宜人性、严谨性,领导者可以在这些方面修炼自我性格进而提升领导力。⑧ Velsor(2015)提出,个人可以通过学习、阅读

---

① 张国玉,刘峰.中国特色的领导力和领导科学:2013年国家行政学院首届"领导力国际论坛"观点综述[J].国家行政学院学报,2014(1):126.
② PREMUZIC T C,SANGER M. 不一样的文化,不一样的领导力[J].商学院,2016(6):106-107.
③ MCCLELLAND D C, BURNHAM D H. Power is the great motivator[J]. Harvard Business Review,1976(1):27.
④ GOLEMAN D. Emotional Intelligence:Why it can matter more than IQ[M]. Bantam Books,1996:6-10.
⑤ JUDGE T A. Personality and Leadership:A Qualitative and Quantitative Review[J]. Journal of Applied Psychology,2002(4):765-780.
⑥ 达夫特.领导学:原理与实践[M].3版.杨斌,译.电子工业出版社,2011:116-211.
⑦ 本尼斯,托马斯.极客与怪杰[M].杨斌,译.北京:机械工业出版社,2013:9-12.
⑧ DIGMAN M. Personality structure:Emergence of the five-factor model[J]. Annual Review of Psychology,1990(1):417-440.

等自我发展活动培养领导力,也可以从经验中反思来开发自身的领导力。①

2)组织举措。Parsloe(1999)指出,导师制是指将较低层的领导者和较高层的领导者进行配对,导师指导本质上是一个教练辅导、支持帮助的过程,其作用比组织培训更大。针对新领导者经验不足的问题,导师指导能提高新领导者的能力,有助于职级较低的领导者开阔视野。② Yukl(2006)指出,职位轮换是对领导者有计划地进行职位调换的组织措施。不同部门间的轮岗能使领导人才处理不同的问题,在不同部门间加深联系,有助于领导者增加知识和技能。③ Echols(2007)提出,发展型经历是富含挑战的工作任务历练,在实际领导经历中提高领导力无疑是最有力的方法之一。组织上给有潜力的领导者提供"干中学"的实践机会,可有效提升领导者应对挑战的水平,促进领导价值观的成熟。④ Pieke(2009)认为,在中国的各级党校之中,领导者接受的培训教育使其更具领导才能,通过交流也可以获得新鲜经验,增强了创造力。通过信仰教育可以统一思想,强化领导者的归属感。⑤ Shambaugh(2009)认为,中国各级组织提供的教育培训能够使党政官员掌握更多的知识,有利于培养领导精英。⑥

1.2.3 文献述评

这些前期的国内外研究成果无疑为党政领导干部领导力问题的深入研究奠定了坚实的理论基础,也留下了一些研究空间。

(1)从研究视角上看,马克思主义理论视域下的领导力研究成果尚不多,有待于深入拓展

以"领导力"为篇名,在中国知网检索文献发现:传统领导力研究的学科领域主要集中在教育学、管理学、政治学、行政学等领域;马克思主义视域下的领导力研究是一个近年来兴起的研究领域,用马克思主义理论分析领导力问题的文献大约只占1%。因此,很有必要加强马克思主义视域下的领导力研究。本书既运用马克思主义理论加强对现有领导力理论的吸收借鉴,又系统化探讨马克思主义经典作家和中国化马克思主义中关于领导力的理论论述。文献分析结果如

---

① 威尔瑟.CCL领导力开发手册[M].3版.徐中,胡金枫,译.北京:北京大学出版社,2014.

② PARSLOE E. The manager as coach and mentor[M]. Chartered Institute of Personnel and Development,1999:4-7.

③ YUKL G. Leadership in organizations[M]. NJ:Pearson Prentice Hall,2006:403-410.

④ ECHOLS M E. Developing Leaders[J]. Leadership Excellence,2007(6):24.

⑤ PIEKE F N. The Good Communist:Elite Training and State Building in Today's China[M]. Cambridge University Press,2009:6-9.

⑥ SHAMBAUGH D. Training China's Political Elite:The Party School System[M]. The China Quarterly,2009(12):3-5.

图1-5所示。

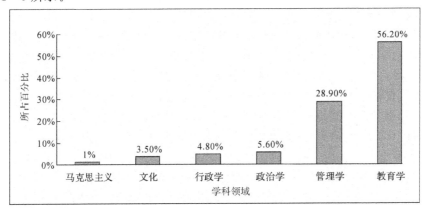

图1-5 研究领导力的学科领域比较

(2) 从研究对象上看,专门以党政领导干部为分析对象的文献非常少

通过文献检索发现,当前领导力的研究对象主要集中在校长、企业领导人员、教师、女性、学生;研究党和政府领导力的不少,但是主要侧重于宏观研究;研究领导干部领导力的也不少,却都是将我国领导干部作为一个总的研究对象,并没有将党政领导干部与其他领导干部区分开来,没有对党政领导干部的领导力问题进行单独研究。《中共中央关于加强党的建设几个重大问题的决定》早就指出,坚持党的基本理论和基本路线不动摇,保持党和国家的长治久安,不断把改革开放和现代化建设事业推向前进,关键在于我们党,首先在于县以上党政领导干部。从中可见党政领导干部的重要性。因此,有必要加强以党政领导干部为分析对象的领导力研究。本书专门以党政领导干部为研究对象,并对其进行调查研究,力图提供此方面的知识增量。文献分析结果如图1-6所示。

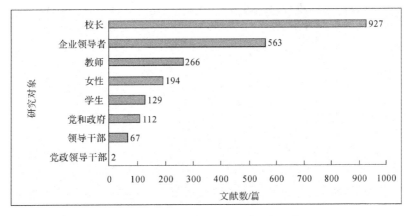

图1-6 领导力研究对象的文献比较

(3)从研究内容上看,对领导力构成要素的研究有待深入探讨,对领导力影响因素的分析有待加强

1)对领导力构成要素的认识存在很大分歧。学术界对于领导力构成要素的认识存在很大争议,究其原因,主要有两个方面:一是呈现明显的学派化倾向。不同领导力学派的学者选择不同的侧面来研究领导力,忽略了领导力的综合性特点,比较缺乏系统整合的理论分析框架。解决这个问题就必须借助综合思辨方法,跳出各自学派的束缚。[①] 二是在领导力的构成要素方面,有的认为包括权力,有的认为不包括权力;有的认为包括环境制约力,有的认为不包括环境制约力等。本书在以上研究的基础上继续深入探讨党政领导干部领导力的构成要素问题,进行新的理论建构并且对本书提出的概念模型进行验证。

2)领导力影响因素的分析还是一个非常薄弱的环节,亟须加强。国内外领导力研究的重点在领导力构成要素的探讨上,但是研究领导力影响因素的文献较少,研究成果也非常零散,缺乏系统的深入探讨。本书将开发党政领导干部领导力影响因素的研究工具,系统深入地分析政治因素、经济因素、社会文化因素、组织因素、家庭因素、个人因素对党政领导干部领导力是否具有影响、具有正面影响还是负面影响、影响程度有多大,从而加强该领域的知识创造。

(4)从研究方法上看,马克思主义理论视域下的领导力研究比较缺乏调查性研究

本书援引中国知网为数据来源,设置篇名为领导力,设置学科专业为马克思主义,检索到马克思主义理论视域下的领导力研究基本都是规范性研究,调查性研究非常少见。本书力图在理论建构与分析的基础上进行问卷调查分析,获取第一手材料。通过调查数据验证党政领导干部领导力理论分析框架,调研反映党政领导干部领导力存在的实际问题,分析各个影响因素对党政领导干部领导力的影响程度,以此促进理论与实际的结合、研究与现实的结合,从而加强理论研究的科学性与针对性。

1.3 研究意义

1.3.1 理论意义

(1)拓展马克思主义领导理论研究

马克思主义领导理论是马克思主义理论体系中的重要部分,离开了马克思主义领导理论的指导,对领导问题的研究就会偏离正确的方向。领导力研究是

[①] 柏学翥.道学思维与领导力研究[J].理论探讨,2008(1):142.

领导理论研究的重要内容,马克思主义视域下的领导力研究是一个新兴的研究领域,还有待于深入拓展。本书既运用马克思主义领导理论加强对现代领导力理论的批判性借鉴,又系统化探讨马克思主义经典作家和中国化马克思主义中关于领导力的理论论述,以此促进马克思主义领导理论研究的深化。

(2)深化对领导规律的科学认识

领导科学化,是将领导者长期积累的领导经验上升到理论,是总结研究领导工作中合乎规律性的东西。[①] 领导力研究是领导研究的重要内容,加强对领导力的研究有利于深化对领导规律的认知。本书以马克思主义领导理论为指导,深入探讨党政领导干部领导力的基本要素,分析了领导者借以进行领导的各种力量与方式,深化了对领导规律的认识。

(3)推动领导力理论的深入研究

国内外研究者对领导力构成要素的探讨存在一些争议,本书建构领导力理论分析框架并通过实际数据进行了验证,使本书的研究具有一定的科学价值,回应了领导力研究的争议问题。领导力影响因素的研究是当前研究的一个薄弱环节,本书深入分析了政治因素、经济因素、社会文化因素、组织因素、家庭因素、个人因素对党政领导干部领导力的影响,对于推进领导力研究具有一定的意义。

1.3.2 现实意义

(1)促进国家治理能力现代化

领导力是治理能力的重要组成部分,是国家治理能力的微观表现。党政领导干部是治国理政的骨干力量,其领导力水平影响着党和国家的治理水平。党政领导干部领导能力、领导影响力水平的提升,能够推动国家治理能力的有效提高,能够促进党和国家各个部门、各个地方的治理绩效。党政领导干部树立"权依法使"的理念,依法行使权力有利于国家治理的法治化。党政领导干部强制权力的科学行使、领导魅力的提升,也有利于廉政治理能力的现代化。

(2)推动组织部门考核与培训工作科学化

党政领导干部是组织部门考核与培训的重点对象,党政领导干部领导力是组织部门考核与培训的重要内容,对此问题的科学研究将大大促进这些部门工作的科学化水准。本书构建的党政领导干部领导力要素模型与、测评指标体系问卷具有一定的通用性与实用性,有利于提高组织部门考核与培训工作的针对性。

(3)提高党政领导干部群体的领导水平

本书深入探讨党政领导干部领导力的构成要素,揭示了当前党政领导干部

[①] 江泽民李瑞环同志重视领导科学[J].领导科学,1989(11):3.

领导力的问题,为自我学习、自我提升提供了切入点,对党政领导干部规范行使领导权力、有效履行领导职责、加强领导能力、提升领导魅力、积极应对复杂局面具有重要的意义。

1.4 研究思路、方法与框架

1.4.1 研究思路

本书以马克思主义领导理论为指导思想,借鉴现代领导力理论,从"党政领导干部""领导力"等核心概念出发,构建党政领导干部领导力的分析框架,建立党政领导干部领导力测评指标体系,设计党政领导干部领导力和党政领导干部领导力影响因素调查问卷,进而对调研数据进行处理与统计分析,反映党政领导干部领导力的基本状况,发现当前党政领导干部领导力存在的现实问题,深入分析各个影响因素对党政领导干部领导力产生的不同影响,最后提出党政领导干部领导力的提升路径。

1.4.2 研究方法

(1)文献研究法

文献研究法,是通过搜集、鉴别、整理有价值的文献,对现有文献进行系统性分析来获取信息、形成科学认识的研究方法。文献研究法是本书的一个重要研究方法。本书所参阅的文献主要包括马克思主义经典作家与马克思主义中国化的有关著作,用于奠定本书的指导思想,论证、阐发主体理论;现代领导学名著与代表性文献,用于理论借鉴与参考。通过中国知网数据库检索相关的重要文献资料,了解本研究领域的历史和现状、概念和理论,发现目前研究的薄弱环节,最后确定基本研究思路。

(2)问卷调查法

问卷调查法,是调查者运用问卷向被选取的调查对象了解情况或征询意见的研究方法。问卷调查是获取研究数据的一条重要途径。本书围绕党政领导干部领导力的相关问题进行问卷调研,实证部分所需数据都是通过问卷调查获取的第一手资料,从而使本研究贴近实际。本书的问卷调查主要分两个阶段进行:①预调研阶段,主要是测试问卷的表述是否清晰,被调查者能否准确理解,题目安排是否恰当。通过预调研对问卷进行修正,排除不符合要求的题项,使问卷更加合理,从而确定正式调研的问卷。②正式调研阶段,主要是问卷定型后进行大规模实地正式调研,然后汇总第一手资料。

(3)量化研究法

量化研究法，是搜集用数量表示的资料或信息，并对数据进行量化处理、检验和分析，从而获得结论的研究方法。从量的规定性方面入手，是科学研究的重要方法之一。量化研究不同于定量研究，量化研究不追求绝对精确的数值标准，重点在于通过数量发现和验证理论，通过某些因素数量的相对值、数量之间的关系发掘事物背后的规律性。本书所研究的党政领导干部领导力问题，不像数学、物理等自然科学研究的是绝对数量问题，不是硬性规定党政领导干部领导力的唯一数量标准，而是通过数量、实证研究验证党政领导干部领导力理论模型，发现党政领导干部领导力存在的真实问题，发掘各种影响因素对党政领导干部领导力的影响程度。

1.4.3 研究框架

本书共分为八章。第1章是绪论。阐述了研究问题产生的背景，国内外研究现状，研究的意义，研究的方法及思路。第2章是概念界定与相关理论。主要界定"党政领导干部""领导力"等核心概念，并系统研究马克思主义关于领导力的理论论述，对现代领导力思想进行批判性借鉴。第3章是党政领导干部领导力分析框架。以马克思主义领导理论为指导，借鉴现代领导力理论，构建党政领导干部领导力概念模型，确定党政领导干部领导力指标体系与调研问卷。以对现有文献的研究分析为基础，设计了影响党政领导干部领导力的政治因素、经济因素、社会文化因素、组织因素、家庭因素、个人因素的测量问卷。确立了实证分析的分析方法，包括因子分析、描述性分析、单因素方差分析、回归分析。第4章是党政领导干部领导力调查与测评。主要选取了西安市党政领导干部的若干样本，在预调研阶段发现党政领导干部领导力及其影响因素调查问卷的不合理题项，检验其信度，确立正式调研的问卷。验证党政领导干部领导力概念模型，验证党政领导干部领导力影响因素问卷的科学性。进行基本结果统计，反映当前党政领导干部领导力的基本情况。第5章是党政领导干部领导力问题分析。通过调研数据发现当前党政领导干部领导力的总体问题，不同群体党政领导干部表现出来的问题，以及党政领导干部领导力各个构成要素中存在的问题。第6章是党政领导干部领导力影响因素分析。主要分析政治因素、经济因素、社会文化因素、组织因素、家庭因素、个人因素等因素对党政领导干部领导力的影响，具体分析这些因素对党政领导干部领导力是否具有影响，具有正面影响还是负面影响，影响程度有多大。第7章是党政领导干部领导力提升路径。系统分析提升党政领导干部领导力的策略路径，针对不同群体党政领导干部领导力存在的问题，提出了相应的对策。针对党政领导干部领导力构成要素存在的问题，提出了相应的建议。由于各影响因素对党政领导干部领导力具有不同影响，提出了相应的举措。第8章是结论与展望。总结了本研究所做的工作与研究结论，并对未来进一步的研究做出展望。如图1-7所示。

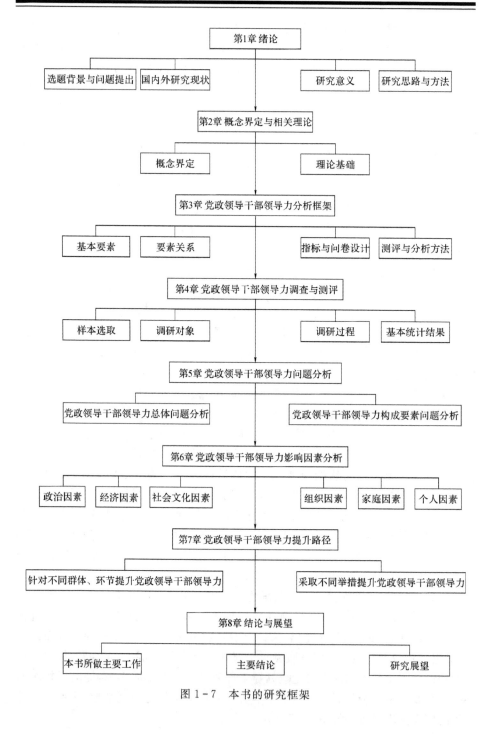

图1-7 本书的研究框架

2 概念界定与相关理论

2.1 概念界定

2.1.1 党政领导干部

2.1.1.1 党政领导干部的定义

(1)干部的内涵

干部,指在党和国家机关、军队、公有制企业、事业单位中担任一定公职的人员。干部是一个公共团体的工作人员,是带领人民群众完成目标的人。

干部,是从外国传到中国的一个外来词。最初,干部这个词语来自于意大利文,原来意义指方框、各部分的安排,后又引申为领导一个军团的军官。1539年,这个词语第一次出现在法文中,法国人拉伯雷将这一意大利词语翻译为法文Cadre。十月革命后,这个词语传到俄国,又从俄国传播到日本。中国所使用的"干部"一词,正是源于日语かんぶ。日语之中"干部"的含义,指在一个组织中担任领导管理职能的人,现在日本、韩国、越南、朝鲜、中国等国还一直在使用干部一词。

1922年,中共二大制定的党章中,第一次使用了"干部"一词。[①] 中华人民共和国成立后,继续沿用这一历史概念,在国家公职人员不断发展的过程中,干部的范围越来越广,政府与媒体也大量使用干部一词。

在我国,在党和国家机关、军队、国有企业、人民团体、科学文化等企事业单位中担任公职的人员都称为干部。干部有很多种分类,按照领导职责和级别可以将干部分为领导干部和非领导干部。

---

① 孟铭.干部一词的由来[J].新长征(党建版),2011(3):1.

(2)领导干部的内涵

领导干部,指党和国家机关、军队、公有制企业、事业单位中掌握公权力的具有一定领导级别的干部。领导干部是肩负领导职责、具有领导级别的干部。①

在我国,按照所在系统可以将领导干部分为党政领导干部、军队领导干部、公有制企业领导干部、事业单位领导干部。党政机关主要是中国共产党的机关、政府机关、人大机关、政协机关、纪监机关、检察院、法院,是直接掌握党政大权的公共部门;事业单位是提供公共服务的公共组织,与党政机关职能分离、编制分开;军队是军事部门,服从中国共产党的领导;公有制企业是具有经营性质的公有制经济单位。

(3)党政领导干部的内涵

党政领导干部,是指在党务和国家政务系统中工作,拥有一定公共权力,具有一定领导级别,承担相应领导责任的公职人员。② 党政领导干部是身处党政系统、与党政机关具有正式工作关系、从副乡科职级到正省部职级的领导干部。

党政领导干部具有两大特点:一是党政领导干部专指身处党政系统、与党政机关具有正式工作关系的领导干部,不包括军队、公有制企业、事业单位的领导干部;二是从级别上说,党政领导干部具有一定的领导级别,一般分为副乡科级、正乡科级、副县处级、正县处级、副厅局级、正厅局级、副省部级、正省部级。只有符合这两个条件的领导干部才是党政领导干部。

《党政领导干部选拔任用工作条例》第四条指出,本条例适用于选拔任用中共中央、全国人大常委会、国务院、全国政协、中央纪律检查委员会工作部门领导成员或者机关内设机构担任领导职务的人员,国家监察委员会、最高人民法院、最高人民检察院领导成员(不含正职)和内设机构担任领导职务的人员;县级以上地方各级党委、人大常委会、政府、政协、纪委监委、法院、检察院及其工作部门领导成员或者机关内设机构担任领导职务的人员;上列工作部门内设机构担任领导职务的人员。选拔任用参照公务员法管理的群团机关和县级以上党委、政府直属事业单位的领导成员及其内设机构担任领导职务的人员,参照本条例执行。上列机关、单位选拔任用非中共党员领导干部,参照本条例执行。选拔任用民族区域自治地方党政领导干部,法律法规和政策另有规定的,从其规定。

---

① 杨景然.青年领导干部正确权力观培育研究[D].石家庄:河北师范大学,2014.
② 中华人民共和国人事部.国家公务员制度全书[M].长春:吉林文史出版社,1994:72.

干部、领导干部、党政领导干部的关系如图2-1所示。

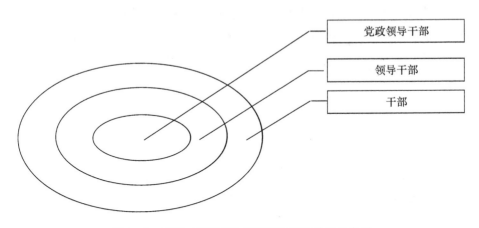

图2-1 干部、领导干部、党政领导干部关系示意图

2.1.1.2 党政领导干部与相近概念的关系

(1)党政领导干部和领导人的区别

领导人也称为领袖,在我国专门指党和国家领导人。党政领导干部和领导人不是一个群体:领导人是党和国家机关中居于最高职务的领导者,是党和国家机关中具有副国家级和正国家级领导级别的领导者;党政领导干部的职务或级别全都低于领导人。

党的领导人,专门指中国共产党中央机关具有最高职务及最高级别的特定人群。党的领导人包括:中国共产党中央委员会总书记;中国共产党中央政治局常务委员会委员、中国共产党中央政治局委员;中国共产党中央书记处书记;中国共产党中央军事委员会主席、副主席;中国共产党中央纪律检查委员会书记。

国家领导人,专门指中华人民共和国中央层面具有最高职务及最高级别的特定人群。国家领导人包括:中华人民共和国主席、副主席;全国人民代表大会常务委员会委员长、副委员长;中华人民共和国国务院总理、副总理,中华人民共和国国务委员;中华人民共和国中央军事委员会主席、副主席;中国人民政治协商会议全国委员会主席、副主席;中华人民共和国最高人民法院院长、最高人民检察院检察长。

(2)党政领导干部和公务员的区别

《中华人民共和国公务员法》规定,公务员是指纳入国家行政编制、由国家财政负担工资福利的工作人员。党政领导干部和公务员的关系比较复杂。第一，中国共产党机关系统的领导干部不是公务员编制系列。公务员是各级国家行政机关中具有行政编制的公务人员，专门指在行政机关工作的行政人员。第二，公务员分为领导级别和非领导级别两种，具有领导级别的公务员就属于党政领导干部这个大范畴。

2.1.2 领导力

2.1.2.1 领导和领导力的定义

领导力这一概念源于领导，领导力研究是领导研究的主要内容之一，首先有必要对领导进行研究。

(1) 领导的定义

领导是与人类生活相伴随的社会现象，在人类早期就已经有了领导的萌芽。原始社会晚期，氏族社会分化为不同类型的社会集团，出现了统治与被统治的关系。进入阶级社会后，统治阶级与被统治阶级的对立关系没有发生根本变化，统治与被统治的关系是社会内部的主要关系。社会主义制度基本消灭以往阶级社会的旧格局，统治与被统治的关系被打破，领导与被领导才成为人民内部的主要关系之一。

1) 国外学者对领导的界定。国外学者对领导的研究历史比较长久，他们对领导的定义与界定非常丰富，见表2-1。

表2-1 国外研究者对领导的各种定义[1]

学 者	定 义
Chapin, 1924	领导是团队协作的轴心
Allport, 1924	领导是个人的社会控制
Burnd, 1926	领导是对他人进行心理激励，有效调节大众反应
Bundle, 1930	领导是诱使他人按照自己的意图行事
Tead, 1935	领导是影响他人为达到有价值的目标而协作的行为

---

[1] 皮尔斯, 纽斯特罗姆. 领导力: 阅读与练习 [M]. 4版. 马志英, 译. 北京: 中国人民大学出版社, 2009: 19-20.

续表

学者	定义
Davis,1942	领导是推动和协调组织以实现目标
Sheriff,1956	领导是整合其他成员以促进社会系统进步
Hemphill,1957	领导是个人指导一个团体朝着共同目标活动的行为
Tannenbaum,1961	领导是通过演讲与交流驱动他人
kahn,1978	领导是对组织日常活动的机制性的影响
Rauch,1984	领导是影响一个组织团体朝着既定目标活动的过程
Jacobs,1990	领导是对集体给予意义指导,激起期望达到目的的过程
Sehein,1992	领导是运用外界文化使其更具适应性变化的能力
Ciculla,1995	领导是对团队施加影响、促使团队达到某种目标的行为过程
House,1999	领导是个人影响、鼓动和促使其他人奉献于组织
Pierce,2006	领导是某个人对其他人施加影响以达到共同目标的过程

从表2-1可以看出,国外学者对领导的界定,主要分为两种。一种是从主体视角对领导进行界定,认为领导是团队协作的轴心,是发挥领导作用的角色。这种观点不是主流。另一种是从行为视角对领导进行界定,大多数学者都认为领导是领导主体对领导对象施加作用从而实现共同愿景的行为过程。这是研究的主流。

2)国内学者对领导的界定。国内对领导的定义见表2-2。《现代汉语词典》指出,领导是一个多义词语,它既是名词,也是动词。作为名词,领导主要是指领导者或者领导主体;作为动词,领导主要是指领导行为。将领导理解为一个名词,这只是一个词语的指代问题,研究价值不大。另一种是将领导理解为一个动词,认为领导是领导者带领和引导被领导者实现领导目标的行为过程。这种解释包括了领导活动中的主要要素,并体现了这些要素之间的有机联系,是对领导活动的一种广义的理解。

表 2-2　国内研究者对领导的各种定义

学　者	定　义
郑卫国,2003	领导是为实现组织目标努力奋斗的过程①
邵景均,2004	领导是领导者率领并引导被领导者朝共同趋向前进②
李雷,2004	领导是为组织确立发展方向,激励成员实现组织目标的过程③
张晓峰,2005	领导是领导者根据环境做决策、施加影响,从而实现特定目标的过程④
佘平,2007	领导是引导人们实现群体目标的过程⑤
张明军,2015	领导是组织的一些成员运用权力影响其他成员的过程⑥

3)本书对领导的界定。基于国内外学者对领导的研究,本书认为,领导是指领导者对被领导者进行统御、吸引和引导,从而实现共同目标的行为过程。这里领导定义主要包括五个要素:第一,领导者。领导者是领导主体,是担负领导职责、负责实施领导行为的个人或组织。第二,被领导者。被领导者是领导对象,主要是指领导者的下属、追随者或者群众。第三,领导目标。实施领导活动,必须确定一定的行动目标。领导目标是领导者与被领导者一起追求的组织目标或者共同任务,实施领导的目的正在于此。第四,领导方式。领导者在对被领导者发挥作用的过程之中,伴随着统御、吸引、指导、引领等内容,这些有些需要借助职位权力,有些需要借助别的力量。第五,领导属性。本书界定的领导是动词,领导属性是领导者对被领导者发挥作用的动态行为过程。

(2)领导力的定义

近几年来,领导力无论是在学术界还是在领导实践中都得到广泛关注,成为描述领导问题诸多概念中最流行的概念之一。对领导力内涵的思考与探索,也是推动理论创新的过程,对于领导者把握其要旨、正确发挥领导作用是很有必要的。

1)国内外对领导力概念的界定。各种研究都基于自身的理解对领导力作出界定,观点可谓众说纷纭。本书试图通过对领导力概念的剖析,从学术层面对领

---

① 郑卫国.浅论领导与管理的关系[J].中共成都市委党校学报,2003(5):45-48.
② 邵景均.领导科学基本概念研究三题[J].理论探讨,2004(4):70-72.
③ 李雷.浅析领导与管理的异同[J].四川职业技术学院学报,2004(3):22-23.
④ 张晓峰.从领导和管理的分离看领导概念的界定[J].哈尔滨市委党校学报,2005(4):81-84.
⑤ 佘平.管理与领导辨析[J].商场现代化,2007(14):48-49.
⑥ 张明军.领导与执政:依法治国需要厘清的两个概念[J].政治学研究,2015(5):10-22.

导力概念进行界定与辨析。

国内外学者对领导力界定的主要争议在于,领导力是由单一因素还是综合因素构成,见表2-3。有些学者提出了领导力的"单要素"定义,有的认为领导力就是领导者的能力,有学者认为领导力就是领导者的影响力,有学者认为领导力就是领导者的个人魅力,有学者认为领导力就是领导者的权力。这些观点都聚焦于对领导力的狭义解释或者单一视角。还有学者注意到了领导力的复杂构成,认为领导力是领导过程之中多重力量的集合,单一力量解释不了领导力的丰富内涵。比如有学者认为领导力包括对"事"的决策力与对"人"的凝聚力双要素,有学者认为领导力是在领导场中发挥作用的各要素力量的总和。

表2-3 国内外学者对领导力的各种定义

类型	学者	定义
"单力"论	Janda,1960	领导力就是团队一成员拥有规定其他成员行为的权力①
	Larson,1968	领导力就是决定做什么的能力②
	谭小芳,2012	领导力就是道德魅力③
	李秀云,2012	领导力就是影响力④
	Koontz,2014	领导力就是影响力⑤
"合力"论	王修和,2002	领导力是内生于领导场的多种力的总和⑥
	麻晓霞,2005	领导力是领导者形成的引导被领导者实现组织目标的合力⑦
	张美琴,2005	领导力是领导者对被领导者的影响力、吸引力的总和⑧
	高兴国,2012	领导力是在领导场中发挥作用的各要素力量的总和⑨

① JANDA K F. Towards the explication of concept leadership in terms of the concept of power[J]. Human Relations,1960(13):345.
② LARSON A. Eisenhower:the president nobody knew[M]. New York:Popular Library,1968:21.
③ 谭小芳.领导力就是道德魅力[J].现代企业文化,2016(9):38-40.
④ 李秀云.领导力就是影响力[J].领导科学论坛,2012(9):33-35.
⑤ 孔茨,韦里克.管理学:国际化与领导力的视角[M].马春光,译.北京:中国人民大学出版社,2014:287.
⑥ 王修和.谈领导与领导力[J].领导科学论坛,2002(2):40-43.
⑦ 麻晓霞.论领导力和提升政府领导力的主要途径[J].燕山大学学报(哲学社会科学版),2005(增刊1):21-22.
⑧ 张美琴.从"领导力"的提升看高素质干部队伍建设[J].中共南京市委党校南京市行政学院学报,2005(6):57-59.
⑨ 高兴国.领导力概念辨析[J].生产力研究,2012(11):10.

2) 本书对领导力的界定。基于国内外学者对领导力的研究,本书认为,领导力是指为了实现共同目标,领导者在统御和引领被领导者的过程中所借助和表现出来的各种力量的总和。领导力指的是领导者的力量问题,研究的是领导者依靠什么力量进行领导、通过什么力量发挥领导作用的问题。

本书对领导力的界定说明:第一,领导力是"领导+力"。领导力的概念特性,重点在于"力"字。领导力与领导密切相关,但又不同。领导是比领导力更大的概念,领导力是从属于领导的二级概念,领导力是领导的一个子系统和派生物。领导与领导力的区别主要表现在定义的属性不同。领导是一种行为过程,领导力是领导过程之中领导者产生或者借以发挥作用的力量。① 第二,领导力是"合力",不是"单力"。领导力是一个综合性的概念,领导力是领导过程中领导者各种力量的"合力",单一力量解释不了领导力的丰富内涵。虽然对领导力每个要素的研究都是对领导力的研究,但是不能认为某个要素就是领导力本身。过于放大领导力中某一要素的作用,就会陷入只见树木、不见森林的窄门。

2.1.2.2 领导力的要素

国内外学者对领导力的基本要素进行了探讨与研究,从前面文献综述中可以看出主要争议表现在两个方面:第一,领导力包含领导权力与否。有学者认为领导力与领导权力无关,领导力是区别于领导权力的一个概念。但是另外一些学者认为,领导力不能排除领导权力的存在,领导力既包含领导权力因素,也包含非领导权力因素。第二,领导力包括环境制约力与否。有的学者认为领导力包括外部环境对领导者的制约力,有的学者认为领导力不包括环境制约力。

基于国内外学者对领导力要素的研究(见表2-4),本书认为领导力不能排除领导权力,领导力既包含领导权力因素,也包含非领导权力因素;领导力不包括环境制约力,环境对领导者确实具有制约作用,是对领导者起作用的外部力量,不属于领导力的范畴。本书对这些因素进行综合分析、分类归属,提出党政领导干部领导力的"四力"模型,认为党政领导干部领导力的基本要素包括领导权力、领导魅力、领导能力、领导影响力四大方面。

---

① 苗建明,霍国庆.领导力五力模型研究[J].领导科学,2006(9):20.

表 2-4 国内外学者对领导力要素的研究

研究者	领导权力	领导魅力	领导能力	领导影响力
Seashore,1966①	职位权力			凝聚队伍,提供帮助
Bennis,1997②	权力		远见	
李光炎,2001③	职权	道德魅力	岗位能力、心理承受力	
史晟,2005④		魅力	定力、魄力、耐力	
王立生,2005⑤	权力	魅力		影响力
郑海航,2006⑥			对事的决策力	对人的凝聚力
贺善侃,2008⑦	权力		能力	影响力
刘峰,2015⑧	权力	亲和力	决策力	凝聚力

2.1.2.3 与领导力相关的概念辨析

领导者在开展工作过程中,需要一些基本素质才能胜任工作,也需要一定的执行力贯彻工作方针。因此,胜任力、领导力、执行力三个概念极为容易混淆,以下对此进行辨析。

(1)领导力与胜任力的关系

胜任力概念最早由哈佛大学 Mcclelland 教授正式提出,是指在某一工作中能将绩效优异者与绩效普通者区分开来的个人特征,它包括动机、自我形象、价值观、知识、技能等。⑨ 不可否认,领导力与胜任力存在交叉之处,两者都需要人的能力、知识、价值观等内容。但是,领导力与胜任力也存在很大不同:领导力这一概念只适用于领导者,胜任力概念既适用于领导者,也适用于被领导者;胜任力强调胜任岗位的综合素质,而领导力更强调完成领导岗位的特殊要求、领导本

---

① SEASHOR S E. Predicting organizational effectiveness with a four-factor theory of leadership [J]. Administrative Science Quarterly,1966(2):238-263.
② BENNIS W G. Leadership[M]. Tulsaok:Honor Books,1997:14.
③ 李光炎.领导力与生产力[J].中共桂林市委党校学报,2001(1):30-32.
④ 史晟.领导的四大手段:魅力定力魄力耐力[M].北京:中国盲文出版社,2005:3-7.
⑤ 王立生.魅力·权力·影响力:迅速提升领导力的9大途径[M].北京:地震出版社,2005:4-9.
⑥ 郑海航,崔佳颖.领导力的双要素与沟通[J].经济管理,2006(10):32-38.
⑦ 贺善侃."无形领导力":对领导力的一种新认识[J].上海师范大学学报(哲学社会科学版),2008(4):119-124.
⑧ 刘峰.新领导力 新在哪里[J].领导之友,2015(10):20-21.
⑨ MCCLELLAND D C. Testing for competence rather than for "intelligence"[J]. American Psychologist,1973(1):2-14.

领；胜任力不包括岗位权力，而领导力包括岗位权力。

(2)领导力与执行力的关系

领导与执行是领导岗位中的两个重要环节，共同构成了领导岗位的职能。所有的领导者既实施领导行为，又从事执行工作。但是领导力与执行力确实存在不同：领导力强调制定决策，执行力强调贯彻领导决策意图；领导力强调做正确的事情，执行力强调正确地做事；领导力强调未来组织目标，执行力强调完成组织预定目标的操作程度、把上级组织的规划转化成现实成果的程度；领导力强调工作导向，执行力强调落实过程之中没有偏差[1]；领导力强调战略远见，执行力强调落实眼前既定目标的力度和速度，把领导力理解为执行力，就会忽视领导力的长远能动性，忽略领导力在制定长期远景中的作用[2]；领导力强调对人本身的重视，注重引领、指导、培养他人的本领，执行力强调对任务本身的完成，注重事项的落实情况。总之，领导力与执行力有所区别，领导力制约执行力，领导力是执行力的前提。[3]

2.1.2.4　领导力的特征

(1)整体性

领导力的基本特征，是领导力运作具有强大的合力效应。领导力不是片面的、单一的，而是复合的、综合的。领导力是一种合力，是领导主体的整体作用力。它是由多种相互关联的力量构成的一个力的集合，是领导力要素之间相互凝聚的合力。领导场内领导者的各种力量有机联系，多种力量共同发挥作用，产生一种新的综合性力量，迸发整体性效应。领导力既包括硬性的领导权力，也包括其他软性的领导力量，两种不同性质的力量对被领导者和外部环境发挥出协同效应。

(2)对象性

领导力是一种作用力。领导力不是一个人、一个职位的独立力量，而是反映了领导者与追随者相联系时所发生的作用关系。领导者单一的存在构不成领导力，再强大的领导力也要有作用的对象。在领导场之中，存在领导者、被领导者、环境、事件等多种要素，领导主体对被领导者、环境、事件发挥作用，对领导对象产生作用力才能发挥领导力的作用、显示出领导者的力量。

(3)强弱性

领导力不是统一的，也不是同等级的，领导力具有能级性，是有能位差异的。

---

[1] 刘志伟.领导力视角下的执行力提升路径探析[J].领导科学,2015(5):44.
[2] 陆园园,吴维库.领导力核心四要素研究[J].新视野,2013(2):57.
[3] 李光炎.执行与执行力[J].领导科学,2006(24):32.

不同的领导者表现出不同的领导力,领导职位、道德、知识、能力、主动性高的领导者的领导力就高。领导力不仅有力度的大小,而且有方向。当领导者掌控的权力能够为民服务、履职尽责时,领导力就是正向的;当领导主体掌握的权力为己所用、谋取私利,丧失道德、陷入腐败时,领导力就是负向的。

2.1.2.5 领导力的功能

(1)组织功能

领导力的组织功能,指领导者为实现组织目标,合理地配置组织中的人力、财力、物力,把组织的要素凝聚为一个有机整体的功能。组织功能是领导力的重要功能,没有领导者的凝聚作用,一个组织中的人财物只能是独立的、分散的要素,难以形成有效力量。领导力的作用就在于为了实现预期目标,进行人事决断、人岗匹配,使相对独立的因素形成浑然一体的协调动作。

(2)调节功能

领导力的调节功能,指领导者在领导过程之中,通过调动下级和群众的积极性,使之努力实现组织目标的功能。实现组织的目标是领导者的根本任务,但完成这个任务不能仅靠领导者一个人独自奋斗。领导力的作用就在于通过激励调动全体被领导者的主动性,通过惩戒避免不规范行为,从而对被领导者发挥调节作用。

(3)控制功能

领导力的控制功能,指在领导过程中,领导者对被领导者以及整个组织、突发事件、复杂局面的支配功能。由于不可预见的外部因素或者内部人员的原因,在实现组织的目标过程中不可避免地会产生偏差。纠正偏差,保证组织秩序的统一,实现对人员和环境的必要控制是领导力的基本功能。

2.2 相关理论

2.2.1 马克思主义领导理论

《马克思主义领导理论概论》[①]一书指出,马克思主义领导理论是马克思主

[①]《马克思主义领导理论概论》是国家社科重大课题"马克思主义领导思想研究"的成果之一。"马克思主义领导思想研究"系统探讨了马克思主义领导理论的范畴与内容,在此基础上出版了《马克思主义领导理论概论》《马克思恩格斯列宁领导理论研究》《毛泽东领导理论》《邓小平领导理论》《"三个代表"重要思想领导学研究》等多部专著,这是我国第一套全面研究和系统论述马克思主义领导理论的系列丛书,并且初步探讨了领导力的问题。

义理论体系的重要内容之一,马克思主义者对如何领导进行了精辟的理论概括。马克思主义领导理论实现了人类领导思想的历史性转折,揭示了领导活动的内在规律。马克思、恩格斯作为创立者,对马克思主义领导理论的基本原理、根本原则有不少论述,开创了领导理论的新纪元。列宁在新的革命与执政条件下,积累了丰富的领导经验,进一步发展了马克思主义领导理论。中国共产党人在长期的革命、改革、建设过程中,既对马克思主义领导理论加以发扬,又对马克思主义领导思想有很多新的创造。① 马克思主义领导理论之中有丰富的关于领导力的论述。

2.2.1.1 马克思主义经典作家关于领导力的论述

马克思主义经典作家虽然没有直接使用领导力这个概念,但是马克思主义经典作家对于领导力有重要的论述。比如列宁提出,从人民群众中发现并选拔出来的"最真诚、最有才能"的领导人才比别的人"更有力量"。② 这已经充分说明了领导力量的问题,领导力量是与道德、才能密切相关的。他还提出保持领导主要是"靠威信、毅力,丰富的经验,多方面的工作以及卓越的才能"③这个重要命题,已经指明领导者必须更多地依靠毅力、能力等进行领导。马克思主义经典作家对于领导力有大量的论述,这些论述充满真知灼见,亟须进行梳理、总结与提炼。

(1)关于领导权力的论述

马克思、恩格斯认为,社会与组织需要领导职位,领导职位拥有领导权力,领导权力是领导主体把自己的意志或者命令加于服从对象,领导权力是以服从为前提的。马克思指出,为了协调个人的活动或多或少需要管理、指挥、监督,这就不能缺少"命令"。④ 这说明社会组织要有统一的领导,一个组织需要领导职位,领导职位需要配置一定的权力。假如没有集中统一的领导权力,组织就可能变为一盘散沙,无法正常运转。恩格斯指出,一个社会里是需要权威的,只要组织起来就需要权威。一方面,这种权威是"把别人的意志强加于我们",另一方面权威是"以服从为前提的"。不管用什么方法解决问题,最终个别人的意志还是要服从。⑤ 在领导权力里面,命令与服从是缺一不可的。如果没有领导权力发挥作用,组织就是软弱无力的。即使在原始公社的后期,为了维护一定的共同利

---

① 侯树栋,何孝瑛. 马克思主义领导理论概论[M].北京:人民出版社,2008:1.
② 中共中央编译局. 列宁专题文集:论无产阶级政党[M].北京:人民出版社,2009:227.
③ 中共中央编译局. 列宁全集:第6卷[M].北京:人民出版社,1959:212.
④ 中共中央编译局. 马克思恩格斯全集:第23卷[M].北京:人民出版社,1972:367.
⑤ 中共中央编译局. 马克思恩格斯全集:第18卷[M].北京:人民出版社,1964:341-344.

益,制止个别人越权,解决争端,也需要一定的职位,并且这些职位被赋予了某种全权,得由"个别成员来担当"。①

列宁强调,领导权力是组织的基础,领导权力是被领导者对领导者命令的遵从。他指出,能为苏维埃奠定基础的,是在各地培植起来的"强有力的政治组织"。② 如果没有强有力的政治组织,没有掌握权力,报纸即使办得再好,也没有多大的实质性意义。苏维埃组织当然要讲民主,通过与群众经常讨论开展工作,但是也非常有必要通过苏维埃赋予的"个人权力"把群众联合起来,在工作时间使群众"遵循一个意志",服从一个领导者的"命令"。③ 列宁在探索社会主义社会如何实施领导的过程中指出,虽然没有经验,但是还要试行"实物奖励",还要建立"纪律审判会"。④ 这实际上涉及领导权力的类型问题,是奖励权力和强制权力的问题。

(2)关于领导魅力的论述

马克思指出,他和恩格斯两人都获得了一些声望,但是参加共产主义组织的必要条件就是摒弃"一切助长迷信权威的东西"。由于讨厌个人崇拜,马克思从来不公布歌功颂德的东西。这实际上是科学的辩证的领导魅力观,领导者由于出色而获得领导声望、赢得领导魅力,但是领导魅力不能变味成对领导者的个人崇拜。恩格斯强调,领导者的魅力来源于被领导者对领导者的自愿尊敬,是领导者对被领导者的吸引而不是强制。他指出,文明国家里面的一个最微不足道的警察,也能拥有很大的权力,站在社会之上,通过特别的法律享有不可侵犯的地位。但是文明时代里最有势力的王公和最有权势的统帅,也要羡慕氏族社会里最平凡的酋长所享有的"无可争辩的尊敬",而这种对酋长的尊敬"不是用强迫手段"得来的,而是人们自愿的。⑤ 这种被领导者对领导者的自愿的尊敬,就是领导者对被领导者产生的吸引力,实际上就是领导者的魅力。

列宁强调,领导者通过模范作用获得被领导者的尊敬。在氏族社会里,族长作为领导者没有构成特殊等级,族长们联系社会全依靠自己"享有的威信或尊敬"。在剥削社会里面,专门从事管理的人成为一种特殊等级的人,主要依靠某种强制机构强迫被领导者服从自己的暴力。在苏维埃国家机关里,领导者将自

---

① 中共中央编译局. 马克思恩格斯选集:第3卷[M]. 北京:人民出版社,1995:522.
② 中共中央编译局. 列宁全集:第6卷[M]. 北京:人民出版社,1986:153.
③ 中共中央编译局. 列宁全集:第34卷[M]. 北京:人民出版社,1985:255.
④ 中共中央编译局. 列宁全集:第41卷[M]. 北京:人民出版社,1986:277-279.
⑤ 中共中央编译局. 马克思恩格斯选集:第4卷[M]. 北京:人民出版社,1995:172-628.

己化为"真正模范"的公务人员,才能成为"受人尊敬"的领导者。① 这种不依靠暴力手段得来的威信或者尊敬实际上就是领导者的魅力。领导者模范作用才是吸引群众的特殊力量,真正产生领导魅力。

(3)关于领导能力的论述

恩格斯认为,无产阶级领导者需要一定的领导才干。领导者是个能干的人,才能为社会主义运动做出贡献。他认为,要在党内担任领导的职务,除了应该具备一定的"写作才能",还应该"熟悉党的斗争条件,掌握这种斗争的方式",有"久经考验的耿耿忠心和坚强性格"。② 这说明担任领导职务需要比较完备的能力。

列宁强调,领导能力是要事。在从事革命和建设的过程中,他深切体会到无产阶级领导者领导能力的重要性。在创建革命政党之时,他就感觉到人很多而又没有人。人很多,是越来越多的人民群众反抗专制,意识到要推翻剥削制度。但是没有人则是"因为没有领导者"。③ 党缺少有领导能力的人才,能从群众中提拔起来担任领导工作的人才实在太少,满足不了领导革命的需要。革命胜利之后,他强调领导者没有领导能力既不能巩固无产阶级政权,也建不成社会主义。问题的关键不在于政治方针,而在于把政治忠诚同实际的领导才干结合起来,在于寻找"能干的干部",挑选有领导能力的人才。领导者没有领导能力,一切决议都是一些废纸而已。④

(4)关于领导影响力的论述

列宁阐发了领导影响力的问题。他指出,对同志保持领导不是依靠权力进行强制,那是会危害革命工作的,只可以用"同志式的影响"的办法。⑤ 这充分说明领导是一个影响的问题,领导力是一个影响力的问题。他指出,领导者要想在别人眼里表现出一种力量,就不能做"鸵鸟",以为把脑袋藏于翅膀之下一切都会消失。这充分表明作为领导者不能放弃领导,要主动发挥自己的作用。领导者不能崇拜群众的自发性,那实际上是缩小了领导者的影响范围,把领导者的作用降低为"当听差",不是在号召前进,而是在号召后退。领导者的作用是不做"尾巴",把群众的自发性"提高到自己的纲领水平上去"。⑥ 这表明,领导者不能跟随在群众后面,要充分发挥自己对群众的影响力,引导群众向更高级的方向前进。

---

① 中共中央编译局. 列宁选集:第4卷[M].北京:人民出版社,1972:44-701.
② 中共中央编译局. 马克思恩格斯选集:第4卷[M].北京:人民出版社,2012:281.
③ 中共中央编译局. 列宁选集:第4卷[M].北京:人民出版社,1995:693.
④ 中共中央编译局. 列宁全集:第35卷[M].北京:人民出版社,1959:542.
⑤ 中共中央编译局. 列宁全集:第6卷[M].北京:人民出版社,1959:212.
⑥ 中共中央编译局. 列宁选集:第4卷[M].北京:人民出版社,1995:203.

2.2.1.2　中国化马克思主义关于领导力的论述

迄今为止,中国化马克思主义虽然没有直接使用领导力这个概念,但是有大量的关于领导力的论述。江泽民指出,有些地方、部门出现一些消极混乱现象,根本的一条原因就是那里的党政领导者"领导不力,甚至放弃领导"。① 这实际上指出了党政领导干部的领导力出现了问题,领导的力量消失了。习近平强调领导者一要有"强大的真理力量",二要有"强大的人格力量",说明了领导者实施领导所需要的力量。② 他更是提出保持领导"决不仅仅靠权力,更主要地靠人格魅力和工作能力"的根本思想。③ 这个论断已经非常清晰地表明,领导者实施领导的力量既包含领导权力,更包括领导魅力和领导能力。中国化马克思主义之中有丰富的关于领导力的论述,亟须进行总结。

(1)关于领导权力的论述

毛泽东强调,领导权力是必要的,是人民群众赋予的。他指出,无政府主义思想主张彻底否认与废除权力,这种想法"恐怕永世都做不到"。④ 领导者有了权力,就更有办法开展领导活动,就会更得心应手。领导者拥有的权力多一点,很多事情就更容易推动。他强调,领导者的权力是人民赋予的,办事的权力是"占人口百分之九十以上的广大劳动群众给的"。⑤ 因此,在毛泽东看来,权力对领导者是很必要的,但是同时要坚持人民群众的权力主体地位。

邓小平指出,领导的优势从何而得,一个基本的方面是"从组织成分上"得来,这是领导本身已经包含着的。⑥ 这里讲的就是领导权力的问题。领导者保持领导的优势,领导者赖以实施领导的力量就包括组织赋予的领导权力。

江泽民指出,担当领导干部,承担领导责任,当然"得有一定的权力"。权力观的首要问题,是如何认识手中权力的性质。一切权力归根结底都是"来自于人民群众"的,党政领导干部只是代表人民行使权力,不能把权力当作牟取个人私利的工具。⑦ 保证党政领导干部手中的权力正确运行的关键是使权力"受到人民和法律的监督"。权力越大,对权力的监督就越严格。⑧ 因此,党政领导干部配置相应的领导权力是从事领导工作的基础。权力使用只能为人民谋取利益,

---

① 江泽民文选:第1卷[M].北京:人民出版社,2006:483.
② 习近平.在十八届中央纪委三次全会上的讲话[N].人民日报,2014-01-15(1).
③ 习近平.干在实处 走在前列[M].北京:中共中央党校出版社,2014:525.
④ 毛泽东文集:第1卷[C].北京:人民出版社,1993:2.
⑤ 建国以来毛泽东文稿:第12册[M].北京:中央文献出版社,1998:581.
⑥ 邓小平文选:第1卷[M].北京:人民出版社,1994:8.
⑦ 江泽民文选:第3卷[M].北京:人民出版社,2006:291.
⑧ 中共中央文献研究室.十四大以来重要文献选编[M].北京:中央文献出版社,2006:1692-1694.

权力行使要加强监督,这是正确权力观的重要内容。

胡锦涛强调,领导干部要树立正确的权力观。树立正确的权力观,就要懂得领导干部的权力是"党、人民赋予"的,不是个人奋斗得来的;就必须"以人为本、执政为民",懂得权力行使就是为民服务,权力运转就要对民负责①;领导权力不是个人谋取私利的工具,要"严格规范权力行使",坚持用制度管权,惩治腐败,让权力在阳光下运行,这是权力正确运行的重要保证。②

习近平指出,领导者要树立正确的权力观,核心是"权为民所赋"和"权为民所用"两个内容。权为民所赋指出了领导权力的根本来源,领导权力在根本上都是属于人民的。权为民所用指明了领导权力的根本归宿,将服务人民作为领导权力的基本标准。他强调,"有权必有责",权力就是责任,权力行使与责任担当紧密相联。没有监督必然导致权力腐败,有权力的地方必须加强监督,有了监督就可以再"加上一把保险锁"。③ 他提出,领导者要做到"奖惩严明"。领导工作既要有激励,又要有惩戒,奖励正气干事的干部,表彰贡献突出的干部,惩戒违反法纪者,惩处贪污腐败者。④ 这实际上涉及领导权力的类型问题。

(2)关于领导魅力的论述

毛泽东指出,榜样的力量是无穷的,领导者的先锋作用和模范作用是十分重要的。大公无私、克己奉公的精神"才是最可敬的",自私自利、贪污腐化、风头主义是最可鄙的。⑤ 领导者以身作则,发挥示范带头作用才能产生领导魅力,才能使被领导者信服,才能动员其他一切有生力量。

邓小平强调,产生领导威信要靠人格的力量。他指出,在革命战争年代,党的威力大就是因为共产党的领导者在生活中做到吃苦在前、享受在后,在战斗中身先士卒、冲锋在前。这些领导者成了"群众的模范",成为"群众的核心",就是这么"简单的道理"。⑥ 这个简单的道理实际上就是领导魅力的问题,领导者以身作则才能产生吸引力。在社会主义建设时期,他强调,领导者保证比一般人承担更多工作,学习各种知识,吃苦在前、享受在后,领导威信自然就能提高,这比"到处干预好得多"。⑦ 这已经非常明确地点明了领导魅力比用权力干预好,要

---

① 胡锦涛文选:第3卷[M].北京:人民出版社,2016:654.
② 胡锦涛.在中国共产党第十八次全国代表大会上的报告[N].人民日报,2012-11-18(1).
③ 习近平.领导干部要树立正确的世界观权力观事业观[J].中国党政干部论坛,2010(9):3-5.
④ 习近平.加强反腐倡廉法规制度建设 让法规制度的力量充分释放[N].人民日报,2015-06-28(1).
⑤ 毛泽东选集:第2卷[M].北京:人民出版社,1991:522.
⑥ 毛泽东邓小平江泽民论党的建设[M].北京:中央文献出版社,1998:381-384.
⑦ 邓小平文选:第2卷[M].北京:人民出版社,1994:270.

通过知识、道德的力量塑造领导魅力。

胡锦涛明确使用了魅力的概念,指出领导干部要认真努力学习,具有"人格的魅力""学识的魅力"。① 具有了人格魅力,才能深深打动被领导者,给追随者心灵的震撼,才能赢得被领导者发自内心的尊重。具有了学识魅力,才能使被领导者真正信服、敬重。他强调,领导者要牢记"身教重于言教"的道理,通过道德示范、模范行为带动群众,增强群众工作的"感染力"。② 感染力实际上就是领导魅力,只能来源于领导者的模范作用。领导者具有人格力量、学识高,才能感染群众、打动群众、吸引群众。

江泽民指出,领导干部能否以身作则,对能否赢得群众信赖至关重要。领导者"应比普通党员做得更好一些",成为社会的表率、全党的表率,成为勤奋工作、发扬社会主义新风尚的模范,成为艰苦奋斗、无私奉献的模范。③ 不以身作则,没有人格魅力,实际上已经丧失了领导资格。

习近平强调,保持领导更主要的是靠"人格魅力"。人格魅力是领导者公正无私、优良品行的外在表现,是领导者人品涵养的综合反映。领导者自身模范作用好,以身作则,给干部群众以良好的示范,就能塑造出群众拥护、下级钦佩的领导形象,人格魅力就强。④ 这就是明确提出了领导魅力的命题。

(3)关于领导能力的论述

毛泽东强调,领导本领是关乎革命前途的重要因素,领导能力是关系到建设大业的关键要素。指导革命、解放群众要有许多最好的领导者,没有一大批"有能力"的领导者是不行的。领导者需要有远见,有独立解决问题的能力,有面对困难不动摇的毅力。⑤ 当过去学的本领渐渐告罄,出现本领不足的问题,领导者就要不断学习。新中国成立后,毛泽东强调领导者过去的旧本领已经不适应新形势的需要,要学"新本领",进行领导能力的转换与升级。领导者真正懂得经济建设的业务,懂得一些科学技术,才能完成建设社会主义的新型任务,否则就不可能领导好。⑥

邓小平强调,面对经济建设的新形势,推进社会主义现代化事业,领导能力非常重要。面对百废待兴的局面,他强调领导者要有专业能力。各级党委与业

---

① 胡锦涛总书记给孟二冬女儿的回信[N].人民日报,2006-09-21(13).
② 胡锦涛文选:第3卷[M].北京:人民出版社,2016:446.
③ 毛泽东邓小平江泽民论党的建设[M].北京:中央文献出版社,1998:591.
④ 习近平.干在实处,走在前列[M].杭州:浙江人民出版社,2014:525.
⑤ 毛泽东选集:第1卷[M].北京:人民出版社,1991:277.
⑥ 毛泽东文集:第7卷[C].北京:人民出版社,1999:350.

务机构的领导者没有胜任工作的业务能力,即使有很大的热心也起不到应有的作用。不论什么领导岗位都必须专业化,具备"一定的专业知识和专业能力",不具备的要学习,已经具备的要加深,学不了、不想学的要调整。① 为了推进改革开放事业,他强调领导者要有魄力,"胆子要大一些",只要看准了的就勇于试验,敢闯敢干;要"有创造性",走出一条新路。②

江泽民指出,党的执政能力能否提高,社会主义大业能否长盛不衰,关键取决于是否具有一大批有能力的领导人才。他强调,领导干部要"具有较高的领导能力",善于实事求是地决定政策,提高科学判断形势的能力,敏锐地观察各种变化。③ 他强调,面对由计划经济向市场经济转变的执政条件,领导干部要在实践中"增长新本领"。领导干部要适应新形势的深刻变化,既要在事关原则的问题上保持坚定立场,又要提升善于发展、驾驭市场经济的能力,提高善于创造、与时俱进的能力,具有开阔的视野,培育世界眼光。④

胡锦涛指出,面对新的形势,领导干部要审时度势,"不断提高领导能力",成为精通业务的内行。⑤ 尤其是在"非典"等事件之后,我国社会发展暴露出一系列新问题。他特别强调,能力不足的危险是党面临的四大危险之一,向领导者发出了领导能力的告诫,提出要把"工作上有本事"的人选拔到领导岗位,这些领导者要有推动科学发展的能力,有促进社会和谐的能力,有拒腐防变的能力,有开拓创新能力,实绩突出。⑥

习近平指出,领导者只有领导勇气是不够的,也需要有领导能力。要赢得群众的信服,更主要的是依靠工作能力、执政本领。在新的形势下,强调党性决不意味着领导能力不重要了,更不能把理论与领导能力对立起来,领导者要"不断提高领导能力"。要掌握过硬的业务本领,具有科学决策、民主决策的能力,具有世界视野⑦;要有在重点突破中推动工作的能力,知人善任的能力,科学预判风险的能力,见微知著的能力⑧;要有干事的才能,有创造力,有一股韧劲,意志坚

---

① 邓小平文选:第2卷[M].北京:人民出版社,1994:262.
② 邓小平文选:第3卷[M].北京:人民出版社,1993:372.
③ 江泽民.论党的建设[M].北京:中央文献出版社,2001:275.
④ 江泽民文选:第3卷[M].北京:人民出版社,2006:569.
⑤ 胡锦涛文选:第1卷[M].北京:人民出版社,2016:111.
⑥ 胡锦涛.以改革创新精神全面推进党的建设 带领人民不断开创事业发展新局面[N].人民日报,2008-02-19(1).
⑦ 习近平.突出抓好理论教育党性教育 着力提高干部思想道德素质[N].人民日报,2010-09-28(3).
⑧ 习近平.领导干部要加强党性修养提高综合素质[N].人民日报,2009-03-02(1).

定。① 这些重要论述都是对领导能力建设提出的具体要求。

(4) 关于领导影响力的论述

毛泽东很早就提出了领导影响力的问题,并对这个问题进行了辩证分析。在抗日战争时期,他就指出共产党的领导者应该到其他的抗日武装中去,利用自己的工作以"影响"这些抗日将士,借以改变这些抗日武装的质量。② 这实际上是领导影响力的问题,领导者要以间接的方式对他人发生作用、改变他人。他强调,对于敌人,认为"靠着影响就可以解决问题",那实际上是一种"迷信"。③ 1936年,距离党中央驻扎地四五十里的地方有一个反革命的土围子,影响可谓很近,可是土围子里的反革命武装就是死不投降。后来出动革命武装,这个反动武装才投降。新中国建立以后,他指出,中国的领导者与苏联的领导者之间矛盾总是会有的,只要没有大的原则性的矛盾,就可以求同存异。在长期相处的过程之中"他们想影响我们,我们想影响他们"。④ 这实际上是采用非强制性的、无形的手段影响他人。因此,在毛泽东看来,领导影响力是一种间接改变他人的力量。领导影响力有很大的作用,但不是万能的。施加影响要看对象,改变人民群众可以依靠领导影响力,而改变反动阶级主要依靠强制力量,这是原则的区别。

邓小平非常明确地阐述了领导影响力的问题。他提出,对于人民群众,领导者不能用长官的严厉统制办法,不能采用压制的方法,必须毅然抛弃强制的手段,而要给民众以"最切实的影响",着眼于宣传、教育、说服、动员的方式。他强调,党员领导干部对待非党干部,不能依靠强迫命令的权力,而要依靠充分的民主,依靠领导者的风度去团结非党干部,去"影响"非党干部。⑤ 邓小平的领导影响力思想已经非常明确,领导者要保持对人民群众和党外干部的领导,主要不是依靠职权的力量,而是依靠领导者个人的力量;主要不是依靠强迫的力量、硬性的手段,而是依靠说服的力量、软性的手段。

习近平明确使用了影响力这一概念,用来阐发领导者对周边所产生的作用及作用方式,并且辩证地分析了领导影响力的问题。他指出,有的领导者在领导工作中靠前指挥,对同志团结共事,对广大干部群众的"影响力大",而有的领导者"影响力就不强"。⑥ 一些领导者为了自己个人的"所谓影响力",搞排斥异己

---

① 习近平.摆脱贫困[M].福州:福建人民出版社,2014:41.
② 毛泽东文集:第2卷[C].北京:人民出版社,1993:55.
③ 毛泽东选集:第4卷[M].北京:人民出版社,1991:1132.
④ 毛泽东文集:第7卷[C].北京:人民出版社,1999:191-192.
⑤ 邓小平文选:第1卷[M].北京:人民出版社,1994:4-5.
⑥ 习近平.之江新语[M].杭州:浙江人民出版社,2007:114.

的有之,搞拉帮结派的有之,搞制造谣言的有之,搞拉动选票的有之。① 在习近平看来,真正的领导影响力,是领导者发挥对他人或者外部环境的积极作用,靠前指挥,不能放弃领导。正确发挥领导影响力,是发挥凝聚作用、团结作用,而不是暗中攻击人,搞"小圈子"。

2.2.2 现代领导力理论

马克思主义领导理论对待现代领导力理论,既不是绝对排斥,也不是全盘接受,而是批判性地借鉴。运用马克思主义的立场、观点、方法对非马克思主义领导思想进行区别吸纳、为己所用,才是马克思主义领导理论发展的科学态度。

2.2.2.1 职位权力理论

(1)概述

研究者们对职位权力的研究较为长久。这个领域的代表人物有法约尔、French 和 Raven、Bass 等。法国学者法约尔在《工业管理与一般管理》一书中提出了职位权力的概念并对其进行了分析。② French 和 Raven 在《社会权力的基础》一书中指出,职权是赋予某个正式职位的合法权力,并对职位权力进行了详细的研究和划分。③ Bass 也重申了职位权力的概念,认为职位权力来源于领导者在组织中所处的正式职位。④

(2)主要内容

国内外学者普遍认为,关于职位权力的分类,最具代表性的就是 French 和 Raven 的分类方法,他们将领导权力分为法定权、奖赏权、强制权三种。

1)法定权。法定权源自领导者在组织中的正式职位,被领导者对领导者的服从来自对其领导岗位的接受与对其组织角色的认可。在正式的群体与组织中,领导者以法定权力来领导组织或管理他人,促使各成员为完成目标而工作。这种类型的权力也称为"制度权",因为它来源于领导者在组织机构中的职位结构,属于最普遍的权力来源。法定权源自对组织和制度的认同,被领导者的服从来自对组织中命令来源合法性的认可,取决于命令内容与组织基本规范、原则间

---

① 习近平关于党风廉政建设和反腐败斗争论述摘编[M].北京:中央文献出版社,2015:50.
② 法约尔.工业管理与一般管理[M].周安华,林宗锦,展学仲,等译.北京:中国社会科学出版社,1998:24.
③ FENCH J,RAVEN B. The Bases of Social Power[M]. Ann Arbor,MI:University of Michigan Press,1959:32 - 36.
④ BASS B M. Leadership,Psychology and Organizational Behavior[M]. New York:Harper,1960:55 - 57.

的一致性。① 领导者仅有法定权力还不足以使指令得到贯彻,职位权力另外的构成要素就是奖赏权和强制权。

2) 奖赏权。奖赏权源自对可见利益的控制,被领导者完成掌权者所指定的组织任务后会获得相应的积极奖励。其作用效果取决于奖励的可信程度,一方面掌权者对资源和奖励的控制具有可靠性,另一方面还需要被领导者认识到掌权者有履行诺言的真实意愿。②

3) 强制权。强制权就是领导者对被领导者采用惩罚的手段。强制权建立在畏惧的基础上,被领导者只能被迫接受领导者的意图。如果被领导者不服从领导者,将遭遇到被领导者不希望看到的消极后果。

(3) 影响与评价

在权力研究领域,French 和 Raven 的职位权力思想是非常具有代表性的学说。他们对于职位权力的分类方法,是一种被普遍接受的提法。现代领导学一直秉承他们对组织中职位权力的界定与理解。

尤其需要注意的是,职位权力远不能解释领导力的全部奥秘,没有探讨权力和责任的关系,单纯讲求与追寻职务权力会带来严重的消极后果。绝对的权力会导致绝对的腐败,当领导者的权力受到威胁时,领导者就会为了追求权力的巩固排斥有能力的组织成员,甚至利用权力产生腐败现象。③

另外,奖赏权具有激励的积极作用,也存在负面作用。马克思主义领导理论视域下的奖赏权,不排除适当激励,但是为人民群众服务的领导观才是社会主义社会领导力的基石和内核。朱镕基曾强调,只依靠发奖金调动积极性,是搞福利主义,会形成一种"庸俗的机关作风"。④ 由于奖赏权作用过程中,被领导者的遵从基于对特定奖励的期望,并没有共同目标或道德准则的介入,因此权力双方的互动关系表现出很强的工具性特点。过度使用奖赏权,会把领导者与被领导者的关系看作是一种纯粹的交换关系,即领导者给被领导者分派工作任务、付以报酬、提供机会等。相应地,作为回报,被领导者服从领导者的指示、命令,并尊敬领导者。被领导者只是基于自身利益追求奖励,如果失去奖励,就会失去前进的动力和奉献的可能。

---

① WRONG D H. Power:Its Forms,Bases,and Uses[M]. New Brunswick:Transaction Publishers,1995:42-44.

② YUKL G. Leadership in Organizations[M]. Englewood Cliffs:Prentice Hall,2006:61-62.

③ MANER J K,MEAD N L. The Essential Tension between Leadership and Power:When Leaders Sacrifice Group Goals for the Sake of Self-interest[J]. Journal of Personality and Social Psychology,2010(3):482-497.

④ 朱镕基上海讲话实录[M]. 北京:人民出版社,2013.

2.2.2.2 魅力型领导力理论
(1)概述

领导魅力已成为现代领导学的重要范畴,日益受到学者和领导者的重视。领导魅力理论也称为魅力型领导力理论,学者们对魅力型领导力的理性认识也不断深化。德国社会学家韦伯最早提出了领导魅力问题。20世纪20年代,韦伯将该词引入了社会学领域,用它来描述一种领导权威,即魅力型权威。20世纪七八十年代,Robert House、Bass将魅力引入领导力研究中,并据此提出了魅力型领导力理论,该理论得到了广泛关注。

(2)主要内容

魅力型领导力理论把领导魅力界定为领导者的具有强烈吸引力的一种品质特性。德国社会学家韦伯较早使用领导魅力一词来描述领导者,魅力就是早期的宗教徒认为的上帝赋予教会领袖特殊的天赋。韦伯把魅力一词从神学中借用过来,对有天赋的领导者的定义进行了延伸,包括了宗教和非宗教的所有领导者。韦伯认为,领导魅力是存在于领导者个体身上的一种品质,超出了普通人的一般标准,因而会被认为是超凡的力量,或至少是一种与众不同的力量。① 豪威尔和科斯特利(2003)把领导魅力定义为被领导者所产生的对领导者的某种特性的强烈认可。② 追随者会将具有这种魅力品质的人视为领导者,会基于对模范性品质的认同而服从领导。

随着研究的深入,国内外学者对领导魅力的来源达成了共识。

1)道德与价值观。道德规范作为研究领导魅力的一个维度在近年来得到学界的重视。领导魅力是以道德为基本架设,能够使领导者获得被领导者的高度信任。领导者通过自己的行为来表明一系列的价值观和道德信仰,被领导者真正接受领导者的道德标准。③ 魅力型领导者引导追随者为了集体的利益和共同的目标而超越个人私利,激发追随者的高层次的价值观与需要。魅力型领导者提炼核心价值,强调价值观在道义上的正当性,激发追随者的认同。

2)亲切感。感情是人们对客观事物好恶倾向的内在反映,它体现着人与人之间的关系状况。领导者与被领导者之间也是一种人际关系,存在感情上的联系,故有亲疏好恶之分。如果两者之间建立起比较亲密的关系,被领导者就会产生亲切感,心理距离变小,容易产生对领导者的认同。④ 魅力型领导者具有同理

---

① 韦伯.经济与社会:上[M].林荣远,译.北京:商务印书馆,1997:269.
② 豪威尔,科斯特利.有效领导力[M].机械工业出版社,2003:231.
③ HOUSE R J. A 1976 theory of charismatic leadership[M]. Carbondale:Southern Illinois University Press,1977:71-73.
④ 刘志伟.略论现代领导学发展中的领导魅力理论演进[J].领导科学,2013(2):41.

心,能够站在对方立场思考,能够理解他人的感受,使被领导者感到备受关心。

3)知识。知识是人类实践经验的科学总结,知识本身就是一种力量。魅力型领导者具有优于一般追随者的知识,追随者认为成熟的知识就是领导者的领导魅力的重要组成部分。[①] 如果领导者经验丰富、见多识广、知识广博,那么领导者容易取得人们的信任,使被领导者产生信赖感。相反,如果领导者见识短浅、学识浅薄,有的甚至无知,那么领导者就不会取得被领导者的信任,领导魅力便无从谈起。

(3)影响与评价

魅力型领导力理论是现代领导力理论的重要组成部分,20世纪90年代以来得到了广泛的支持与发展,成为领导力研究的热点,日益引起人们的注意。领导魅力强调领导者身上具备的对被领导者具有强烈吸引的特殊品性,其优点在于强调价值理念、道德观念、丰富的知识等要素对领导力的重要性。

特别需要指出的是,领导魅力也可能有消极方面。早期的领导魅力被视为具有超自然的、超人的、任何其他人无法企及的力量,或被视作神灵的代表。领导魅力中存在一些强调宗教吸引的成分,存在一些不可捉摸、不可名状的神秘性因素,非理性的色彩过于浓厚,强调某种精神依赖或神圣启示。在现代社会,盲目与宗教的成分被越来越多的理性与科学成分所取代。在个人魅力的养成中,学识和经验表现得愈加重要。这种领导魅力不能作为社会主义社会领导力的方向,应该剔除其神秘莫测、宗教的成分。同时,如果魅力型领导者自我陶醉,忽略现实,对他人不敏感,或利用其魅力误导下级,则可能产生不良后果。

马克思主义领导理论视域下的领导魅力观要求"祛魅",追随者既要看到领导者的魅力,又不能自我矮化,领导者更要知晓人民群众的主体地位与历史创造作用。[②] 追随者既接受领导者的道德感化、价值指引,又绝不能搞个人崇拜,领导魅力不是对于"个人的神化"。[③] 领导者既要充满个人魅力,塑造个人魅力,又要防止向个人崇拜的轨道滑行,自觉依靠集体进行领导,明晰把希望寄托在一两个人身上"并不很健康"的道理。[④]

2.2.2.3 领导技能理论

(1)概述

学者们研究领导技能的时间比较长久。领导技能的现代研究源自1955年Robert Katz的《有效领导者的技能》一文。20世纪90年代之后,研究者发表了

---

① Powell J M. The management masters survey[M].[S.l.]:Worthing Brighton Press,2003:21.
② 刘志伟.走出领导魅力的认识误区[J].领导科学,2012(20):32-33.
③ 邓小平文选:第1卷[M].北京:人民出版社,1994:235.
④ 邓小平文选:第3卷[M].北京:人民出版社,1993:272.

不少相关文章,在 Mumford 和 Jack Zenger 等学者的推动下,领导技能理论获得了长足发展。

(2) 主要内容

领导技能理论认为,优秀的领导者不在于应当是怎样的、不在于有哪些天生的特质,而在于实际做得怎么样、在有效工作时展示出哪些领导能力。国内外学者普遍认为,对于组织中每个层级的领导者而言,存在一系列必需的领导能力,即决策的能力、开拓创新的能力、认知判断的能力等。① 这些能力包括:技术性能力,也称为专业能力,指的是对某项活动,尤其是对事物的方法、流程、程序或者事件处理技巧的理解程度和对特定活动的熟练程度;概念性能力,实际是认知能力和洞察力,包括认知形势的能力,知人善任的能力,以整体视角看待组织的能力,认识到组织中各个部门是相互依赖的,并且任何一个部门所发生的变化会影响其他所有部门;创新能力,就是提出新方法、提供新的解决问题的思路的能力。②

(3) 影响与评价

领导技能理论在现代领导力理论中占有非常重要的位置。总体而言,现代领导技能理论主要有两个核心思想:领导者为了实现领导必须具备战略思考、业务能力、创造力、分析判断能力等各项领导能力;③众多领导者虽然身处不同领导岗位和领导层级,其需要的领导能力可能有所侧重,但是领导者都需要一些普遍性的领导能力。以战略思考能力为例,低层领导者的主要精力虽然不在于设计战略,但是这不意味着低层领导者不培养或不需要战略思考能力。④ 缺乏了这种能力,领导者就看不到问题的重点所在,缺乏战略定力。领导技能理论的这些论断对领导者提升领导力具有重要指导意义。

格外需要强调的是,现代领导技能理论内含丰富的理论内核,具有一些真理性的、普遍性的理论内容,可以被马克思主义者借鉴使用。但是马克思主义领导理论强调以德为先,首先重视的是领导者的政治定力和道德魅力,不能陷入"唯能力论"。在政治与品德方面有重大缺陷的人,能耐再强、本事再大也不能提拔重用。⑤

2.2.2.4 领导影响力理论

(1) 概述

受历史上领导等级模式的影响,传统的领导力研究基本都集中于经过正式

---

① 敖小兰. 中国局处级干部领导能力及有关特质研究[D]. 上海:华东师范大学,2004:4.
② ROBERT L K. Skills of effective administrator[J]. Harvard Business Review,1955(1):33-35.
③ MUMFORD M D. Leadership skills for a changing world:Solving complex social problems[J]. Leadership Quarterly,2000(1):11-35.
④ ZENGER J. The Skills Leaders Need at Every Level[J]. Harvard Business Review,2014(7):30.
⑤ 习近平谈治国理政[M]. 北京:外文出版社,2014:413.

任命的领导者身上。随着研究的深入，人们逐渐把领导者所在职位的正式权力与领导者自身的影响力分开。这个研究领域的代表性人物有哈罗德·孔茨、约翰·C.麦克斯韦尔、保罗·赫塞等。

(2)主要内容

领导影响力理论认为，领导力的本质是影响力，衡量领导力的真正尺度是影响力。① 国内外学者普遍认为，领导影响力不是对权势的运用，主要是采用非权力的手段改变被领导者。谁能产生较大的影响力谁就是领导者，谁的影响力大谁的领导力就大。② 领导者不一定是在机关组织中具有正式权力地位的人，即使没有任何正式领导职务的人也可以运用影响力产生领导力。实施领导影响力的策略如下：第一，领导者与被领导者进行沟通，通过做一些远景规划、确定方向、制定战略，从而实现领导。第二，为被领导者提供指导、支持、帮助，以利于被领导者完成团队任务。成功的领导者不是依靠监视他人，而是依靠培养被领导者的工作能力、释放被领导者的潜能，设法让被领导者发挥作用，指导被领导者知道自己该做什么及如何做。第三，领导者主要依靠说服、引导等方法，而不是依靠权力进行控制。③

(3)影响与评价

现代领导力理论基本都肯定领导力的本质与核心是影响力，这是一种主流看法。重视领导影响力的作用并加以优化是必要的，领导影响力在组织中的作用是显而易见的，可以通过间接的方式强化领导者的作用，使组织关系和谐。

需要重点说明的是，"领导力就是影响力"④的主张过度强调影响力的地位，缩小了领导力的范围。同时，过于突出影响力可能会造成领导者无所不能的虚幻意识，其结果是强化了领导者个人的作用，淡化了制度的建设。⑤

马克思主义领导理论视域下的领导影响力观，在强调发挥领导影响力的同时，也要看到其他的领导力量。更不可忽视制度的建设与外部监督的作用，要注意禁止利用"影响力为家属亲友谋求特殊照顾"。⑥ 领导制度更具有根本性，要解决好充分发挥领导者的影响力与有效限制领导者影响范围的关系。

---

① 麦克斯韦尔.领导力21法则[M].路卫军,译.北京:中国青年出版社,2010:9-10.
② 杜柏林.领导力[M].王垒,译.北京:中国市场出版社,2005:3.
③ 芮新国.保罗·赫塞"点评"领导力[J].中外管理,2005(6):20.
④ 麦克斯韦尔.开发你内在的领导力[M].邓郁,译.上海:上海人民出版社,2006:6.
⑤ 孙健.领导科学[M].天津:南开大学出版社,2008:8-10.
⑥ 中国共产党第十八届中央委员会第六次全体会议公报[J].中国纪检监察,2016(21):4-7.

3 党政领导干部领导力分析框架

基于马克思主义领导思想,借鉴现代领导力相关理论,本章从领导权力、领导魅力、领导能力、领导影响力四个方面构建了党政领导干部领导力分析框架。第一,领导权力。领导权力是党政领导干部所在组织岗位本身配备的、对确定职责范围之内的人和事的正式支配力量,这里着重分析了法定权力、奖励权力、强制权力三个方面。第二,领导魅力。领导魅力是党政领导干部凭借自身非凡的人格品质对被领导者产生的磁性吸引力量,这里着重分析了道德魅力、亲和力、知识魅力三个方面。第三,领导能力。领导能力是党政领导干部有效开展领导工作、取得领导绩效所具备的主观本领和实际技能,这里着重分析了定力、魄力、洞察力、决断力、创造力、业务能力六个方面。第四,领导影响力。领导影响力是党政领导干部主要以间接的方式施加于领导客体的作用力,这里着重分析了导向力、凝聚力、驾驭力三个方面。

3.1 基本要素与要素关系

3.1.1 基本要素

3.1.1.1 领导权力

领导权力是指党政领导干部所在组织岗位配备的、对确定职责范围之内的人和事的正式支配力量。领导权力是探究领导现象的基本概念,是认知领导力的起点。《现代汉语词典》把权力解读为"职责范围内的支配力量"。马克思主义领导理论认为,在一定的历史时期,在一定的社会组织,领导权力仍然有其存在的必要性,领导权力是由组织层级制度形成的正式领导权威。恩格斯指出,在一个组织里面,如果每个人不能放弃一些自己的自治权,组织"怎么可能存在"。党的各个支部都有自己的自治权,但是"不把某些全权给予联合会",党组织的存在就是不可能的。[①] 这些论述充分说明了一个组织中领导权力存在的必要性,领

[①] 中共中央编译局. 马克思恩格斯选集:第4卷[M]. 北京:人民出版社,1995:606-608.

导权力是进行领导活动的必要条件。领导权力是一种使人服从的力量,可以使众多个别被领导者保持有秩序状态。领导权力是由职务而形成的,归组织所有,没有职位也就没有对应的领导权力。领导权力是权位,具有法定性、不可抗拒性、强制性。领导权力是相对暂时的一种力量,只要党政领导干部脱离领导职务,这种力量就会马上消失。领导权力是一个既定不变的力量,有其上限,职务权力有多大,党政领导干部领导权力就有多大。马克思主义领导理论视域下的领导权力主要包括以下几个方面。

(1)法定权力

法定权力是指党政领导干部依据法律法规的授权而获得的、通过法定程序和方式实施的岗位权力。法定权力是党政领导干部在领导岗位上的基本权力,居于领导权力的基础地位。

1)权由法定。领导权力是有限还是无限,涉及领导权力与法律法规的关系问题。马克思主义领导理论认为,法无授权即禁止,法律法规是领导权力运作的准绳,领导者没有法律之外的绝对权力。彭真早就指出,所谓领导,"就要按照法律来领导"。① 这说明党政领导干部要做到依法领导、领导依法。领导职权有明确的边界,党政领导干部只能在法定范围内起支配作用,在法律制度面前没有例外的特权,不得把自己凌驾于法律法规之上。习近平强调,"为官之义在于明法"。② 党政领导干部要树立"权由法定"的权力理念,知道自己的岗位权力是来源于法律法规的,职务权力的大小、内容是由法律法规规定的,知晓有些权力可以行使、有些权力不可以行使。党政领导干部要树立"权依法使"的权力观念,把法律作为从事领导的基本尺度,把法律作为领导决策的基本依据,把法律作为行使权力的基本准备,按规定的岗位权限行使领导权力,按规定的法制程序行使岗位权力。在社会主义社会,领导权力是有限权力,法律法规对领导权力具有约束性,党政领导干部应按照宪法、法律、法规的内在要求行使权力,只能在法律规定范围内通过法定程序发挥支配作用。

2)权力即责任。如何认识领导权力与领导责任的关系,直接反映着一个党政领导干部的法治意识,关系到党政领导干部对待权力的科学态度。马克思主义领导理论认为,领导权力就是领导责任,两者是统一的,掌握领导权力就意味着对法律义务的背负。马克思指出,政府中一些重要的职能要由"严格负责任"的勤务员行使。③ 这说明一切党政领导干部要负责任,领导权力需要具有责任

---

① 彭真年谱:第5卷[M].北京:中央文献出版社,2012:33.
② 习近平.摆脱贫困[M].福州:福建人民出版社,2014:41.
③ 中共中央编译局.马克思恩格斯选集:第1卷[M].北京:人民出版社,1995:56.

意识的党政领导干部来掌控。列宁强调,"一定的人对所管理的工作完全负责"是领导的一项基本原则。① 这说明领导权力不是什么特权,而是完全的责任。习近平强调,权力"意味着领导责任"。② 这表明领导权力不是一种荣耀,法定职责才是领导权力的核心内容,领导权力的行使与法定责任的担当是合二为一的,领导权力越大,法律义务越重。在法治社会,法定权力是党政领导干部必须履行的法定职责。法定职责必须行使不得放弃,放弃权力就是失职,要承担法律责任。

(2)奖励权力

奖励权力是指党政领导干部对完成或者超额完成组织任务的被领导者进行奖赏鼓励的权力。被领导者的工作绩效与积极性如何,不仅与被领导者自身的工作能力有关,还与党政领导干部对被领导者的激励程度有关。马克思主义领导理论认为,干部工作的目的不是完全为了获取奖励,但赏罚公正严明是组织中的重要守则。对有功者授奖可以促其继续进步,奖励使更多的人知道努力的方向。刘少奇指出,领导者到一个地方工作,要找干部和群众的优点,树立好典型,"奖励那里的英雄和模范工作者",从而传布好的经验,达到鼓励一般党员和普通群众前进的目的。③ 这说明奖励权力不仅是对模范工作者的认可,也是为了通过奖励举措激发全体人员的积极性。邓小平指出,领导者要"有奖有罚,奖罚分明"。④ 领导者应奖励勤政的、有功的,对于干得好的要给与高一些的报酬,从而形成争当先进的风气。这说明激励是党政领导干部实现有效领导必不可少的措施,正确合理地运用奖励权是实现有效领导的重要条件。奖励权是党政领导干部发挥激励作用的武器,对被领导者的积极性具有重要的调节功能。概括起来,党政领导干部最常用的激励因素有:物质性奖励,包括发放奖金、提供奖品等,主要是满足被领导者的物质需要;精神性奖励,包括通报表扬、授予荣誉称号、评先进工作者等,主要是满足被领导者的心理需要;发展性奖励,包括安排学习进修、晋升提拔、安排理想的工作等,主要是满足被领导者的自我实现需要。

需要指出的是,在理论上必须注意奖励权力与交易型领导力的区别。干部工作的目的不是只为了获取奖励,奖励权力是党政领导干部对表现优异者的一种鼓励。但是交易型领导力强调领导者和被领导者之间的交易,两者之间是一种类似于市场交换的"一物换一物"的关系,领导者给被领导者提供物质奖励、晋升机会等以满足被领导者的需要,而被领导者完成领导者的任务作为回报。一

---

① 中共中央编译局.列宁全集:第50卷[M].北京:人民出版社,1988:37.
② 习近平.之江新语[M].杭州:浙江人民出版社,2007:50.
③ 刘少奇选集:上卷[M].北京:人民出版社,1981:346.
④ 邓小平文选:第2卷[M].北京:人民出版社,1994:151-152.

旦没有奖励,被领导者就会消极怠工,脱离领导者的领导。① 习近平指出,不能简单地"把职位作为奖励干部的手段",这种理念和做法是错误的。② 因此,马克思主义领导理论视域下的奖励权力,不是庸俗的交易型领导力。党政领导干部行使奖励权力是为了鼓励干部,是为干部提供干事创业、为民服务的舞台,不是一种私人回报。

(3)强制权力

强制权力是指党政领导干部通过实施强迫和惩罚以驱动被领导者的力量。强制性是领导权力的一个重要特征,以外部压力为主要形式。马克思主义领导理论认为,强制权力是维护组织秩序、惩治腐败的必要手段。列宁早就指出,国家是"实行强制的领域"。③ 强制权力不能放弃,在特定情况下采用强制性的手段是必需的。他强调,一个组织没有铁的纪律,别说把一个政权维持两年半,"两个半月也保持不住"。④ 这说明强制权力是不可或缺的,是领导者维持组织秩序不可或缺的一种依靠力量。

1)维护统一秩序。马克思主义领导理论认为,集中和民主、权威与自治之间存在着辩证统一的关系,强制权力是一个组织保证统一领导的必要条件。只有强制权力才能形成统一的意志,如果缺少了强制权力,组织会变成一盘散沙。恩格斯曾指出,以巴枯宁为首的无政府主义者妄图分裂国际工人协会,只要他们做出决裂之事,就必须要"履行自己的职责"制裁分裂分子,防止组织的分裂。⑤ 这说明为了维护组织的集中统一,强制权力是必要的。毛泽东强调,"纪律是霸道"。⑥ 如果许多地方存在无政府状态,这些地方都将成为分散的独立王国,带来的损害将非常巨大。为此,必须使用强制权力维持"霸道"、维护统一局面。习近平提出,要使纪律真正成为带电的高压线,否则就会形成"破窗效应"。⑦ 这说明如果允许每个人完全按照自己的个人意愿自由行动,没有强制力的约束,组织中违法违纪的现象会不断滋生。因此,在领导关系中,强制权力扮演着重要角色,是巩固领导权威所必需的一种力量。在必要的时候,党政领导干部必须坚决

---

① 诺斯豪斯.领导学:理论与实践[M].吴爱明,陈爱明,陈晓明,译.北京:中国人民大学出版社,2012:115.
② 习近平谈治国理政[M].北京:外文出版社,2014:419.
③ 中共中央编译局.列宁全集:第40卷[M].北京:人民出版社,1986:296.
④ 中共中央编译局.列宁专题文集:论无产阶级政党[C].北京:人民出版社,2009:244.
⑤ 中共中央编译局.马克思恩格斯选集:第4卷[M].北京:人民出版社,1995:609-612.
⑥ 毛泽东选集:第2卷[M].北京:人民出版社,1991:359.
⑦ 习近平.加强反腐倡廉法规制度建设 让法规制度的力量充分释放[N].人民日报,2015-06-28(1).

行使组织上所赋予的强制权力,维护组织权威,实施有效领导。

2)惩治腐败。马克思主义领导理论认为,领导者在领导过程中,对违法腐败分子必须使用强制权力进行惩治。这种强制力量不但不能削弱,还要加强。只有使用强制权力才能捍卫人民政权、惩罚公务人员的懒惰腐败行为。恩格斯论述了强制权力的极端必要性,认为"容忍任何一个蠢货在党内肆意地作威作福",这样的党是没有任何前途的。① 当各种腐朽分子大出风头之时,党政领导干部就必须抛弃掩饰和调和的姿态,使用威权加以惩治。如果在惩治坏人坏事的问题上滋长了容忍手软的情绪,反而保护了一些坏人。列宁认为,对那些违法犯罪的共产党人的惩办应比对非党人员"加倍"严厉。② 这说明共产党的领导者不同于一般群众,这些人违法腐败造成的负面影响是很大的,必须严加威慑。毛泽东指出,开除贪污腐化分子,撤销不求进取、毫不称职分子的领导职务,是"毫不可惜的"。③ 这说明党政领导干部对待消极腐败分子不能感情用事,必须予以重办。对待人民的事业丝毫没有责任心的干部是没有资格担任领导职位的,对这样的党政领导干部必须加以处理。江泽民指出,在惩治严重腐败现象这个问题上,"不可书生气十足"。④ 党政领导干部如果对严重危害国家利益和人民权益的腐败现象心慈手软,那是一种对人民犯罪的行为。习近平指出,对腐败分子要震慑,突出"惩"的作用。⑤ 如果坏的行为蔓延开来成为一时的风气,这对党对人民都是极其有害的。

尤其需要指出的是,必须在理论上注意强制权力和命令主义、惩办主义的区别。马克思主义领导理论认为,强制权力不是命令主义,更不是惩办主义。强制权力是为了维护组织秩序,惩罚消极懒惰、违法腐败的干部。命令主义,是领导者在从事领导工作的时候不与被领导者民主商量,没有说服教育,一切都是依靠简单的命令行事。⑥ 惩办主义,是领导者不区分干部错误的大小与性质,用简单的组织处分去代替说服教育,用粗暴的惩罚代替正常的辩论。⑦ 领导者每到一地,只找缺点加以处罚,以此去吓唬人民和干部来推动工作,这是最恶劣的领导手段,是最粗暴的领导力量。因此,党政领导干部不能把强制权力与命令主义、

---

① 中共中央编译局.马克思恩格斯全集:第34卷[M].北京:人民出版社,1972:90.
② 中共中央编译局.列宁全集:第42卷[M].北京:人民出版社,1987:426.
③ 建国以来毛泽东文稿:第3册[M].北京:中央文献出版社,1989:76.
④ 江泽民文选:第3卷[M].北京:人民出版社,2006:223.
⑤ 习近平.加强反腐倡廉法规制度建设 让法规制度的力量充分释放[N].人民日报,2015-06-28(1).
⑥ 邓小平文选:第1卷[M].北京:人民出版社,1994:222.
⑦ 避免惩办主义(一九五一年七月二十日)[J].党的文献,2003(6):33.

惩办主义混同起来,它有着特有的适用对象和特定的适用场合。惩治是不得已的,反对"滥用纪律惩办干部"。对待干部的一般错误,必须区别对待,批评教育才是基本的办法。①

3.1.1.2 领导魅力

领导魅力是指党政领导干部凭借自身非凡的人格品质对被领导者产生的磁性吸引力量。《现代汉语词典》把魅力解释为"很能吸引人的力量"。领导力的标志是有没有自愿的追随者,拥有追随者的前提就是拥有领导魅力。马克思主义领导理论认为,领导者不能混同于一般群众,应该有更高的领导魅力,领导魅力是被领导者对领导者的发自内心的追随和拥护。邓小平指出,基本的领导优势不是依靠权力获得,主要从为广大"群众所拥护的政治声望"中去取得。② 这说明领导魅力来源于领导者的声望,领导优势建立在领导者能否取得被领导者的自觉拥护上。习近平指出,有的领导者之所以在干部群众中威信高,一个重要的原因就是"人格魅力强"。③ 领导魅力是党政领导干部能吸引人的力量,是党政领导干部的人格力量对追随者产生了非同一般的吸引力。领导魅力来源于党政领导干部自身,不是来源于职务权力。这种吸引力不是用强迫的力量获得的,而是依靠党政领导干部传递给被领导者的正能量,久而久之使被领导者沉淀成带有倾向性的心理状态。④ 党政领导干部只有自觉做践行社会主义核心价值观的模范,拥有高尚的道德水准、和蔼的亲民形象、丰富的知识储备,才能吸引被领导者。马克思主义领导理论视域下的领导魅力主要包括以下几个方面。

(1)道德魅力

道德魅力是指党政领导干部依靠道德品质与价值观取得被领导者认同的力量。马克思主义领导理论认为,道德问题是为官从政的基本问题。德乃官之本,品德与价值观是领导魅力的灵魂,会对被领导者产生强大的吸引力。党政领导干部主要的领导力量不应该是威权,而应该是用美德使被领导者心悦诚服,用价值观使被领导者产生认同。马克思指出,无产阶级的领导者是社会公仆,"为绝大多数人谋利益"。⑤ 如果一个人"为人类福利"而奋斗,面对他的骨灰,人们将会为他洒下热泪。⑥ 这说明党政领导干部不是骑在人民头上作威作福,而是为

---

① 陈云文选:第1卷[M].北京:人民出版社,1984:150.
② 邓小平文选:第1卷[M].北京:人民出版社,1994:10.
③ 习近平.干在实处,走在前列[M].杭州:浙江人民出版社,2014:525.
④ 李林宝.领导魅力哪里来[N].人民日报,2013-06-17(7).
⑤ 中共中央编译局.马克思恩格斯选集:第1卷[M].北京:人民出版社,1995:283.
⑥ 中共中央编译局.马克思恩格斯全集:第40卷[M].北京:人民出版社,1982:5.

多数人服务的。一个党政领导干部为了人民的利益而工作,是最值得人民群众尊敬的。恩格斯指出,马克思可能有过许多敌人,但"未必有一个私敌"。① 这表明党政领导干部要有光明磊落的道德品质,这种道德品质最值得人们敬佩。邓小平指出,"领导就是服务"。② 这就要求党政领导干部不是做官,而是做人民的勤务员,全心全意为人民服务就是最高道德标准。习近平指出,榜样的力量非常重要,现代领导者更应懂得这个道理,要"以道德的力量去赢得人心"。③ "核心价值观其实就是一种德",④是"最持久、最深刻的力量"。⑤ 这说明道德的力量与价值观的力量对于领导力的深刻意义。价值观起着行为取向、评价尺度的作用,是领导力的本源和基石,是领导魅力的重要泉源。党政领导干部领导力是一个从内到外的多层结构,道德与价值观是居于最中心层的,决定着领导力的性质与方向。⑥ 党政领导干部的道德与价值观决定着对被领导者的吸引力,决定着被领导者对领导者的认同与追随。党政领导干部的感召力越强,追随者数量就越多。

(2)亲和力

亲和力是指党政领导干部使被领导者愿意接近、亲近的力量。亲和力原本是一个化学概念,意义为两种物质之间的关联特性。学者将亲和力引入领导科学,赋予了亲和力新的科学内涵,指领导者在被领导者心目中形成的亲切感。马克思主义领导理论认为,领导者要提高自己对被领导者的亲和力,平等对待下级,热情对待群众。胡锦涛指出,领导者应摒弃简单粗暴的方式,增强"群众工作亲和力"。⑦ 这给党政领导干部树立正确的领导形象指明了方向。党政领导干部应该让下级与群众有亲切感,让人愿意接近。

1)平等对待下级。马克思主义领导理论认为,领导者要在人格上尊重下级,理解与关怀下级,以平等的态度对待下级。马克思指出,任何一个因为工作才身居高位的领导者,没有任何权力要求他人对其采取"与众不同的温顺态度"。⑧ 这就要求党政领导干部要把自己看成组织中普通的一员,平等地对待被领导者。

---

① 中共中央编译局.马克思恩格斯选集:第3卷[M].北京:人民出版社,1995:777-778.
② 邓小平文选:第3卷[M].北京:人民出版社,1993:121.
③ 习近平.领导干部要努力以道德的力量去赢得人心[EB/OL].[2014-05-10]. http://www.chinanews.com/gn/2014/05-10/6156299.shtml.
④ 习近平.青年要自觉践行社会主义核心价值观[J].中国高等教育,2014(10):5.
⑤ 习近平.从小积极培育和践行社会主义核心价值观[N].人民日报,2014-05-31(2).
⑥ 程样国,黄平槐.社会主义核心价值力与干部领导力的辩证互动[J].科学社会主义,2013(1):84.
⑦ 十七大以来重要文献选编:中[M].北京:中央文献出版社,2011:1011-1012.
⑧ 中共中央编译局.马克思恩格斯全集:第38卷[M].北京:人民出版社,1972:72-73.

刘少奇指出,领导者要"用平等的兄弟的态度"对待组织中的同志。① 这就要求党政领导干部不能对个人的领导地位斤斤计较,要把组织成员看成共同奋斗的同路人,不能自高自大。党政领导干部对下级的领导,只是一种工作关系。领导亲和力的突出标志就是理解下级,站在下级的立场上思考问题,平等待人,真诚地关心下属的工作、学习和生活。

2)热情对待群众。对待群众是满腔热情还是冷冷清清,是党政领导干部对待群众的态度问题。马克思主义领导理论认为,领导者要平等谦和地对待人民群众,热情服务群众是增强领导亲和力的基本方法。毛泽东提出,不论官有多大,都要以"普通劳动者的姿态"在人民群众中出现,决不允许摆官架子。② 党政领导干部必须意识到,官气是最低级的趣味,要以平等的态度对待群众。他还指出,对待人民"不是满腔热忱,而是冷冷清清",这种人其实不是一个纯粹的共产党人。③ 党政领导干部对待群众态度不好,服务群众不耐心,就会引起人民群众的不满。这些论述都表明党政领导干部要平等对待群众,要热情服务群众。这关乎党政领导干部在人民群众心目中的领导形象。

特别需要指出的是,亲和力与老好人主义不同,两者有着严格的区别。习近平指出,亲和力不是保持无原则的一团和气,不是"和稀泥"。④ 亲和力是党政领导干部对待被领导者的亲切态度,是正面的。老好人主义是不与错误行为做斗争的庸俗处世哲学,是负面的。

(3)知识魅力

知识魅力是指党政领导干部由于丰富的知识、广泛的见闻而产生的吸引被领导者的力量。马克思主义领导理论认为,知识是人类实践经验的科学总结,本身就是一种力量,知识是领导魅力赖以产生的重要泉源。马克思早就指出,在社会主义运动中,工人们已经具备了庞大的数量,但是只有人数是远远不够的,只有为"知识所指导时",人数才能起到决定胜负的作用。⑤ 这充分说明了知识产生的力量与重要作用,启发党政领导干部要有更多的见识,更深刻的思想,更丰富的知识。恩格斯指出,马克思由于在理论上获得的巨大成就而赢得了众多无产阶级领导者的尊敬,世界各国工人运动的最优秀的人都充分信任他,这些来自世界各地的人在运动的紧要关头都向马克思进行请教,而且发现马克思的建议

---

① 刘少奇选集:上卷[M].北京:人民出版社,1981:66.
② 毛泽东文集:第7卷[C].北京:人民出版社,1999:352.
③ 毛泽东选集:第2卷[M].北京:人民出版社,1999:659-660.
④ 习近平.做焦裕禄式的县委书记[M].北京:中央文献出版社,2015:11.
⑤ 中共中央编译局.马克思恩格斯全集:第16卷[M].北京:人民出版社,1964:13.

是最好的。这些人都是自己主动来向马克思求教的,并不是马克思把自己的意志和意见强加于他们。马克思对社会主义运动所起的特殊作用,正是建立于"这种基础"之上的。① 这已经充分证明,知识是吸引被领导者的重要力量。马克思对世界各国社会主义运动领导者的吸引力不是依靠强迫的力量产生的,而是依靠思想与知识的力量产生的。列宁告诫道,"没有充分的知识"就没法领导。② 有了学问,就好比站在高山上,可以看到很远很多的东西。这就启示党政领导干部有了丰富的学识,深刻的见识,才能取得被领导者的敬重。江泽民指出,领导者要使自己的知识"广一些、深一些"。否则,就不是一个合格的领导者。③ 这就要求党政领导干部知识比较广而深,才能产生对被领导者的吸引力。知识魅力是一个领导涵养问题,党政领导干部有丰富的学识才能提高自己的内在修为。比较丰富的知识和合理的知识结构不仅是实施有效领导的坚实基础,更是产生领导魅力的重要泉源。党政领导干部修炼知识魅力,就拥有了实施领导的重要手段,是比权力更靠得住的更高级的领导力量。作为党政领导干部,如果学识浅薄、见识浅短甚至无知,领导魅力就无从谈起。知识丰富才容易取得人们信任,见多识广才容易产生领导魅力。

3.1.1.3 领导能力

领导能力是指党政领导干部有效开展领导工作、履行领导责任、取得领导绩效所必须具备的主观条件和实际技能。《现代汉语词典》把能力解释为"能胜任某项工作或事务的主观条件"。领导能力是顺利完成领导活动的主观本领和个性心理特征,是提高领导效率的关键因素。马克思主义领导理论认为,不管是从事革命、改革还是现代化建设事业,领导者没有一定的能力是不行的,领导才能是取得事业成功的关键。马克思早就指出了领导能力的重要性,也告诫了领导能力的缺乏对社会主义运动的伤害。他指出,"愚蠢"在革命中起了负面作用,而敌人正是利用了这种愚蠢破坏了革命事业。④ 这启发党政领导干部,领导能力是能够肩负起领导责任所必须具备的智慧,是开展领导工作的关键条件。恩格斯也看到了领导能力这个重要问题,他在回复马克思的信中说,想担任领导工作的人选有非常多,但是大都不具备承担领导职务的"卓越才能"。⑤ 这就要求党政领导干部为着顺利完成领导任务要有更多的领导能力。马克思主义领导理论

---

① 中共中央编译局.马克思恩格斯选集:第4卷[M].北京:人民出版社,1995:646.
② 中共中央编译局.列宁全集:第38卷[M].北京:人民出版社,1986:246.
③ 江泽民.论"三个代表"[M].北京:中央文献出版社,2001:31.
④ 中共中央编译局.马克思恩格斯全集:第30卷[M].北京:人民出版社,1974:322.
⑤ 中共中央编译局.马克思恩格斯全集:第39卷[M].北京:人民出版社,1974:343.

视域下的领导能力主要包括以下几个方面。

(1) 定力

定力是指党政领导干部面对干扰坚定不移、面对诱惑廉洁自律的能力。定力本来是一个佛教用语,指祛除烦恼、妄想的功力。习近平将此词语借鉴并加以改造,赋予特别的含义,现今这个词语已经成为一个重要概念,用以描述和形容领导者的某种能力,也是对党政领导干部提出的要求。

1) 政治定力。政治定力,就是党政领导干部在政治上排除各种干扰困惑,坚定政治信仰、坚持政治立场、坚守政治方向的能力。马克思主义领导理论认为,信念坚定是好干部第一位的标准,政治坚定是领导者的首要条件。党政领导干部如果政治定力不足,就难当大任,就很容易迷失政治方向甚至变节。马克思指出,无产阶级的领导者"决不拿原则做交易"。① 这就要求党政领导干部能够坚定政治立场,坚守政治原则。恩格斯指出,无产阶级的领导者是"最坚定"的共产主义者,是坚持斗争的最勇敢的无产阶级战士。② 这就启发党政领导干部对政治信念要做到坚定不移,坚守政治理想。毛泽东指出,"思想和政治是统帅"。③ 党政领导干部如果在政治方向上模糊不清,这个人难受重托。只要政治上放松了,政治定力不足,就会走到邪路上去。江泽民指出,保持政治上的清醒坚定,是领导者的"最重要的条件"。④ 对党政领导干部而言,居于第一位的是政治定力。在事关政治原则的重大问题上保持头脑清醒,具有政治鉴别能力,能够保持坚定的政治立场,能够在各种政治风浪中不动摇。胡锦涛指出,领导者"不能放松政治这根弦"。⑤ 党政领导干部尤其要具有政治敏锐性,善于在事关政治方向的根本问题上保持清醒,在错综复杂的干扰面前保持坚定。如果陷于事务主义,就不是一个合格的领导者。政治定力是最重要的领导能力,信念坚定是领导力量的重要源泉。有定力的党政领导干部无论出现什么干扰,在政治考验面前都能够坚守政治方向,在政治风浪面前都能够保持政治立场。

2) 战略定力。战略定力,是党政领导干部在把握战略大势的前提下,为实现战略目标和中心工作而具有的长期行动能力。马克思主义领导理论认为,实现正确的领导就要有战略定力,不能为一时的利益改变长远目标,不能为一时的情绪改变重点方向,不能为一时注意力的转移改变战略初衷。毛泽东指出,领导人

---

① 中共中央编译局. 马克思恩格斯选集:第 3 卷[M]. 北京:人民出版社,1995:296.
② 中共中央编译局. 马克思恩格斯全集:第 7 卷[M]. 北京:人民出版社,1959:219.
③ 毛泽东文集:第 7 卷[C]. 北京:人民出版社,1999:351.
④ 江泽民论有中国特色社会主义[M]. 北京:中央文献出版社,2002:703-704.
⑤ 胡锦涛文选:第 1 卷[M]. 北京:人民出版社,2016:109.

员正确地决定工作重心之后,要"把这种决定坚持地贯彻下去",务必取得一定的结果。① 这就要求党政领导干部主意不能太多。战略目标只要看准了,就要做到坚定沉着,不能轻易改变。习近平强调,实现长远的奋斗目标,要有"乱云飞渡仍从容"的战略定力。② 这就要求党政领导干部面对战略规划要坚定不移。仅仅依靠一时一刻的热情什么事情也办不成,只有经过长年累月的耐心工作才能取得最后的战略胜利。因此,为了实现长远战略意图和工作重点,要有"功成不必在我"的准备,为了长久的未来贡献自己的力量。不论哪个层级的党政领导干部,都是各自组织战略与工作重点的把关者,都要有战略定力,临事有静气,对于已经确定的战略方针"咬定青山不放松"。

3)廉洁定力。廉洁定力,是党政领导干部抵御诱惑、守住底线的自控能力。马克思主义领导理论认为,领导者应该强化自我修炼,做到自警自律,严于律己。江泽民指出,领导者无论面对什么诱惑都必须"把握住自己",做到带头廉洁自律,加强自我约束,这是"最基本的要求"。③ 这就要求党政领导干部严以修身,加强自律。习近平指出,"自律"是领导者做官的"基础"。④ 这就说明党政领导干部不论面对什么情况都要具备自我警示、自我约束的能力。党政领导干部最难战胜的是自己,如果没有自律,即使制度设计得再缜密也会"法令滋彰,盗贼多有"。自律与他律相比,修身是内在的,是第一位的。因此,越是有定力的党政领导干部,越要廉洁自律,越要加强自我约束。

4)毅力。毅力是党政领导干部克服各种困难挫折的坚强意志和耐力。马克思主义领导理论认为,领导者是革命和建设的领路人,坚强意志对领导者具有重要作用。只有自身具备坚定的意志、耐性,才能领导人民坚毅前行。列宁指出,领导者要想在别人眼里表现得有力量,就必须具有"坚韧不拔"的气概与毅力。⑤ 这就启示党政领导干部在面对困难的时候,需要坚强的意志,具备不屈不挠的精神。毛泽东指出,意志是事业的先驱,领导者凡事要忍耐。作为一个领导者,"练习忍耐"是必不可少的。⑥ 这就要求党政领导干部要有坚忍精神,具有用百折不挠的精神去克服困难的意志力。从政不是一条平坦的道路,领导工作也是一个长久的活动,需要韧性与耐力。不怕吃苦是党政领导干部担任领导工作的基本

---

① 毛泽东选集:第3卷[M].北京:人民出版社,1991:901.
② 习近平.在纪念毛泽东同志诞辰120周年座谈会上的讲话[N].人民日报,2013-12-27(2).
③ 江泽民.论党的建设[M].北京:中央文献出版社,2001:282.
④ 习近平关于党风廉政建设和反腐败斗争论述摘编[M].北京:中央文献出版社,2015:145.
⑤ 中共中央编译局.列宁选集:第4卷[M].北京:人民出版社,2012:135-136.
⑥ 毛泽东文集:第3卷[M].北京:人民出版社,1996:127.

条件,①意志力是党政领导干部赖以从事领导工作的重要力量。

(2) 魄力

魄力是指党政领导干部在从事领导工作时的胆识和处事的果敢作风。马克思主义领导理论认为,魄力是领导能力的重要因素,敢于担当是好干部的基本标准。恩格斯指出,小资产阶级的领导者即使面临很小的风险就摇摆不定,变得不坚决。无产阶级的领导者不能不敢做出任何冒险,而应该有"魄力和进取心"。②这就启发党政领导干部,不管是推动改革还是干事创业都会有或多或少的风险,不能躲躲闪闪,顾虑重重。邓小平指出,领导者要选用那些党性强、"不信邪"的人,选那些"有魄力"的人。③ 这就说明党政领导干部要有胆量,不怕解决问题,不怕担负责任,在风险来临时有勇气承担责任。

1) 坚持原则,敢于斗争。在一个组织里面总会不时产生一些不良风气,面对庸俗腐败之风是坚持原则还是明哲保身,直接反映了党政领导干部的胆识。马克思主义领导理论认为,真正的领导者要勇于坚持原则,敢于同歪风邪气做坚决斗争。毛泽东指出,如果领导者主张"无原则的和平",就会产生腐朽庸俗的不良风气。④ 这说明党政领导干部不和歪风邪气做斗争,就会使一些人变得腐化。党政领导干部在一个组织出现原则问题的时候,要在斗争中经得起考验,在出现腐败分子的时候要有斗争到底的果敢作风。

2) 不怕困难,迎难而上。事物的发展不是一帆风顺的,面对困难是正面应对还是躲避逃脱,直接反映了党政领导干部的担当精神。马克思主义领导理论认为,真正的领导者不能畏难苟安,作为领导者要迎难而上。毛泽东指出,工作就是斗争,"越是困难的地方越是要去",这才是一个好的领导者。⑤ 这就要求党政领导干部哪里有问题就去哪里解决,领导者是为解决困难去斗争的。周恩来指出,"畏难苟安不是共产党人的品质"。⑥ 遇见困难就泄气,这不是马克思主义的领导者。克服困难是党政领导干部存在的意义,领导就是要正视困难并克服困难。胡锦涛指出,领导者要"到最困难的地方"去打开工作局面。这就说明党政领导干部要有不怕困难的担当精神,要到群众意见最多的地方去化解矛盾。⑦好的党政领导干部不会专门挑轻的工作,也不会把重担推给别人,而是会勇挑重

---

① 李瑞环. 辩证法随谈[M]. 北京:人民出版社,2007:316.
② 中共中央编译局. 马克思恩格斯全集:第8卷[M]. 北京:人民出版社,1961:107.
③ 邓小平文选:第2卷[M]. 北京:人民出版社,1994:75.
④ 毛泽东选集:第2卷[M]. 北京:人民出版社,1991:359.
⑤ 毛泽东文集:第8卷[M]. 北京:人民出版社,1999:277.
⑥ 周恩来选集:下卷[M]. 北京:人民出版社,1984:314.
⑦ 胡锦涛文选:第2卷[M]. 北京:人民出版社,2016:119.

担,敢于克服任何困难,敢于到工作推不开的地方排忧解难。

3)勇于负责,承担失误。事物是复杂的,失误是难免的,党政领导干部在工作过程中总会出现一些错误。能否正视、承认和改正失误,反映着党政领导干部的气度与境界。马克思主义领导理论认为,谁怕负责任,谁就不是领导者。领导者应光明正大地工作,不以承认错误为耻,面对失误敢于承担责任、勇于改正。恩格斯指出,无产阶级的领导者发现自己的错误后,"公开承认这些错误"就是一个纯粹的人。① 这就启发党政领导干部,天下没有不犯错误的领导者,关键是敢于承认并勇于改正。周恩来指出,工作出现失误总是和领导者有一定的关系,领导者要"多负一些责任"。② 这就要求党政领导干部面对组织或者下属的一些工作失误,要负责出面处理,不能逃避推脱。邓小平指出,面对一些工作失误,领导者不去处理,那要"推到哪里去呢?"③这就启发党政领导干部,面对工作出现的问题首先要作自我批评,改正工作失误首先要从领导者自己做起。魄力是党政领导干部承担领导工作的重要力量,党政领导干部应有很强的领导气概,敢于担当,主动负责,勇挑重担。

当然,要注意对魄力的认识误区。习近平指出,敢于担当不是"个人风头主义"。④ 这说明魄力不是个人的"霸道",不是所谓的"唯我独尊"。在现实中,有些党政领导干部觉得有霸气才能有魄力,这是一种错误并且有害的理念。魄力不是武断,不是霸道,不是逞一时之勇,不是咄咄逼人,魄力是智慧、责任、勇气的充分结合。

(3)洞察力

洞察力是指党政领导干部通过透彻深入地观察事物以洞悉和把握事物核心、本质的能力。如何认识与把握纷繁复杂、变幻多端的形势,直接体现了党政领导干部的眼光。事物具有表象和本质、主要方面和次要方面、当前情况和未来状况等不同的层次,能否看透其深层次的东西反映了党政领导干部的认知力水准。马克思主义领导理论认为,领导者应学会运用马克思主义的认识方法看待事物,提高眼力。恩格斯指出,马克思对当前的历史事件有着"卓越的理解",当一个历史事件刚刚发生的时候就有着"透彻的洞察"。⑤ 这启发党政领导干部,对当前社会状况应有深刻的认识。毛泽东指出,领导者要借助于马克思主义的

---

① 中共中央编译局.马克思恩格斯选集:第4卷[M].北京:人民出版社,1995:192.
② 周恩来选集:下卷[M].北京:人民出版社,1984:345.
③ 邓小平文选:第2卷[M].北京:人民出版社,1994:9.
④ 习近平谈治国理政[M].北京:外文出版社,2014:416.
⑤ 中共中央编译局.马克思恩格斯选集:第1卷[M].北京:人民出版社,1972:601.

望远镜和显微镜,提高自己的"眼力"。① 这就要求党政领导干部既能展望未来,又能明察秋毫。习近平指出,领导者要增强"看问题的眼力"。② 这表现在领导工作中就要有超前意识,有洞察形势的敏感性。洞察力是决定党政领导干部视野的重要因素,是党政领导干部实施领导赖以依靠的重要力量。把领导作为一种职业,有资格担当党政领导干部的人,必须具备冷静的判断力和深刻的洞察力。缺乏洞察力的党政领导干部,无法抓住问题的根本,无法看透事物的本质,无法预见事态的发展,从而造成短视的局面。

1)科学认知形势。马克思主义领导理论认为,一个好的领导者,首先要科学估计外部环境及其变化规律,找出此时此地的特征。领导者要明了周边的情况,使之成为正确领导的客观基础。列宁指出,作为领导者,第一位的工作是力求客观而准确地"判明这一形势",事实才是领导者认知形势的牢固基础。③ 这就要求党政领导干部从实际出发,科学判断形势,这才是最靠得住的。毛泽东指出,领导者大脑不能硬化,要保持"嗅觉"。④ 这就启发党政领导干部应该善于观察形势,注意觉察外部形势的变化,注意捕捉政治形势、经济空气、思想动态方面的信息。正确认识和科学判断形势,是做好领导工作的基本前提。党政领导干部应该真正了解实际情况,透过现象抓住问题的实质,胸中有"数",对事物有基本数量的分析。党政领导干部不能科学把握形势却担负领导工作,是一个比较危险的现象。

2)注意主要环节。马克思主义领导理论认为,领导者面对错综复杂的工作任务,必须抓住主要矛盾,找出主要环节,识别工作重心。列宁强调,领导的全部艺术就在于,估计并了解应该把"注意力集中在什么地方"。⑤ 这就启示党政领导干部,错综复杂的事态就好比一条链子,要抓住整条链子就必须把注意力的重点投放在主要环节上。毛泽东指出,任何一级的领导者都应把注意力的重心放在"最有决定意义的问题"上。⑥ 这就要求党政领导干部,虽然领导工作繁杂,但在任何一个地区、任何一段时期内必须判断出中心工作,必须注意最有决定性的动作,必须关注具有决定意义的一着。党政领导干部应能看到矛盾的主要方面,看到事物的主要环节,领导起来就事半功倍,起到四两拨千斤的功效。如果看不

---

① 毛泽东选集:第1卷[M].北京:人民出版社,1991:212.
② 习近平总书记系列重要讲话读本[M].北京:人民出版社,2016:289.
③ 中共中央编译局.列宁选集:第3卷[M].北京:人民出版社,1995:8-9.
④ 毛泽东选集:第1卷[M].北京:人民出版社,1991:99.
⑤ 中共中央编译局.列宁全集:第38卷[M].北京:人民出版社,1986:90.
⑥ 毛泽东选集:第1卷[M].北京:人民出版社,1991:176.

到主要矛盾,即使费尽气力,领导起来也往往是事倍功半。事物的过程很复杂,工作千头万绪,找不出主要矛盾就会如堕烟海。

3) 预见力。预见力是党政领导干部对事物发展变化趋势提前做出推断和预测的能力。马克思主义领导理论认为,为着领导必须预见。一个好的领导者具有超前思维能力,可以预测未来,防范灾祸。列宁指出,神奇的预言只能是一种过分渲染的神话,而"科学的预见"却是事实。① 这就告诉党政领导干部,神话预言是不可相信的,而领导者的预言却是科学可信的。斯大林指出,"领导就应当有预见"。② 这对党政领导干部的启示是,没有对未来趋势的预见就不算好的领导者。作为掌舵的党政领导干部在灾难发生之前什么都看不到,事物的萌芽已经显露却看不到,这不是马克思主义的领导者。毛泽东指出,预见就是"预先看到前途趋向"。③ 这对党政领导干部的启发是,科学地估计前途是必要的,走一步才看一步的领导方式不仅是短视的,而且是不利的。普通人容易被迷惑,党政领导干部应该能事先看出暗礁并绕过暗礁。坐在指挥台上,党政领导干部应该能看到不普遍的事物的未来普遍意义。事物的变动越远越难以预测,党政领导干部不是算命先生,这种预见是一种"大体计算"。④ 预见力是党政领导干部判断事物未来大致发展趋势的能力,正确的预见可以使党政领导干部对可能遇到的各种情况做到心中有数,提前做出必要的应对准备,从而把握领导主动权。没有预见力,党政领导干部就只能处于被动应付的状态。

4) 识别干部。马克思主义领导理论认为,了解人是使用人的前提,了解干部是干部工作的首要问题,作为领导者必须善于识别干部,知晓干部的优缺点。毛泽东指出,领导者必须"善于识别干部",识别干部的主要方法是看一个干部的全部工作,看一个干部的全部历史。⑤ 江泽民指出,"看人要看大节",主要看一个干部在政治与道德上的主流,看一个干部工作的主要方面。⑥ 作为党政领导干部,识人是领导工作的基本职能,也是基本的本领。识别干部要掌握辩证的方法,看到干部的长处也看到干部的短处,把握干部的主要方面。党政领导干部如果知人不深,往往会出现用人失误,被腐化分子蒙蔽。如果识人不准,往往会出现用人不当,导致人事不匹配。

---

① 列宁,瓦西里耶夫.领导与预见[M].北京:群众书店,1951:11.
② 中共中央编译局.斯大林选集:下卷[M].北京:人民出版社,1979:12.
③ 毛泽东选集:第3卷[M].北京:人民出版社,1991:881.
④ 毛泽东选集:第1卷[M].北京:人民出版社,1991:221-222.
⑤ 毛泽东选集:第2卷[M].北京:人民出版社,1991:527.
⑥ 江泽民文选:第3卷[M].北京:人民出版社,2006:51.

(4)决断力

决断力是指党政领导干部在现有的约束条件下,权衡风险、抓住时机,在若干个备选方案中选择较优方案的能力。马克思主义领导理论认为,领导者的决断力主要表现在出主意、用干部上。决断,既包括出谋划策的过程,也包括选择决定的过程。如何从事决断、能否抓住时机进行决断是党政领导干部面临的重要问题,凡是有作为的领导者都有很强的谋划决断能力。

1)民主决断。马克思主义领导理论认为,群众才是真正的英雄,领导者的决策必须广泛汲取群众的智慧。列宁指出,领导者只有"表达人民的想法,才能管理"。① 这就启示党政领导干部,领导者在人民群众中只是沧海一粟,单靠领导者的智慧无法赢得事业的胜利。毛泽东指出,凡属正确的领导,是将人民群众"分散的无系统的意见集中起来"。② 党政领导干部必须意识到,领导之所以正确,主要是综合各地的正确意见。党政领导干部的作用是充当加工厂,把群众零散的意见加以处理后进行决策。邓小平指出,天才的领导者只是"集中群众的智慧"。③ 这充分说明,党政领导干部的个人力量是孤单的,集体的智慧、群众的智慧是无穷的。一个好的党政领导干部通过集思广益最终形成决策。如果自以为是,独断专行,一意孤行,领导效果就不理想,决策在群众中也行不通。不懂得这一点,党政领导干部一定会碰钉子。

2)科学决断。马克思主义领导理论认为,领导者要以科学的方式从事决策,通过全面分析正反两面的情况,比较不同的方案,反复权衡之后,形成科学的决策方案。毛泽东指出,领导者在决断之时,要尽可能地"周到"。④ 这就要求党政领导干部,在做决断时必须认真估计、慎重思考事情的几种可能性,估量好的坏的、顺利的不顺利的、可能办到的不可能办到的若干情况。陈云指出,做决断要做到"交换""比较""反复"。⑤ 这说明,党政领导干部在决断时要交换正反两面的意见,对不同的方案与情况进行比较,做决定不可太匆忙,要留时间反复琢磨。对于党政领导干部而言,科学决断能力是全面分析、不断比较、反复权衡的能力。如果决策武断轻率,就必然会造成失败。

3)人事决断。马克思主义领导理论认为,领导者要合理安排干部,善于发挥每一个干部的长处,使人岗匹配。列宁指出,把干部"安排到适当的岗位",是领

---

① 中共中央编译局.列宁选集:第3卷[M].北京:人民出版社,1995:24-25.
② 毛泽东选集:第3卷[M].北京:人民出版社,1991:899.
③ 邓小平文选:第1卷[M].北京:人民出版社,1994:218.
④ 建国以来毛泽东文稿:第10册[M].北京:中央文献出版社,1996:22.
⑤ 陈云年谱:下卷[Z].北京:中央文献出版社,2000:430.

导者的主要才能之一。① 这就启发党政领导干部,人事决断就好比指挥乐队,关键在于人员安排,恰当地分配角色,安排人员事务,量才而用,注意合理搭配干部结构。党政领导干部知人善任,能够把每个干部安置在最适合的位置上,就能够发挥干部的优点,提高领导效率。如果不能用人所长,就会造成浪费人才的现象,领导效果也不大。

4)果断决策。马克思主义领导理论认为,领导者必须有自己的主见,善于把握机遇而实现勇敢的跳跃、做出决断。马克思指出,当历史的发展出现"几天等于二十年"的大好时机之时,领导者要发挥主观能动性,抓住机遇"迅速做出决定"。恩格斯指出,领导者应该能够在"应当迅速行动的时刻"做出决定。② 这就启示党政领导干部,机不可失,时不再来,机遇尤其是重要的机遇不是天天都出现的,在机会没有出现的时候行动迟缓是没有大碍的,在机会出现的时候必须快速行动,抓住机遇迅速地做出决策。邓小平指出,机遇存在着,核心的问题是"善于把握"。③ 这就说明,党政领导干部必须具有自信和主见,能够果断决策,不错过机会。形势是不断变化的,机会是稍纵即逝的,能否抓住时机反映着党政领导干部领导力的水平。好的党政领导干部面对机遇干脆利落,拿出主见,发展就可以上一个台阶甚至几个台阶。当断不断,反受其乱。如果机遇出现后,领导干部优柔寡断,就会错过最好时机,不仅发展跟不上,甚至导致大的延误。

(5)创造力

创造力,是指党政领导干部开拓新局面、提出新办法、创造新事物的能力。在领导岗位上是安于现状还是探索创新,反映出党政领导干部的领导状态。面对变化是置若罔闻还是随时而变,反映出党政领导干部的创造能力。马克思主义领导理论认为,唯创新者进,领导者应根据时代的发展创造出新的事业。邓小平指出,领导者就"要有创造性"。④ 这就说明,创造力是推动创新发明的重要力量,党政领导干部应该具备这种创新的力量。有了创造力,才能干出新的事业,走出新的道路。江泽民指出,领导工作要"富于创造性"。⑤ 创新是一个国家和政党永葆活力的源泉,这就要求党政领导干部务必做到与时俱进,开拓事业的新局面。习近平指出,"唯改革者进,唯创新者强"。⑥ 创造力是一个民族保持生机

---

① 中共中央编译局.列宁全集.第38卷[M].北京:人民出版社,1986:252.
② 中共中央编译局.马克思恩格斯选集.第4卷[M].北京:人民出版社,1995:565-667.
③ 邓小平文选.第3卷[M].北京:人民出版社,1993:354.
④ 邓小平文选.第3卷[M].北京:人民出版社,1993:372.
⑤ 江泽民文选.第3卷[M].北京:人民出版社,2006:50.
⑥ 习近平.谋求持久发展 共筑亚太梦想[N].人民日报,2014-11-10(2).

的关键,是一个国家进步的不竭动力。这就要求党政领导干部不断探索,坚持创新。在激烈的竞争中,能否始终保持创造力,决定着事业的前途。永不自满,不断创造,这是长期的领导之道。

1)创新意愿。变化是绝对的,世界上唯一不变的是变化。在某种程度上,领导就是变革的代名词。领导力之所以称为领导力而不是执行力,根本原因就在于领导者认识变化、适应变化、引领变化。在很大程度上,是领导者主动引领变革,积极推动创新。倒逼式的改革是被动的,是形势所迫的变革,而真正懂得领导之道的党政领导干部会主动变革。创新是党政领导干部体现自身领导价值的机会,具有强烈创新精神的党政领导干部把变化看作开创新局面的重要机遇。

2)创新能力。在早期人类社会的历史上,人们赖以生活的源泉是攫取大自然的资源,那时候人类的创造能力还非常有限。在现代社会,人们的创造能力比以前大为改进。在变革速度加快、新事物辈出的当代,党政领导干部需要提升自己的创造能力。创造能力是领导能力的重要方面,它不仅反映党政领导干部创造新事物的水平,也反映党政领导干部是否有足够的能力引领组织变革。明者因时而变,知者随事而制,跟不上时代脉搏的变化就会被时代淘汰。一个具有创造能力的党政领导干部应该创造出解决问题的新办法,设计发展的新思路,提出变革的新建议,具有独出心裁的新见解,创造出一些新生事物。

(6)业务能力

业务能力是指党政领导干部完成特定岗位职责所需要的某种专业本领。"万金油"干部是力不从心的,一般化领导是不行的,一般化号召是没人听从的。马克思主义领导理论认为,领导者不一定成为各行各业的纯粹的技术专家,但是应该不断学习和掌握一些做好本职工作所需要的专业技能。无论负责哪个岗位的领导工作,没有业务能力、没有专业技能是不能胜任的。列宁指出,"要管理就必须内行"。在社会主义现代化建设时期,领导者就应该懂一些科学技术,懂得生产经营,懂得现代管理,懂得一些生产技术。① 这就说明,没有专长就不能够从事领导。真正的领导者不是空有领导的架子,而是会做一些具体的工作,掌握一些专业的本领。党政领导干部不能充当门外汉,而是要熟悉业务,具有充分的专长。② 斯大林强调,领导者要"精通业务"。③ 这就启发党政领导干部,那种以为领导就是坐在办公室进行指挥的理念是错误的。领导要少发一些空洞的指示,要了解工作的具体细节,真正懂得业务才能做出实用的指导。毛泽东指出,

---

① 中共中央编译局.列宁全集:第38卷[M].北京:人民出版社,1986:246.
② 中共中央编译局.列宁全集:第37卷[M].北京:人民出版社,1986:42.
③ 中共中央编译局.斯大林选集:下卷[M].北京:人民出版社,1979:295.

不懂得业务是不行的,长期当外行,以其昏昏使人昭昭,是不能担当好领导重任的。领导者要懂得业务,"使自己成为内行"。在新中国成立之后,面对社会主义建设的任务,毛泽东强调不管是从事工农商还是从事文教的领导者,都必须学习一些基本的业务和技术。农业方面的要搞好试验田,工业方面的是抓新技术、新产品。① 这就启示党政领导干部,外行领导内行是不行的,不能限于一般号召,要钻研业务。邓小平指出,社会主义现代化建设时期的事情与过去革命战争年代的事情已经大为不同了,这就要建立一个"具有专业知识和专业能力"的宏大队伍。② 以前长期都没有重视领导者专业能力的问题,改革开放之后再不特别重视,就无法推进现代化建设的事业。不管哪个领域哪个部门的领导者,不专业不懂行就去指导那是瞎指挥,会耽误生产建设的发展,会损害人民群众的利益。解决的办法是改变领导者缺少专业能力的状态。专业化是领导者的重要标准,领导者必须转变说空话进行领导的坏作风,多研究岗位技能。因此,有的党政领导干部认为所谓的领导工作是高高在上发出一般号召,只负责宏观管理不负责指导业务,实际上这种观点是错误的。业务能力是党政领导干部领导能力的基础,业务能力是实施指导的重要依赖力量。党政领导干部懂得一些具体的业务,把自己变成内行,领导起来才有力量。

3.1.1.4 领导影响力

领导影响力是指党政领导干部对被领导者和外部情境主动施加的作用力。领导者与被领导者、外部情境的关系,是党政领导干部需要深入思考的重要问题。马克思主义领导理论认为,领导者不能奉行"尾巴主义",要主动发挥自己的作用和影响。周恩来早就提出过,一个领导者首先要回答的问题是:"你影响他,还是他影响你?"③这个问题如果解决得不好,你不能影响他,他倒可能反过来影响你。党政领导干部的领导影响力是影响被领导者和情境的力量④,是以间接的方式改变被领导者的力量,是以无形的方式作用于被领导者的力量,是对外部情境主动施加作用的力量。

正确理解党政领导干部的领导影响力,必须把握以下两个关键点。第一,发挥领导影响力,必须正确界定和主动发挥自己的作用。人民群众的主体地位不妨碍党政领导干部的领导力量,外部环境并不完全限制党政领导干部的影响力,历史必然性的思想不损害党政领导干部的个体作用力。在党政领导干部与被领

---

①建国以来毛泽东文稿:第11册[M].北京:中央文献出版社,266.
②邓小平文选:第2卷[M].北京:人民出版社,1994:263-264.
③周恩来选集:下卷[M].北京:人民出版社,1984:426.
④苗建明,霍国庆.领导力五力模型研究[J].领导科学,2006(9):22-23.

导者、外部情境的关系之中,党政领导干部是具有较大的主动权、较强的主动性的。恩格斯指出,历史的最终结果是在"许多单个的意志"的交互作用中产生的,历史事变是各种"互相交错的力量"的产物。① 这说明,历史"合力"的思想不否认单个人的作用,尤其是作为领导者的党政领导干部具有一定的作用力。毛泽东指出,"尾巴主义"是错误的,随着群众跑就是放弃领导、取消领导。在处理领导者和群众关系的问题上,不能笼统提群众要怎样办就怎样办,不能忽视领导群众的方面。② "尾巴主义"的错误就在于,是群众影响了领导者,而不是领导者影响了群众。党政领导干部应该主动领导、积极施加影响,放弃领导、不去影响就是犯尾巴主义的错误。第二,发挥领导影响力,必须采用非强制性的力量,注意领导方法方式。周恩来提出,领导的方式是要使被领导者"不感觉我们是在领导","说服"才是领导的基本方法,绝不是依靠简单的命令。③ 这个论述一语中的,说明发挥领导影响力不是依靠"命令主义"的领导方式。党政领导干部发挥领导影响力,不是依靠权力进行直接干预、硬性强迫的方式,而是采用间接无形的方式、软性柔性的方法。马克思主义领导理论视域下的领导影响力主要表现在以下几个方面。

(1) 导向力

导向力是指党政领导干部对被领导者进行引导与教导的力量。马克思主义领导理论认为,领导者不同于普通的个人,领导者具有重要的导向作用。李瑞环指出,所谓领导,是指"引导、教导"。④ 引导,是党政领导干部发挥指引的作用,成为被领导者的引路人。教导,是党政领导干部发挥指导的作用,成为被领导者的教练员。党政领导干部的导向力既包括对方向的指引力,又包括教导力。⑤

1) 指引方向。用命令频繁干预还是指出大致的努力方向,涉及党政领导干部如何发挥领导作用的问题。马克思主义领导理论认为,领导者的主要任务在于掌舵。掌舵就不是亲自划桨,是领导者提出主张,使干部群众按照领导者指引的方向行动,这就是领导者和干部群众的正确关系。马克思指出,为了实现一定的目的甚至可以采取与魔鬼结盟的策略,但是必须注意,是"领着魔鬼走"而绝不能让魔鬼领着走。⑥ 这个例证的启发是,导向力对于党政领导干部极其重要,引

---

① 中共中央编译局. 马克思恩格斯选集:第 4 卷[M]. 北京:人民出版社,1972:479.
② 毛泽东选集:第 4 卷[M]. 北京:人民出版社,1991:1318 – 1319.
③ 周恩来选集:上卷[M]. 北京:人民出版社,1980:131.
④ 李瑞环. 辩证法随谈[M]. 北京:人民出版社,2007:318.
⑤ 王善平. 领导力=领悟力+教导力[J]. 领导科学,2015(25):29 – 31.
⑥ 中共中央编译局. 马克思恩格斯全集:第 8 卷[M]. 北京:人民出版社,1961:443.

领方向是党政领导干部尤其需要注意的问题。恩格斯在分析当时奥地利政府和各个政党的领导状况时强调,所有党派都犹豫不决,得过且过,政府也从来不知道往何处前进。一个"知道自己的目的"并且知道如何达到目标的政党将是不可战胜的。① 这启示党政领导干部,对于方向的指引至关重要。党政领导干部是群众的向导,未有领错了路而事业不失败的。列宁指出,领导者要进行"总的领导",不是进行频繁的干涉、"琐碎的干预"。② 领导者之所以是领导者,不在于频繁干预干部的工作,不在于在小事上经常干涉干部。党政领导干部要为群众指出道路,指明前进的大方向。毛泽东强调,领导者的责任是"指出斗争的方向"。③ 假如只有群众的积极性而没有有力的领导,那么群众不可能走向正确的方向。这说明党政领导干部应给被领导者指出前进的坐标。因此,愿景是领导的核心,领导就是做正确的事,导向力是使众人有方向感。导向力不强,群众就无所适从,失去方位感,使组织无的放矢。党政领导干部应给被领导者指出前进的方向,最根本的是根据党和国家提出的总任务,结合具体情况,确定自己组织或者团队在一定时期之内的基本任务,再依此规定适当地计划。

2)教导干部。一个人忙还是培养教导下属,是反映党政领导干部领导力水平高低的关键问题。马克思主义领导理论强调,培养教导干部特别是培养指导各级领导核心,是一个很重要的问题。领导者的作用,不是自己一个人单忙,更在于指导其他干部去工作。④ 列宁强调,领导者应该"培养年轻的工作干部",得到大批新的领导力量对于整个事业而言是"一本万利的事情"。⑤ 这就启发党政领导干部,培养新生领导力量具有重要作用,应该多指导下级。毛泽东指出,对待干部的正确方式是"指导他们"。放手让下属工作,敢于负责一方面的工作,同时适时地给以指导,使下属能够成长。⑥ 这就要求党政领导干部对下面要放权,这可以改进领导方式,也可以减少下属的依赖,锻炼独立工作的能力。朱德也强调过这个问题,他问道:"你走了工作就垮了,能说是你的能力大吗?"领导者一旦离开而工作却无法继续不能证明领导者的重要,反而说明没有培养好代理人。上级领导者不要什么事情都代办,不要怕下级起来"篡位",应培养干部以备将来能接替得上。⑦ 这就启发党政领导干部要理解教导干部、培养下属的长远意义,

---

① 中共中央编译局.马克思恩格斯全集:第39卷[M].北京:人民出版社,1974:139.
② 中共中央编译局.列宁全集:第43卷[M].北京:人民出版社,1987:64.
③ 毛泽东文集:第5卷[C].北京:人民出版社,1996:80.
④ 陈云文集:第1卷[M].北京:人民出版社,2005:105.
⑤ 中共中央编译局.列宁全集:第35卷[M].北京:人民出版社,1985:417.
⑥ 毛泽东选集:第2卷[M].北京:人民出版社,1991:527.
⑦ 朱德选集[M].北京:人民出版社,1983:202.

要研究把被领导者培养成为英雄。因此,政事无巨细、事事必亲为是党政领导干部领导力不强的表现。办大事者,以多选替手为第一要义。替手者,继承人也。维持领导影响力的重要方面,便在于人事培养,继承者越多,影响力就越强。领导影响力的关键是对被领导者力量的开发与指导,看唤起被领导者力量的大小。① 领导影响力不是一个人忙碌不已而是指导干部成长,不是进行包办代替而是放手培养。

(2)凝聚力

凝聚力是指党政领导干部把分散的人们聚集成一个团队的力量。发挥个人力量还是发挥团体力量,团结人还是分裂团队,是党政领导干部发挥领导作用力时必须回答的问题。马克思主义领导理论认为,团结出凝聚力,领导者要把群众的力量凝聚起来,形成一股强大的合力。毛泽东早就指出,有两种类型的团结是绝对必要的,一种是领导者之间的团结,一种是领导者对人民的团结,这是战胜困难的"无价之宝"。② 这就要求党政领导干部既要团结组织内部的其他领导成员,又要把干部群众的力量聚合起来。

1)团结同志。马克思主义领导理论认为,领导者应该团结同志,即使批评也是从团结的愿望出发达到团结的目的。列宁指出,领导者之间保持"最亲密无间的团结"是绝对必需的,同志之间的分裂造成的"内部的危险"比敌人带来的危害要"大得多"。③ 这就要求党政领导干部联合其他领导成员。党政领导干部对其他领导成员施加的作用力,是团结的作用而不是分裂的作用,出于团结的意愿而不是进行背后攻击。毛泽东指出,团结的人越多,领导者的"阻碍就越少"。④ 这说明,党政领导干部的凝聚力越强,事情就越容易办一些。

2)凝聚群众。马克思主义领导理论认为,领导者要把干部群众分散的力量聚合起来,发挥整体的作用。列宁指出,要创造伟大的事变,领导者就要注意一个最重要最迫切的事情,即"凝聚力量",把大量的群众凝聚成为力量强大的整体。⑤ 干部群众只有数量是不行的,凝聚起来才能使干部群众的力量增加数倍,党政领导干部要把干部群众打造为团队。毛泽东指出,如果不把干部群众凝聚起来,干部群众的"力量是散的"。只有把干部群众的力量"结合起来",才能合力干大

---

① 李拓.领导力内涵浅析[M].领导科学,2007(17):42.
② 毛泽东文集:第3卷[C].北京:中央文献出版社,1996:22.
③ 中共中央编译局.列宁全集:第7卷[M].北京:人民出版社,1986:227.
④ 毛泽东文集:第6卷[C].北京:中央文献出版社,1999:488.
⑤ 中共中央编译局.列宁选集:第2卷[M].北京:人民出版社,1972:394.

事。① 因此,党政领导干部必须把干部群众分散的力量聚合起来形成整体。

需要指出的是,凝聚力不是建立个人的"小圈子"。现代领导力中的领导—成员交换理论认为,在组织成员的关系中,既有圈内成员的高质量关系,也有圈外成员的低质量关系。领导者只与"圈内人"建立特殊的关系,这小部分人具有特权。②"小圈子"实际上是一种庸俗的亲疏关系,领导者在处理问题、对待同事上有偏差有界线,产生了"山头主义"。在马克思主义者看来,领导者要消除"山头主义",不能为了自己的势力搞"小圈子"。邓小平早就指出,很多错误就从"小圈子"犯起。③ 这种小团伙为了自己小集团的利益不顾大局,必将成为滋生腐败的温床,容易产生"塌方式"腐败。凝聚力不是建立"小圈子",影响力不是打造"团伙"。

(3)驾驭力

驾驭力是指党政领导干部统领被领导者、掌控局势的力量。党政领导干部总会遇到一些复杂局面,与被领导者之间或多或少存在一些人民内部矛盾,这时候党政领导干部就面临驾驭力的问题。

1)应对复杂局面。面对复杂局面是主动应对还是消极应付,直接反映着党政领导干部的驾驭力水平。马克思主义领导理论认为,外部环境对领导者起到制约作用,而反过来领导者对外部环境也存在作用力。在外部环境面前,领导者绝不是任其摆布的。毛泽东指出,有些领导者被复杂的环境所迷惑,从而被环境所支配,失去了自主力,采取了"应付主义"。不管面对如何复杂的环境,优秀的领导者首先需要"使用自己的力量",重要的是恢复自己的"主动地位"。领导者如果不能恢复到主动地位,下文就是失败。④ 因此,一个优秀党政领导干部在复杂局势面前需要展现出领导的气魄,主动出击,积极应对,发挥领导者改变环境的能动性作用。一个不合格的党政领导干部在复杂环境面前容易迷失自我,听之任之、任其发展。党政领导干部的驾驭力就表现在支配复杂环境而不是被复杂环境所支配。

2)说服教育。与干部、群众之间产生分歧,是耐心说服还是压迫强制,直接反映党政领导干部的驾驭力水平。马克思主义领导理论强调,真正的领导者不

---

① 毛泽东文集:第2卷[C].北京:人民出版社,1993:167.
② GRAEN G B. Leader-member agreement: a vertical dyad linkage approach[J]. Journal of Applied Social Psychology,1978(2):206-212.
③ 邓小平文选:第3卷[M].北京:中央文献出版社,1993:301.
④ 毛泽东选集:第1卷[M].北京:人民出版社,1991:222.

是压服群众而是说服民众,不是以力压人而是以理服人。列宁指出,一个领导者的首要任务是"说服"大多数人民群众相信党的纲领。① 这就要求党政领导干部注意运用说服教育的力量引导人民群众。毛泽东强调,所谓领导权"不是盛气凌人地要人家服从",而是通过说服教育的方法使人们心悦诚服地接受领导者的建议。绝不能以为有政权在手,就要求别人无条件地去做。② 对于人民内部矛盾,领导者要用民主讨论的方法,"说服教育的方法"去解决,而不能用强制的、压服的方法去解决。③ 企图用简单命令的方法强制解决人民内部矛盾,不但没有效力,而且是非常有害的。江泽民指出,对待新时期人民内部的问题,要继承好的优良传统,用民主的方法、说服教育的方法去解决。④ 这就启示党政领导干部,对领导者与人民群众之间的分歧,要做长期的、耐心的、细致的说服教育工作。对待同志和人民,绝不能用压服这个方法。因此,在平时的领导生活之中,党政领导干部与干部群众之间可能出现一些意见分歧,出现一些争议争论。面对不统一的情况,有不同的处理方法。一个好的党政领导干部驾驭干部群众的基本方法是说服,深通领导之道的党政领导干部应以柔性的手段、说服的方法去影响群众。综上所述,党政领导干部领导力"四力"分析框架见表3-1。

表 3-1 党政领导干部领导力"四力"理论分析框架

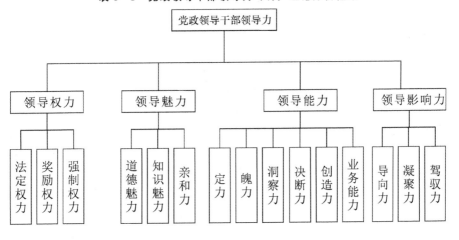

---

① 中共中央编译局.列宁全集:第34卷[M].北京:人民出版社,1985:154.
② 毛泽东选集:第2卷[M].北京:人民出版社,1991:743.
③ 毛泽东文集:第7卷[C].北京:人民出版社,1999:211-212.
④ 江泽民思想年编(1989-2008)[M].北京:中央文献出版社,2010:103.

3.1.2 要素关系

3.1.2.1 领导力与领导权力的关系

(1)领导力与领导权力不是对等关系

在传统的视野里面,人们通常会把领导力完全等同于组织中领导职位配备的岗位权力,认为领导力就是领导权力。至今一些党政领导干部还持有错误的思想,认为有岗位权力就会有无上的领导力,这大大降低了党政领导干部的领导境界,减少了领导工具箱。实际上,领导权力只是领导力的一种资源,但不是领导力的所有内容。领导力是一个比领导权力更大的范畴,是一个具有综合性特征的概念,领导力与领导权力不是一对一的对等关系。①

(2)领导权力是领导力的基础

有些研究者质疑领导权力和领导力之间的联系,认为领导力完全不包括领导权力,领导力与组织中的领导权力完全无关。实际上,领导力与职位权力确实有密切的关系,领导权力是领导力的基础。毛泽东早就指出,为了维持一定的秩序,领导者行使权力,发布各种强制性的命令,这是一种常识。②当党政领导干部总得有一定的领导权力。一个党政领导干部要起更大的作用,就得配置一定的岗位权力。没有小组长就是一个小组也不能行动。领导力的基础是担任一定的领导职务,掌管一定的权力,这在正式组织的领导活动之中具有常规性意义。党政领导干部依靠法定职权来实施领导,这是无可非议的。尤其是在其他领导力量失效的情况下,领导权力更是不可替代的要素。

(3)有领导权力不一定有更高水平的领导力

古人云:服人者,力服为下。领导权力产生的是职位型领导力,是最初级的也是最低级的领导境界。在此领导哲学之下,只有被迫服从的下属,没有心悦诚服的下级。仅仅依靠权力进行领导,会造成负面影响,引发领导的失效。邓小平指出,把领导优势"建筑在权力上是靠不住的"。③党政领导干部完全采用压制的方法,只会获得表面上的服从,领导威信绝不是巩固而长久的。江泽民指出,单凭权力,领导威信是"树不起来的"。④党政领导干部一味依靠职权只能形成暂时的威风,最终依然是靠不住的。能否成为群众心目中真正的领导者,靠的不是法律规定和组织任命。有一些党政领导干部虽然握有岗位职权,但是却出现

---

①胡月星.提升领导力是聚焦点[N].人民日报,2016-04-15(7).
②毛泽东文集:第7卷[C].北京:人民出版社,1999:209.
③邓小平文选:第1卷[M].北京:人民出版社,1994:10.
④江泽民.论党的建设[M].北京:中央文献出版社,2001:281.

3.1.2.2 领导力与领导魅力的关系

(1)领导魅力决定着领导力的性质

习近平提出,在把握德与才的关系时必须"把德放在首位"。① 领导力的性质,主要取决于领导者的道德与价值观。领导力的合法性,一是来自于领导权力的外在法定性,一是来自于领导者的道德合法性。党政领导干部为人是否正派,为官是否清廉,直接关系到下属和群众的内在认同。德者,才之帅也。服人者,德服为上。道德品质与价值观决定着党政领导干部领导力的根本性质,真正的领导力来自于让人钦佩的人格魅力。

(2)领导力之中只有个人魅力是远远不够的

领导魅力是党政领导干部领导力的重要组成部分,但尚需其他要素。过度强调领导魅力,只强调人格品质,可能存在"廉而不能"的问题,也可能导致"私德代替公德"的问题。原湖南省衡阳市委书记童名谦是此方面的典型样本。童名谦在当政期间,个人非常廉洁,很注意自身的道德问题。但是在湘西民间集资泛滥成灾、邵阳出现大面积人大代表贿选的官场乱象之时,作为主要领导者的童名谦均选择了回避,袖手旁观,息事宁人。习近平以此为"庸官"的典型案例,六次追问领导者"到哪儿去了"。② 童名谦虽然个人私德没有问题,但是犯下了严重的政治错误,也没有履行法定职责。他虽然是一个好人,但不是一名合格的党政领导干部。因此,守住了个体的德,明哲保身,却没有尽到一个党政领导干部应有的领导职责,这是探讨领导魅力问题时要注意的最大教训。

3.1.2.3 领导力与领导能力的关系

(1)把领导力等同于领导能力是对领导力的窄化

有些研究者认为,领导力就是领导能力,把领导力仅仅等同于领导能力。实际上,领导力是党政领导干部领导组织发展的综合性力量,不是单指领导能力。③ 能力是党政领导干部领导力产生的重要泉源,虽然从一定的侧面揭示了领导力的内容,但不能囊括领导力的全部,不能把领导能力或多种领导能力的集合等同于领导力。

---

① 习近平.之江新语[M].杭州:浙江人民出版社,2007:10.
② 习近平.在第十八届中央纪律检查委员会第三次全体会议上的讲话[EB/OL].[2015-05-27]. http://www.xgtj.go v.cn/Info.aspx? ModelId=4&Id=871.
③ 林文波.领导力:"力"在何方[J].中国集体经济,2010(2):56.

(2)领导能力是完成领导职责的关键条件

才者,德之资也。一个有领导能力的党政领导干部才能顺利地完成组织任务,把工作做好,履行好领导职责,出工作成果,有工作实绩。没有领导能力的党政领导干部,是不能胜任领导岗位的。无才难以成事,无才便是庸才,领导能力是党政领导干部领导力的关键要素。

(3)有才无德破坏力更大

习近平指出,"道德上失足有时比某些工作失误杀伤力还要大"。[①] 无德无才的领导者是"愚人",德不如才的领导者是"小人",德胜过才的领导者是"君子",德才兼备的领导者是"圣人"。有才无德的领导者犹如猛虎食人,是最危险的,破坏性是最强的。优秀的党政领导干部需要同时具有才能和品德两个条件,道德品质差的党政领导干部能力越强,危害也越大。

3.1.2.4 领导力与领导影响力之间的关系

(1)领导影响力是领导力的本质

国内外研究者的主流看法是,领导力的本质是领导影响力。[②] 领导影响力不是看权力有多大,主要是强调主动发挥领导者的作用力,把自己置于领导主动地位,掌握领导主动权;主要看如何发挥非权力性因素的作用改变他人,指引方向、教导干部,采用协商的方法、民主的办法、说服的策略处理人民内部矛盾,讲求风格、团结干部、聚合力量。

(2)不能迷信领导影响力在领导力中的位置

有种观点认为,领导力即影响力,把领导力等同于影响力,这混淆了领导力与影响力之间的区别。虽然领导影响力对领导力而言极为重要,但是不能抬高领导影响力在领导力中的地位,毛泽东早就指出,认为靠着影响就可以解决所有问题是一种迷信。实际上,领导影响力不是领导力的全部,不能把领导力等同于领导影响力。强调领导影响力的重要性无可非议,但要科学界定领导影响力在领导力中的位置,不能顾此失彼。[③]

3.1.2.5 内部要素之间的关系

(1)领导权力与领导魅力的关系

1)领导权力与领导魅力是不同的。领导权力强调组织性,领导魅力强调个人性。领导权力是非主观的,与党政领导干部个人素质完全无关,是组织赋予的地位与力量。领导魅力是主观的,完全来源于党政领导干部个人的道德素质与

---

① 习近平.做焦裕禄式的县委书记[M].北京:中央文献出版社,2015:12.
② 高兴国.领导力的本质是影响力:领导力问题研究之三[J].生产力研究,2013(1):9.
③ 孟继群.关于领导影响力若干问题的商榷[J].领导科学论坛,2013(1):39.

知识涵养。领导魅力是长期的,领导权力是一时的,党政领导干部只要脱离领导职务,领导权力就马上消失。

2)领导魅力能够巩固领导权力。同是一个职位,同是一样的权力,由不同的党政领导干部行使就会产生不同的效果,这其中一个重要的原因就是领导魅力不同。党政领导干部道德水平高、知识涵养高、亲和力强,党政领导干部在领导职位上就稳固。如果党政领导干部腐化堕落、没有见识、对待群众态度恶劣,其领导权力也不稳固,早晚会被撤离领导职位。

3)领导权力和领导魅力具有不同步性。一些领导者虽然升职了,"道德水准却没有随着职务提升"。① 在有些条件之下,领导权力和领导魅力不是对称关系。有些党政领导干部领导权力不大,但是领导魅力大。焦裕禄是县委书记,但是,其品格永远被后人缅怀。一些党政领导干部权力大了,但是对自己的要求却放松了。刘志军是铁道部部长,却涉及严重腐败。不加强锤炼和监督,有些党政领导干部的权力在增长,其魅力反而降低,甚至走向反面。

(2)领导权力与领导能力的关系

1)领导权力与领导能力具有相对独立性。领导权力是固定的,只取决于职位的大小,而领导能力不同,是变动的。权力和能力是两回事,权力大未必能力强,领导地位高不等于领导本领大,不能把权力大小看作党政领导干部工作好坏、能力大小的标准。尤其是在政治生态存在问题的地方,职务升迁并不是因为党政领导干部有多大本领,升职与地位不能完全反映出党政领导干部的真实情况。② 党政领导干部的领导能力与领导权力具有独立性,职务升迁可以带来权力,但是并不会自动带来能力。

2)领导能力是获取领导权力的台阶。只要是金子,总会发光的。党政领导干部只要真有本领,确实能起到积极作用,虽然一时没有得到提拔,最终还是会得到提拔的。只要德才兼备,党政领导干部迟早会得到组织的肯定,脱颖而出。

(3)领导权力与领导影响力的关系

1)领导权力和领导影响力是明显不同的。领导权力和领导影响力是矛盾的两个方面。两者的性质不同,领导权力具有强制性,而领导影响力是非强制性的。两者的实现形式不同,领导权力是通过强力驱使,运用强制的手段支配别人,而领导影响力是通过柔性的手段、民主说服的方法实现目的。领导权力是外在的、暂时的力量,而领导影响力是内在的、长远的力量。离开了权力,领导影响力依然存在。领导权力不是领导影响力的必备要素,领导影响力并不以领导权

---

① 习近平总书记重要讲话文章选编[M].北京:中央文献出版社,2016:345.
② 习近平.我是如何跨入政界的[J].中华儿女,2000:7.

力为载体,更不依附于权力。

2)领导权力和领导影响力是相互补充的。邓小平指出,严格的统御是必需的,但更多的是采取说服教育的方法。① 要取得最大的领导绩效,领导权力与领导影响力应搭配使用。针对不同的情况、不同的对象,比例可以有所不同。领导权力不是万能的,领导影响力也不是万能的。领导权力可以支持领导影响力,领导影响力可以加强领导权力,两者的合理搭配才能更好地加强党政领导干部的领导力量。

(4)领导魅力与领导能力的关系

1)以德领才。德高于才,对党政领导干部德的要求比对才的要求要严格。在党政领导干部领导力之中,道德的力量比才能的力量更重要,道德水准比才能更重要。

2)领导魅力和领导能力是缺一不可的。习近平指出,领导者既要有一定的能力,又要有很强的魅力。② 党政领导干部既要有为人民服务的愿望,做道德表率,又要提高为人民服务的本领,成为业务的佼佼者。有德有才是贤才,有才无德是危才,无才无德是废才。对于党政领导干部而言,才与德两个方面是紧密结合、统一于一体的。

(5)领导魅力与领导影响力的关系

1)领导魅力与领导影响力是不同的。领导魅力强调的是党政领导干部与众不同、吸引人的品质,而领导影响力强调的是党政领导干部对人或者事物的作用力、对人的改变。领导魅力强调党政领导干部高尚的道德、渊博的知识、亲切的态度,而领导影响力强调党政领导干部的指引、教导、凝聚、说服作用。

2)领导魅力能够对领导影响力产生正强化。领导魅力是领导影响力的前提条件。如果一个党政领导干部道德高尚、见多识广、亲和力强,被领导者就更容易被团结、更容易被说服。如果一个党政领导干部腐化堕落、少知无知、态度蛮横,被领导者是不容易被说服的,是不愿意向其靠拢的。

(6)领导能力与领导影响力的关系

1)领导能力与领导影响力是不同的。领导能力讲求的是党政领导干部完成职责需要的才能与主观条件,而领导影响力讲求的是党政领导干部对人和情境的作用力、作用方式。领导能力强调完成任务的个体条件,能力潜藏于个体内部,而领导影响力强调关系性,强调党政领导干部与被领导者、外部情境之间的

---

① 邓小平文选:第1卷[M].北京:人民出版社,1994:4-5.
② 习近平.干在实处 走在前列[M].北京:中共中央党校出版社,2014:421.

作用关系。

2)领导能力是助力领导影响力的重要筹码。领导者个人的专业才能,有利于提高领导者的影响力。① 党政领导干部之所以影响力大,其中一个重要的原因就是自身领导能力强,其领导能力与领导影响力是正相关的。如果一个党政领导干部领导力水平低,那么这个人便无法指导下属,无法应对复杂局面,无法说服他人。

3.2 测评指标体系与问卷设计

3.2.1 测评指标体系构建

(1)党政领导干部领导力测评指标体系

根据 3.1 节对党政领导干部领导力的理论分析,本书设计了党政领导干部领导力测评指标体系,见表 3-2。领导权力方面,设计了法定权力、奖励权力、强制权力三个测评指标;道德魅力方面,设计了价值观吸引、以身作则两个指标;亲和力方面,设计了体恤下属、热情服务群众两个指标;知识魅力方面,设计了见多识广、知识丰富两个指标;洞察力方面,设计了科学判定形势、识人辨人、预见能力、识别事物重点环节四个指标;决断力方面,设计了人事决断能力、重要事件决断能力、科学决断能力、民主决断能力、紧急事件决断能力五个指标;定力方面,设计了政治定力、战略定力、廉洁定力、毅力四个指标;创造力方面,设计了工作创新意识、工作创新经验与方法两个指标;业务能力方面,设计了业务熟练程度、业务优秀程度两个指标;魄力方面,设计了坚持正确意见、坚持原则反对腐败、勇于担当失误三个指标;导向力方面,设计了指引工作方向、指导培养下属两个指标;凝聚力方面,设计了团结领导成员、凝聚干部群众力量两个指标;驾驭力方面,设计了处理复杂局面、应对突发事件、说服教育干部群众三个指标。

表 3-2 党政领导干部领导力测评指标体系

党政领导干部领导力的基本要素	测评指标体系	
领导权力	法定权力	法定权力
	奖励权力	奖励权力
	强制权力	强制权力

---

① 芮新国.保罗·赫塞"点评"领导力[J].中外管理,2005(6):20.

续表

党政领导干部领导力的基本要素	测评指标体系	
领导魅力	道德魅力	价值观吸引
		以身作则
	亲和力	体恤下属
		热情服务群众
	知识魅力	见多识广
		知识丰富
领导能力	定力	政治定力
		战略定力
		廉洁定力
		毅力
	魄力	坚持正确意见
		坚持原则反对腐败
		勇于担当失误
	洞察力	科学判定形势
		识人辨人
		预见能力
		识别事物重点环节
	决断力	人事决断能力
		重要事件决断能力
		紧急事件决断能力
		科学决断能力
		民主决断能力
	创造力	工作创新意识
		工作创新经验与方法
	业务能力	业务熟练程度
		业务优秀程度

续表

党政领导干部领导力的基本要素	测评指标体系	
领导影响力	导向力	指引工作方向
		指导培养下属
	凝聚力	团结领导成员
		凝聚干部群众力量
	驾驭力	处理复杂局面
		应对突发事件
		说服教育干部群众

(2)党政领导干部领导力影响因素测评指标体系

根据文献的研究成果,党政领导干部领导力影响因素包括政治因素、经济因素、社会文化因素、组织因素、家庭因素、个人因素,见表3-3。基于现有成果和本书的设想,政治因素方面设计了权力集中度、监管力度、集体领导制、台阶制四个指标;经济因素方面设计了公共经济资源水平、薪酬水平两个指标;社会文化因素方面设计了官本位文化、老好人主义两个指标;组织因素方面设计了教育培训、岗位轮换、老干部传帮带、基层锻炼、艰苦考验、上下双向交流、上级指点七个指标;家庭因素方面设计了家人严格要求、家庭支持两个指标;个人因素方面设计了学习研究、思维方式、性格、动机、情商五个指标。

表3-3 党政领导干部领导力影响因素测评指标体系

党政领导干部领导力影响因素	测评指标体系
政治因素	权力集中度
	监管力度
	集体领导制
	台阶制
经济因素	公共经济资源水平
	薪酬水平
社会文化因素	官本位文化
	老好人主义

续表

党政领导干部领导力影响因素	测评指标体系
组织因素	教育培训
	岗位轮换
	老干部传帮带
	基层锻炼
	艰苦考验
	上下双向交流
	上级指点
家庭因素	家人严格要求
	家庭支持
个人因素	学习研究
	思维方式
	动机
	情商
	性格

3.2.2 调查问卷设计

根据上述理论分析和测评指标体系,编制了测量党政领导干部领导力及其影响因素的调查问卷。

3.2.2.1 调查问卷设计原则

(1)科学性原则

1)问题类型要正确而合适,视研究性质决定使用开放式或封闭式问题。本书主要采用了封闭式问题,给出了问卷问题的回答选项。

2)问卷应适合所开展研究的需要,不提与研究无关的问题。本书对问卷问题进行了处理,设计的调查问卷的每一个问题都是与本研究紧密相关的。

3)问题的项目含义清晰,避免太过普遍化的问法或者语义模糊的措辞,以免问卷回答中出现理解的偏差。

4)避免问题的暗示性,不能把未经确认的事情当作前提假设,问题保持中立。

5)封闭式问题的答案设计保证全面性与互斥性,保证答案之间没有交叉。

(2) 简明性原则

1) 问题设计在被调查者知晓的知识与能力范围之内,不提太抽象或难以真实回答的问题。本书在设计调查问卷时就考虑到调查对象的整体知识水平和理解能力,便于被访问者回答问题。

2) 问卷题目不应太长,数量不宜太多,让调查对象在 30 分钟内能够完成作答。本书问卷在保证调查质量的前提下,尽量减少题目数量,从而方便被调查者快速作答,节省被调查者的时间。

3.2.2.2 调查问卷回答方式

问卷主要分为自填问卷和访问问卷两种类型。所谓自填问卷,就是由调查者提供问卷,被调查者本人填答问卷;所谓访问问卷,就是由调查者提供问卷,由调查者根据调查对象的回答来填写问卷。本书大部分问卷采用自填方式,一部分采用访问填写方式。

3.2.2.3 调查问卷结构

本研究的调查问卷共分为两大部分,第一部分是人口统计学变量基本情况,第二部分是调查的主要内容。

(1) 第一部分

本研究调查问卷的人口统计学变量基本情况,包括性别、受教育程度状况、年龄、级别,共设计 4 个题项。

(2) 第二部分

本研究调查问卷的主要内容如下:

1) 领导权力方面共设计 3 个题项,即"我严格按照岗位规定履行权力""我用强制惩戒手段规范下属的违法腐败行为""我运用奖励手段激励下属推动工作"。

2) 领导魅力方面共设计 6 个题项。道德魅力方面共设计 2 个题项,即"我能用价值观获得下属认同""我经常注意言传身教、自身操行";亲和力方面共设计 2 个题项,即"我对下属客气""我对办事群众热情服务";知识魅力方面共设计 2 个题项,即"我见多识广""我知识丰富"。

3) 领导能力方面共设计 21 个题项。洞察力方面共设计 4 个题项,即"我能看清眼前形势""我能看清干部的性格与想法""我能预见事件的变化发展趋势""我能看到事物的重点环节";决断力方面共设计 5 个题项,即"我能根据下属的能力性格分配工作""我能在重要问题上抓住时机做好决策""在紧急时刻我能决断好""我能从不同侧面反复权衡决策""我能在决断时征求别人意见";定力方面共设计 5 个题项,即"否定中国向往美国是错误的""没有监督我也经得起诱惑""在重要工作上我会一直抓下去""我工作不早退、不迟到""我意志力强,对繁杂的领导工作不腻烦";魄力方面共设计3个题项,即"面对质疑我能坚持正确意见""面对腐败我敢举报并进行斗争""面对工作失误我能负起责任";创造力方面共涉及2个题项,即"我有工作创新意识""我有工作创新经验与方法";业务能力方面共涉及2个题项,即"我熟悉岗位业务技能""我的岗位业务技能很强"。

4) 领导影响力方面共设计6个题项。导向力方面共设计2个题项,即"我常给下属指出下一步的工作方向""我常指导下属进步";凝聚力方面共设计2个题项,即"我团结具有不同意见的领导成员""我把干部拧成一股绳合力工作";驾驭力方面共设计3个题项,即"面对复杂局面我主动应对""面对突发事件我积极处理""我说服教育不服从领导的人"。

5) 政治因素方面共设计6个题项,即"现在权力较多地集中于上级部门和少数领导成员手中""我是一级一级提拔上来的""组织中的大事要领导成员民主协商和集体定夺""现在监督力度大""现在问责力度大""现在考核力度大"。

6) 经济因素方面共设计2个题项,即"我的收入较高,经济压力不大""我掌握一些公共经济资源"。

7) 社会文化因素方面共设计2个题项,即"现今仍存在官本位现象""我尽量给人留面子"。

8) 组织因素方面共设计9个题项,即"我在基层锻炼过""我曾处理很难的事情,让我受煎熬""我参加过岗位轮换""我经历过上下部门的双向交流""后备干部经历对我锻炼很大""有上级领导对我进行点评指导""我常接受组织培训""我认为培训班对我没用""有老干部对我进行过指点"。

9) 家庭因素方面共设计3个题项,即"我的家庭成员会给我提供一些为官之道""我的家庭很和睦,家庭成员鼓励支持我""我的家人严格要求我"。

10) 个人因素方面共设计19个题项,即"我比较谨慎""我积极关注社会事物""我兴趣广泛""我轻易不挑别人的毛病""我不容易紧张""我能认清自己的情绪状态""我能控制自己的情绪状态""我能认清别人的情绪状态""我能引导别人的情绪状态""我希望升官发财、光耀门庭""我希望干好事业,名利无所谓""我能多方向、多角度地考虑问题""我能有自己独立的思考,不受他人左右""我经常思考工作中的因果联系、部门关系""我经常反思我的从政历程""我关注政坛的成功人物,总结学习他们的经验""我接触过职位较高的领导,感受他们的处世之道""我经常读书自学""我经常调查研究"。

问卷分为预调研问卷和正式调研问卷,预调研问卷中的不合理题项将不出现在正式调研问卷中。具体调查问卷见附录。

3.3 测评与数据分析方法

3.3.1 测评方法

根据测评内容和目的,需要提前规划好测评步骤,以保证党政领导干部领导力测评过程的客观性、效果的科学性。党政领导干部领导力测评,总体上包括测评指标体系构建、测评指标权重确定、测评标准确定三个部分。

(1)党政领导干部领导力测评指标体系构建

本研究根据马克思主义关于领导力的理论论述,借鉴现代领导力理论,构建了党政领导干部领导力理论分析框架,分析了各个构成要素的维度,为具体测评指标的选取提供理论依据。在此基础上进行概念操作化,构建测评指标体系,设计测量问卷,通过因子分析和信度检验进行指标体系筛选,保障指标体系的科学性及可操作性。

(2)党政领导干部领导力测评指标权重的确定

构建党政领导干部领导力理论分析框架和测评指标体系之后,通过结构方程模型验证党政领导干部领导力理论分析框架的科学性。如果党政领导干部领导力理论模型能够通过检验,就可以通过结构方程模型确定每一层指标的路径系数的大小,然后对路径系数进行归一化处理,从而确定每一层指标的权重。

(3)党政领导干部领导力测评标准的确定

本书对党政领导干部领导力的总状况、构成要素的状况、测量指标的状况,统一采用五个等级进行测量。"1"代表党政领导干部领导力水平非常差,"2"代表党政领导干部领导力水平比较差,"3"代表党政领导干部领导力水平一般,"4"代表党政领导干部领导力水平比较高,"5"代表党政领导干部领导力水平非常高。

3.3.2 数据分析方法

本研究将对各测量量表的信度和效度进行检验,以保证各测量量表的有效性和可靠性。而在具体的数据分析过程中,将采用因子分析验证党政领导干部领导力理论模型,采用描述性统计分析对数据进行初步分析,采用单因素分析人口统计学变量对党政领导干部领导力的影响,采用回归分析方法探讨各个影响因素对党政领导干部领导力及其各维度的影响程度。统计分析过程将使用SPSS20.0软件和AMOS20.0软件进行。

(1)因子分析

因子分析,是从多个不确定的变量群中抽取和验证较少的、确定的公共因子的方法。因子分析主要分为探索性因子分析和验证性因子分析两种,探索性因子分析是将多元观测变量进行降维处理从而找出各个因子背后本质结构、共同的方法,验证性因子分析是测试上一级因子与下一级题项之间关系是否成立的方法。

本书采用因子分析主要有以下三大用途:

1)在取得调查问卷的数据之后,对各个题项进行探索性因子分析,从而将各个题项归属于更大的因素单位,检验问卷的信度和效度。

2)对党政领导干部领导力与领导权力、领导魅力、领导能力、领导影响力四大构成要素的关系,领导权力、领导魅力、领导能力、领导影响力四大构成要素与其各自测评指标的关系进行验证性因子分析,从而验证本书提出的党政领导干部领导力理论模型能否成立。

3)找出模型中的路径系数,并且以这些路径系数为依据进行归一化处理,确立领导权力、领导魅力、领导能力、领导影响力四大构成要素在党政领导干部领导力中的权重,也确立各自测评指标在领导权力、领导魅力、领导能力、领导影响力四大构成要素中的权重,最后测算出党政领导干部领导力的总值,判断党政领导干部领导力的高低。

(2)描述性统计分析

描述性统计分析,就是对一组数据的特征进行分析,以便于描述其所代表的总体的分布状况。描述性统计分析的项目很多,常用的如平均数、比例等,这些分析是复杂统计分析的基础。

本书对党政领导干部领导力进行描述性分析主要有以下两大用途:

1)描绘党政领导干部领导力的现状,对党政领导干部领导力的基本状况有一个大致的了解。

2)以这些描述性分析结果为基础,从中发掘出党政领导干部领导力存在的问题,从而在后续的对策研究中专门从党政领导干部领导力的不同环节方面提出改进建议。

(3)单因素方差分析

单因素方差分析,是用于比较多个样本平均数的方法,是为了推断各样本所代表的各总体平均数是否相等。

本书主要针对人口统计学变量进行单因素方差分析,其用途是为了发现不同性别、不同年龄段、不同教育程度党政领导干部之间领导力的差异程度。以这些单因素分析结果为基础,在后续的对策研究中专门针对不同群体党政领导干部领导力存在的问题提出改进建议。

(4)回归分析

回归分析,是确定两种及两种以上变量之间是否存在因果关系的方法。按照因变量的多少,可分为一元回归分析和多元回归分析;按照自变量和因变量之间的关系类型,可分为线性回归分析和非线性回归分析。

本书主要采用多元回归分析和线性回归分析。本书采用回归分析的用途,是以政治因素、经济因素、社会文化因素、组织因素、家庭因素、个人因素为自变量,以党政领导干部领导力及各维度为因变量进行回归分析,分析政治因素、经济因素、社会文化因素、组织因素、家庭因素、个人因素对党政领导干部领导力及各维度是否存在影响以及影响程度的大小。以这些回归分析结果为依据,在后续的对策研究中专门从提升党政领导干部领导力的不同举措方面提出改进建议。

4 党政领导干部领导力调查与测评
——以西安市为例

4.1 样本选取

本书选取的研究样本为西安市党政领导干部,具有比较典型的代表性。西安市属于国家级中心城市的建设系列,也是历史名城、教育科技大市,但是近十几年的发展不尽如人意。讨论西安发展问题的舆论高潮有两次。

第一次是国家提出西部大开发战略之后,陕西省决策咨询委员杨永善于2004年在《陕西现象值得深思和关注》一文中提出,陕西是全国有名的教育文化大省,有得天独厚的优势、庞大的人才支撑,但思想观念落后、经济发展滞后,他将这一怪圈归纳为"陕西现象",认为"陕西现象"的深层次根源在于人,在于官员"官本位"思想浓厚,重权力轻法制。① 该文曾引起很大轰动,被全国500余家报刊网站转载,"陕西现象"从一市一省的讨论,逐步变为全国舆论关注的热点问题。西安市作为陕西省的省会,无疑具有"陕西现象"的明显特点。

第二次是习近平总书记于2015年春节前夕视察陕西之后指出,陕西省西安市是"一带一路"战略的重要支点,提出了追赶超越的重大任务。但是,西安市确实还存在不少问题,"陕西现象"依然存在,一篇名为《一个在西安交大求学的外地人对西安的感慨》的网络文章使西安市的问题再次成为舆论热点。西安市经济总量处于副省级城市中下游,和东南沿海的大城市相比,差距很大,与本来处于同一起跑线的成都、郑州、武汉等省会城市相比,差距也逐步拉大。自浙江调任西安的前市委书记王永康指出,东部的杭州,中西部的成都、武汉GDP都已超过一万亿元,西安不努力就会落后,必须找差距短板。他专门以此网文为切入点,直指西安市的党政领导干部队伍建设是短板,领导效率低。② 因此,西安市是调查分析党政领导干部领导力问题的比较好的样本。

---

① 杨永善."陕西现象"值得关注[C]//陕西省体制改革研究会.陕西省体制改革研究会2004年优秀论文集.[出版地不详]:[出版者不详],2004:12.
② 找差距 补短板 优环境 实现"四个走在前列"[N].西安日报,2017-01-21(1).

4.1.1 西安市概况

(1)西安市经济与社会发展状况

西安古称长安,历史上有十三个王朝先后在此建立都城,与埃及开罗、意大利罗马、希腊雅典并称为世界四大文明古都。新中国成立之后,西安曾是中共中央西北局所在地、西北地区行政委员会所在地,也曾经是中央人民政府设置的直辖市。改革开放后,西安市于1984年被国务院列为计划单列市,拥有省级经济管辖权限。西安市于1994年被取消计划单列市,被批准为副省级城市,享受副省级待遇。2014年,国务院把城市划分为五类,城区常住人口在1000万以上的为超大城市,在500万～1000万人的为特大城市,在100万～500万人的为大城市,在50万～100万人的为中城市,在50万人以下的为小城市,西安市现今居于特大城市之列。西安市是我国重要的高等教育基地、国防科技工业基地,是西部地区重要的中心城市,设有国家级的高新技术产业开发区、经济技术开发区、曲江新区、浐灞生态区、阎良国家航空高技术产业基地、国家民用航天产业基地、国际港务区。国务院在《关中—天水经济区发展规划》中强调,2020年把西安打造为国际化大都市,都市区人口达1000万人以上。

(2)西安市行政区划状况

截至2015年年底,西安市行政管辖总面积达到10 108平方千米,市区规划总面积达到865平方千米,主城区总面积达到449平方千米。西安市的行政区划下辖新城区、碑林区、莲湖区、雁塔区、灞桥区、未央区、阎良区、临潼区、长安区、高陵区10个区,蓝田县、周至县、户县3个县。

(3)西安市党政干部状况

本书所指的西安市党政干部,是指在西安市党政机关系统工作的具有正式编制的在职员工,不包括国有企业与事业编制的干部,不包括西安市党政机关离退休干部,也不包括西安市党政机关没有正式编制的工勤人员。根据西安市已经公开出版的2010—2014年的统计年鉴显示,西安市最近五年以来党政机关的干部数量比较稳定,呈逐年缓慢递增迹象:2010年,共有82 131名干部,女性干部有25 518名,男性干部有56 613名。2011年,共有87 327名干部,女性干部有29 971名,男性干部有57 356名。2012年,共有87 987名干部,女性干部有31 357名,男性干部有56 630名。2013年,共有88 360名干部,女性干部有33 177名,男性干部有55 183名。2014年,共有92 218名干部,女性干部有34 931名,男性干部有57 287名。

4.1.2 调研对象

(1)调研范围

由于不能涉及西安市全部党政领导干部,因此有必要进行抽样调查。抽样调查是一种非全面调查,是在全部调查单位中抽取一部分样本单位进行调查,再根据抽取样本的调查结果推断总体的一种调查方法。正式调研在碑林区、雁塔区、长安区、莲湖区、新城区、浐灞新区、未央区、周至县一些党政机关展开,对这些地方的副科级到副厅级党政领导干部进行调查。由于能力有限,调研涉及的副厅级党政领导干部较少,没有调研到正厅级、副省级、正省级党政领导干部。

(2)调查对象构成

调查对象的基本情况,主要包括党政领导干部的性别、级别、学历状况、年龄四个方面,见表4-1。在正式调查中,从性别来看,男性党政领导干部529人,占总体的80.6%,女性党政领导干部127人,占总体的19.4%;从级别来看,副科级党政领导干部155人,占总体的23.6%,科级党政领导干部156人,占总体的23.8%,副处级党政领导干部173人,占总体的26.4%,处级党政领导干部162人,占总体的24.7%,副厅级党政领导干部10人,占总体的1.5%;从学历来看,专科以下学历党政领导干部6人,占总体的0.9%,专科学历党政领导干部30人,占总体的4.6%,本科学历党政领导干部433人,占总体的66.0%,硕士学历党政领导干部157人,占总体的23.9%,博士学历党政领导干部30人,占总体的4.6%,其中专科及以下学历党政领导干部占总体的5.5%;从年龄来看,30岁及以下党政领导干部78人,占总体的11.9%,31~35岁党政领导干部177人,占总体的27.0%,36~40岁党政领导干部144人,占总体的21.9%,41~49岁党政领导干部186人,占总体的28.4%,50~59岁党政领导干部71人,占总体的10.8%。

表4-1 正式调查调查对象的基本情况($n=656$)

项 目		人 数/人	百分比
性别	男	529	80.6%
	女	127	19.4%
级别	副科	155	23.6%
	正科	156	23.8%
	副处	173	26.4%
	正处	162	24.7%
	副厅	10	1.5%

续表

项　　目		人　数/人	百分比
学历状况	专科以下	6	0.9%
	专科	30	4.6%
	本科	433	66.0%
	硕士	157	23.9%
	博士	30	4.6%
年龄	50～59 岁	71	10.8%
	41～49 岁	186	28.4%
	36～40 岁	144	21.9%
	31～35 岁	177	27.0%
	≤30 岁	78	11.9%

4.2　调研过程

4.2.1　预调研

4.2.1.1　预调研过程

2015 年 9 月开展预调研,对西安市市级机关和碑林区党政机关进行抽样调查,共发放问卷 120 份,收回有效问卷 109 份。预调研结束后,针对预调研结果,本研究对调查问卷进行了再次修订,最终确定了正式调查问卷。

4.2.1.2　预调研问卷分析结果

(1)党政领导干部领导力预调研问卷分析结果

为了准确测量党政领导干部的领导力,本研究全都采用多变量测量方法。回答题项分为五个等级,"1"代表"非常不同意","2"代表"比较不同意","3"代表"一般","4"代表"比较同意","5"代表"非常同意"。表 4-2 列出了对党政领导干部的领导力进行因子分析和信度分析的结果。

表 4-2　党政领导干部领导力预调研问卷分析结果（$n=109$）

	题　项	因素负荷	解释方差
领导权力 （信度=0.871）	我严格按照岗位规定履行权力	0.914	67.647%
	我用强制惩戒手段规范下属的违法腐败行为	0.850	
	我运用奖励手段激励下属推动工作	0.876	
领导魅力 （信度=0.851）	我能用价值观获得下属认同	0.813	68.960%
	我经常注意言传身教、自身操行	0.944	
	我对下属客气	0.766	
	我对办事群众服务热情	0.824	
	我见多识广	0.851	
	我知识丰富	0.873	
领导能力 （信度=0.820）	我能看清眼前形势	0.838	78.248%
	我能看清干部的性格与想法	0.833	
	我能预见事件的变化发展趋势	0.866	
	我能看到事物的重点环节	0.891	
	我能根据下属的能力性格分配工作	0.533	
	我能在重要问题上抓住时机做好决策	0.578	
	在紧急时刻我能决断好	0.876	
	我从不同侧面反复权衡决策	0.692	
	我能在决断时征求别人意见	0.869	
	否定中国向往美国是错误的		
	没有监督我也经得起诱惑	0.898	
	在重要工作上我会一直抓下去	0.744	
	我意志力强，对繁杂的领导工作不腻烦	0.806	
	面对质疑我能坚持正确意见	0.692	
	面对腐败我敢举报并进行斗争	0.681	
	我工作不早退、不迟到	0.409	
	面对工作失误我能负起责任	0.781	
	我有工作创新意识	0.858	
	我有工作创新经验与方法	0.861	
	我熟悉岗位业务技能	0.731	
	我的岗位业务技能很强	0.879	

续表

题 项		因素负荷	解释方差
领导影响力 （信度＝0.870）	我常给下属指出下一步的工作方向	0.720	65.598%
	我常指导下属进步	0.658	
	我团结具有不同意见的领导成员	0.674	
	我把干部拧成一股绳合力工作	0.704	
	面对复杂局面我主动应对	0.822	
	面对突发事件我积极处理	0.846	
	我说服教育不服从领导的人	0.818	

需要注意的是，从表4-2可以看出，其余题项因子负荷值都大于0.50，而题项"我工作不早退、不迟到"因素负荷为0.409，没有达到因素负荷0.50的标准。按照标准要求，此题项不应出现在正式调研中。

(2)党政领导干部领导力影响因素预调研问卷分析结果

为了准确测量党政领导干部领导力的影响因素，本研究全部采用多变量测量方法。回答题项分为五个等级，"1"代表"非常不同意"，"2"代表"比较不同意"，"3"代表"一般"，"4"代表"比较同意"，"5"代表"非常同意"。表4-3列出了对影响因素进行因子分析和信度分析的结果。

表4-3 党政领导干部领导力影响因素预调研问卷分析结果($n=109$)

题 项		因素负荷	解释方差
政治因素 （信度＝0.804）	现在权力较多地集中于上级部门和少数领导成员手中	0.807	65.133%
	我是一级一级提拔上来的	0.852	
	组织中的大事要领导成员民主协商和集体定夺	0.832	
	现在监督力度大	0.827	
	现在问责力度大	0.876	
	现在考核力度大	0.869	
经济因素 （信度＝0.819）	我的收入较高，经济压力不大	0.883	78.042%
	我掌握一些公共经济资源	0.883	

续表

题 项		因素负荷	解释方差
社会文化因素 （信度=0.842）	现今仍存在官本位现象	0.871	59.433%
	我尽量给人留面子	0.865	
组织因素 （信度=0.810）	我在基层锻炼过	0.837	66.041%
	我曾处理很难的事情,让我受煎熬	0.733	
	我参加过岗位轮换	0.806	
	我经历过上下部门的双向交流	0.952	
	后备干部经历对我锻炼很大	0.376	
	有上级领导对我进行点评指导	0.898	
	我常接受组织培训	0.882	
	我认为培训班对我没用	0.114	
	有老干部对我进行过指点	0.889	
家庭因素 （信度=0.763）	我的家庭很和睦,家庭成员鼓励支持我	0.856	49.686%
	我的家人严格要求我	0.859	
	我的家人给我提供为官之道	0.463	
个人因素 （信度=0.877）	我比较谨慎	0.850	76.774%
	我积极关注社会事物	0.801	
	我兴趣广泛	0.880	
	我轻易不挑别人的毛病	0.864	
	我不容易紧张	0.812	
	我能认清自己的情绪状态	0.792	
	我能控制自己的情绪状态	0.890	
	我能认清别人的情绪状态	0.809	
	我能引导别人的情绪状态	0.662	
	我希望升官发财、光耀门庭	0.826	
	我希望干好事业,名利无所谓	0.762	
	我能多角度、多方向地考虑问题	0.805	
	我有自己独立的思考,不受他人左右	0.793	
	我经常思考工作中的因果联系、部门关系	0.869	

续表

题 项		因素负荷	解释方差
个人因素 (信度=0.877)	我经常反思我的从政历程	0.874	76.774%
	我关注政坛的成功人物,总结学习他们的经验	0.373	
	我接触过职位较高的领导,感受他们的处世之道	0.357	
	我经常读书自学	0.875	
	我经常调查研究	0.929	

需要注意的是,从表4-3可以看出,其余题项因子负荷值都大于0.50,而题项"我的家人给我提供为官之道"因素负荷为0.463,"后备干部经历对我锻炼很大"因素负荷为0.376,"我关注政坛的成功人物,总结学习他们的经验"因素负荷为0.373,"我接触过职位较高的领导,感受他们的处世之道"因素负荷为0.357,"我认为培训班对我没用"因素负荷为0.114,这些题项没有达到因素负荷0.50的标准。按照标准要求,这些题项不应出现在正式调研中。

4.2.2 正式调研

4.2.2.1 调研过程

按照一般理论,问卷的因子负荷小于0.5,说明题项存在问题。预调研之中,题项"我工作不早退、不迟到""我的家人给我提供为官之道""后备干部经历对我锻炼很大""我关注政坛的成功人物,总结学习他们的经验""我接触过职位较高的领导,感受他们的处世之道""我认为培训班对我没用"因素负荷没有达到0.50的标准。按照标准要求,这些题项不应出现在正式调研中,本研究在正式调研中把这些题项全部删除。

本书于2015年10月到2016年1月开展了正式调研。在正式调研阶段,调研扩大了调研范围与调研样本量。正式调研范围选取西安市市级一些党政机关,碑林区、雁塔区、长安区、莲湖区、新城区、浐灞新区、未央区、周至县等一些党政机关,对这些地方的副科级到副厅级党政领导干部进行调查。正式调研共发放调查问卷680份,回收有效问卷656份。

4.2.2.2 正式调研问卷分析结果

(1)党政领导干部领导力正式调研问卷分析结果

从表4-4中可以看出,每个题项都达到因素负荷0.50的标准。党政领导干部领导权力测量题目的信度系数为0.873,可以解释领导权力方差的

79.915%。党政领导干部领导魅力测量题目的信度系数为0.875,可以解释领导魅力方差的69.680%。党政领导干部领导能力测量题目的信度系数为0.875,可以解释领导能力方差的83.562%。党政领导干部领导影响力测量题目的信度系数为0.863,可以解释领导影响力方差的63.896%。这一结果表明,本研究设计的多变量测量工具可以进行科学有效的测量。

表4-4 党政领导干部领导力正式调研问卷分析结果($n=656$)

	题 项	因素负荷	解释方差
领导权力 (信度=0.873)	我严格按照岗位规定履行权力	0.971	79.915%
	我用强制惩戒手段规范下属的违法腐败行为	0.902	
	我运用奖励手段激励下属推动工作	0.800	
领导魅力 (信度=0.875)	我能用价值观获得下属认同	0.820	69.680%
	我经常注意言传身教、自身操行	0.946	
	我对下属客气	0.866	
	我对办事群众热情服务	0.824	
	我见多识广	0.873	
	我知识丰富	0.880	
领导能力 (信度=0.875)	我能看清眼前形势	0.557	83.562%
	我能看清干部的性格与想法	0.752	
	我能预见事件的变化发展趋势	0.762	
	我能看到事物的重点环节	0.809	
	我能根据下属的能力性格分配工作	0.533	
	我能在重要问题上抓住时机做好决策	0.608	
	在紧急时刻我能决断好	0.872	
	我能从不同侧面反复权衡决策	0.692	
	我能在决断时征求别人意见	0.869	
	否定中国向往美国是错误的	0.597	
	没有监督我也经得起诱惑	0.898	
	在重要工作上我会一直抓下去	0.744	
	我意志力强,对繁杂的领导工作不腻烦	0.806	
	面对质疑我能坚持正确意见	0.710	

续表

题　项		因素负荷	解释方差
领导能力 （信度＝0.875）	面对腐败我敢举报并进行斗争	0.681	83.562%
	面对工作失误我能负起责任	0.781	
	我有工作创新意识	0.738	
	我有工作创新经验与方法	0.762	
	我熟悉岗位业务技能	0.851	
	我的岗位业务技能很强	0.815	
领导影响力 （信度＝0.863）	我常给下属指出下一步的工作方向	0.816	63.896%
	我常指导下属进步	0.815	
	我团结具有不同意见的领导成员	0.674	
	我把干部拧成一股绳合力工作	0.738	
	面对复杂局面我主动应对	0.782	
	面对突发事件我积极处理	0.768	
	我说服教育不服从领导的人	0.665	

(2) 党政领导干部领导力"四力"理论分析框架的验证

在前述因子分析的基础上，应用正式调查数据，采用 AMOS20.0 分析软件，运用结构方程分析方法对党政领导干部领导力结构模型进行验证性因子分析，见表 4-5。

表 4-5　党政领导干部领导力结构模型验证性因子分析结果（$n＝656$）

变　量			路径系数	P
领导魅力	←	领导力	0.760	***
领导能力	←	领导力	0.948	***
领导影响力	←	领导力	1.000	
领导权力	←	领导力	0.378	***
法定权力	←	领导权力	0.533	***
强制权力	←	领导权力	1.000	
奖励权力	←	领导权力	0.728	***
道德魅力	←	领导魅力	1.000	
亲和力	←	领导魅力	0.944	***
知识魅力	←	领导魅力	0.978	***

续表

变量			路径系数	P
定力	←	领导能力	0.793	***
魄力	←	领导能力	0.764	***
洞察力	←	领导能力	1.000	
决断力	←	领导能力	0.877	***
创造力	←	领导能力	0.738	***
业务能力	←	领导能力	0.671	***
导向力	←	领导影响力	1.000	
凝聚力	←	领导影响力	0.755	***
驾驭力	←	领导影响力	0.913	***

注：＊＊＊指通过显著性检验。

统计分析结果表明：

1)党政领导干部领导力与领导权力之间的路径系数通过显著性检验,党政领导干部领导力与领导魅力之间的路径系数通过显著性检验,党政领导干部领导力与领导能力之间的路径系数通过显著性检验,党政领导干部领导力与领导影响力之间的路径系数通过显著性检验。

2)党政领导干部领导权力与法定权力之间的路径系数通过显著性检验,党政领导干部领导权力与奖励权力之间的路径系数通过显著性检验,党政领导干部领导权力与强制权力之间的路径系数通过显著性检验。

3)党政领导干部领导魅力与道德魅力之间的路径系数通过显著性检验,党政领导干部领导魅力与亲和力之间的路径系数通过显著性检验,党政领导干部领导魅力与知识魅力之间的路径系数通过显著性检验。

4)党政领导干部领导能力与定力之间的路径系数通过显著性检验,党政领导干部领导能力与魄力之间的路径系数通过显著性检验,党政领导干部领导能力与洞察力之间的路径系数通过显著性检验,党政领导干部领导能力与决断力之间的路径系数通过显著性检验,党政领导干部领导能力与创造力之间的路径系数通过显著性检验,党政领导干部领导能力与业务能力之间的路径系数通过显著性检验。

5)党政领导干部领导影响力与导向力之间的路径系数通过显著性检验,党政领导干部领导影响力与凝聚力之间的路径系数通过显著性检验,党政领导干部领导影响力与驾驭力之间的路径系数通过显著性检验。因此,验证性因子分析结果表明,表 3-1 所提出的党政领导干部领导力"四力"理论分析框架通过验证,本书所提出的党政领导干部领导力结构模型成立。

(3)党政领导干部领导力影响因素正式调研问卷分析结果

从表 4-6 中可以看出,每个题项都达到因素负荷 0.50 的标准。政治因素测量题目的信度系数为 0.854,可以解释政治因素方差的 68.717%。经济因素测量题目的信度系数为 0.856,可以解释经济因素方差的 80.164%。社会文化因素测量题目的信度系数为 0.846,可以解释社会文化因素方差的 61.286%。组织因素测量题目的信度系数为 0.869,可以解释组织因素方差的 70.472%。家庭因素测量题目的信度系数为 0.807,可以解释家庭因素方差的 52.917%。个人因素测量题目的信度系数为 0.896,可以解释个人因素方差的 78.042%。这一结果表明,本研究设计的多变量测量工具可以进行科学有效的测量。

表 4-6 党政领导干部领导力影响因素正式调研问卷分析结果($n=656$)

	题 项	因素负荷	解释方差
政治因素 (信度=0.854)	现在权力较多地集中于上级部门和少数领导成员手中	0.807	68.717%
	我是一级一级提拔上来的	0.852	
	组织中的大事要领导成员民主协商和集体定夺	0.832	
	现在监督力度大	0.827	
	现在问责力度大	0.876	
	现在考核力度大	0.869	
经济因素 (信度=0.856)	我的收入较高,经济压力不大	0.883	80.164%
	我掌握一些公共经济资源	0.883	
社会文化因素 (信度=0.846)	现今仍存在官本位现象	0.871	61.286%
	我尽量给人留面子	0.865	
组织因素 (信度=0.869)	我在基层锻炼过	0.801	70.472%
	我曾处理很难的事情,让我受煎熬	0.880	
	我参加过岗位轮换	0.821	
	我经历过中央地方部门的双向交流	0.869	
	有上级领导对我进行点评指导	0.898	
	我常接受组织培训	0.882	
	有老干部对我进行过指点	0.889	

续表

题项		因素负荷	解释方差
家庭因素 （信度＝0.807）	我的家人严格要求我	0.859	52.917%
	我的家庭很和睦,家庭成员鼓励支持我	0.856	
个人因素 （信度＝0.896）	我比较谨慎	0.850	78.042%
	我积极关注社会事物	0.801	
	我兴趣广泛	0.880	
	我轻易不挑别人的毛病		
	我不容易紧张,情绪稳定	0.812	
	我能认清自己的情绪状态	0.792	
	我能控制自己的情绪状态	0.890	
	我能认清别人的情绪状态	0.809	
	我能引导别人的情绪状态	0.662	
	我希望能够升官发财、光耀门庭	0.826	
	我希望干好事业,名利无所谓	0.762	
	我能多角度、多方向地考虑问题	0.805	
	我能有自己独立的思考,不受他人左右	0.793	
	我经常思考工作中的因果联系、部门关系	0.869	
	我经常反思我的从政历程	0.874	
	我经常读书自学	0.875	
	我经常调查研究	0.929	

4.3 统计分析结果

4.3.1 党政领导干部领导力的现状分析

4.3.1.1 党政领导干部领导权力的现状

为了考察党政领导干部的领导权力情况,设置了"我严格按照岗位规定履行权力""我用强制惩戒手段规范下属的违法腐败行为""我运用奖励手段激励下属推动工作"题项,统计结果见表4-7。在回答"我严格按照岗位规定履行权力"这一问题时,12.8%的人回答"非常不同意",21.0%的人回答"比较不同意",28.4%的人回答"一般",28.7%的人回答"比较同意",9.1%的人回答"非常同意"。在回答"我用强制惩戒手段规范下属的违法腐败行为"这一问题时,19.8%的人回答"非常不同意",12.8%的人回答"比较不同意",30.7%的人回答"一般",28.0%的人回答"比较同意",8.7%的人回答"非常同意"。在回答"我运用奖励手段激励下属推动工作"这一问题时,14.8%的人回答"非常不同意",27.3%的人回答"比较不同意",20.9%的人回答"一般",26.6%的人回答"比较同意",10.4%的人回答"非常同意"。

表4-7 党政领导干部领导权力的现状($n=656$)

题项	非常不同意	比较不同意	一般	比较同意	非常同意
我严格按照岗位规定履行权力	12.8%	21.0%	28.4%	28.7%	9.1%
我用强制惩戒手段规范下属的违法腐败行为	19.8%	12.8%	30.7%	28.0%	8.7%
我运用奖励手段激励下属推动工作	14.8%	27.3%	20.9%	26.6%	10.4%

4.3.1.2 党政领导干部领导魅力的现状

(1)道德魅力的现状

为了考察党政领导干部的道德魅力情况,设置了"我能用价值观获得下属认同"和"我经常注意言传身教、自身操行"题项,统计结果见表4-8。在回答"我能用价值观获得下属认同"这一问题时,1.8%的人回答"比较不同意",33.1%的人回答"一般",54.7%的人回答"比较同意",10.4%的人回答"非常同意"。在回答"我经常注意言传身教、自身操行"这一问题时,19.1%的人回答"一般",72.9%的人回答"比较同意",8.1%的人回答"非常同意"。

表4-8 党政领导干部道德魅力的现状($n=656$)

题项	非常不同意	比较不同意	一般	比较同意	非常同意
我能用价值观获得下属认同	0.0%	1.8%	33.1%	54.7%	10.4%
我经常注意言传身教、自身操行	0.0%	0.0%	19.1%	72.9%	8.1%

(2) 亲和力的现状

为了考察党政领导干部的亲和力情况,设置了"我对下属客气"和"我对办事群众热情服务"题项,统计结果见表4-9。在回答"我对下属客气"这一问题时,2.4%的人回答"比较不同意",7.6%的人回答"一般",87.7%的人回答"比较同意",2.3%的人回答"非常同意"。在回答"我对办事群众热情服务"这一问题时,46.0%的人回答"一般",18.9%的人回答"比较同意",35.1%的人回答"非常同意"。

表4-9 党政领导干部亲和力的现状($n=656$)

题项	非常不同意	比较不同意	一般	比较同意	非常同意
我对下属客气	0.0%	2.4%	7.6%	87.7%	2.3%
我对办事群众热情服务	0.0%	0.0%	46.0%	18.9%	35.1%

(3) 知识魅力的现状

为了考察党政领导干部的知识魅力情况,设置了"我见多识广"和"我知识丰富"题项,统计结果见表4-10。在回答"我见多识广"这一问题时,1.8%的人回答"比较不同意",37.7%的人回答"一般",45.0%的人回答"比较同意",15.5%的人回答"非常同意"。在回答"我知识丰富"这一问题时,1.8%的人回答"比较不同意",30.3%的人回答"一般",50.5%的人回答"比较同意",17.4%的人回答"非常同意"。

表4-10 党政领导干部知识魅力的现状($n=656$)

题项	非常不同意	比较不同意	一般	比较同意	非常同意
我见多识广	0.0%	1.8%	37.7%	45.0%	15.5%
我知识丰富	0.0%	1.8%	30.3%	50.5%	17.4%

4.3.1.3 党政领导干部领导能力的现状

(1) 定力的现状

为了考察党政领导干部的定力情况,设置了"否定中国向往美国是错误的""没有监督我也经得起诱惑""在重要工作上我会一直抓下去""我意志力强,对繁杂的领导工作不腻烦"题项,统计结果见表4-11。在回答"否定中国向往美国是错误的"时,3.7%的人回答"非常不同意",14.8%的人回答"比较不同意",20.3%的人回答"一般",38.6%的人回答"比较同意",22.7%的人回答"非常同意"。在回答"没有监督我也经得起诱惑"时,9.1%的人回答"非常不同意",27.7%的人回答"比较不同意",37.8%的人回答"一般",22.7%的人回答"比较同意",2.6%的人回答"非常同意"。在回答"在重要工作上我会一直抓下去"时,

0.9%的人回答"非常不同意",1.8%的人回答"比较不同意",10.1%的人回答"一般",63.9%的人回答"比较同意",23.3%的人回答"非常同意"。在回答"我意志力强,对繁杂的领导工作不腻烦"时,0.9%的人回答"非常不同意",1.8%的人回答"比较不同意",12%的人回答"一般",76.4%的人回答"比较同意",8.8%的人回答"非常同意"。

表4-11 党政领导干部定力的现状($n=656$)

题 项	非常不同意	比较不同意	一般	比较同意	非常同意
否定中国向往美国是错误的	3.7%	14.8%	20.3%	38.6%	22.7%
没有监督我也经得起诱惑	9.1%	27.7%	37.8%	22.7%	2.6%
在重要工作上我会一直抓下去	0.9%	1.8%	10.1%	63.9%	23.3%
我意志力强,对繁杂的领导工作不腻烦	0.9%	1.8%	12.0%	76.4%	8.8%

(2)魄力的现状

为了考察党政领导干部的魄力情况,设置了"面对质疑我能坚持正确意见""面对腐败我敢举报并进行斗争""面对工作失误我能负起责任"题项,统计结果见表4-12。在回答"面对质疑我能坚持正确意见"时,0.9%的人回答"比较不同意",17.4%的人回答"一般",66.8%的人回答"比较同意",14.9%的人回答"非常同意"。在回答"面对腐败我敢举报并进行斗争"时,1.8%的人回答"非常不同意",15.1%的人回答"比较不同意",74.5%的人回答"一般",8.1%的人回答"比较同意",0.5%的人回答"非常同意"。在回答"面对工作失误我能负起责任"时,0.9%的人回答"比较不同意",25.2%的人回答"一般",64.8%的人回答"比较同意",9.1%的人回答"非常同意"。

表4-12 党政领导干部魄力的现状($n=656$)

题 项	非常不同意	比较不同意	一般	比较同意	非常同意
面对质疑我能坚持正确意见	0.0%	0.9%	17.4%	66.8%	14.9%
面对腐败我敢举报并进行斗争	1.8%	15.1%	74.5%	8.1%	0.5%
面对工作失误我能负起责任	0.0%	0.9%	25.2%	64.8%	9.1%

（3）洞察力的现状

为了考察党政领导干部的洞察力情况,设置了"我能看清眼前形势""我能看清干部的性格与想法""我能预见事件的变化发展趋势""我能看到事物的重点环节"题项,统计结果见表4-13。在回答"我能看清眼前形势"这一问题时,0.3%的人回答"非常不同意",3%的人回答"比较不同意",35.1%的人回答"一般",45.3%的人回答"比较同意",16.3%的人回答"非常同意"。在回答"我能看清干部的性格与想法"这一问题时,3.4%的人回答"比较不同意",36.7%的人回答"一般",45.4%的人回答"比较同意",14.5%的人回答"非常同意"。在回答"我能预见事件的变化发展趋势"这一问题时,3.7%的人回答"比较不同意",31.1%的人回答"一般",44.1%的人回答"比较同意",21.1%的人回答"非常同意"。在回答"我能看到事物的重点环节"这一问题时,4.6%的人回答"比较不同意",25.6%的人回答"一般",46.8%的人回答"比较同意",23%的人回答"非常同意"。

表4-13 党政领导干部洞察力的现状($n=656$)

题 项	非常不同意	比较不同意	一般	比较同意	非常同意
我能看清眼前形势	0.3%	3.0%	35.1%	45.3%	16.3%
我能看清干部的性格与想法	0.0%	3.4%	36.7%	45.4%	14.5%
我能预见事件的变化发展趋势	0.0%	3.7%	31.1%	44.1%	21.1%
我能看到事物的重点环节	0.0%	4.6%	25.6%	46.8%	23.0%

（4）决断力的现状

为了考察党政领导干部的决断力情况,设置了"我能根据下属的能力性格分配工作""我能在重要问题上抓住时机做好决策""在紧急时刻我能决断好""我能从不同侧面反复权衡决策""我能在决断时征求别人意见"题项,统计结果见表4-14。在回答"我能根据下属的能力性格分配工作"这一问题时,5.5%的人回答"比较不同意",25.5%的人回答"一般",67.1%的人回答"比较同意",2.0%的人回答"非常同意"。在回答"我能在重要问题上抓住时机做好决策"这一问题时,2.7%的人回答"比较不同意",18.8%的人回答"一般",56.1%的人回答"比较同意",22.4%的人回答"非常同意"。在回答"在紧急时刻我能决断好"这一问题时,0.9%的人回答"比较不同意",15.9%的人回答"一般",79.9%的人回答"比较同意",3.4%的人回答"非常同意"。在回答"我能从不同侧面反复权衡决策"这一问题时,0.9%的人回答"非常不同意",14.6%的人回答"一般",81.3%的人回答"比较同意",3.2%的人回答"非常同意"。在回答"我能在决断时征求别人意见"这一问题时,7.6%的人回答"比较不同意",11.7%的人回答"一般",71.8%的人回答"比较同意",8.8%的人回答"非常同意"。

表4-14 党政领导干部决断力的现状($n=656$)

题 项	非常不同意	比较不同意	一般	比较同意	非常同意
我能根据下属的能力性格分配工作	0.0%	5.5%	25.5%	67.1%	2.0%
我能在重要问题上抓住时机做好决策	0.0%	2.7%	18.8%	56.1%	22.4%
在紧急时刻我能决断好	0.0%	0.9%	15.9%	79.9%	3.4%
我能从不同侧面反复权衡决策	0.9%	0.0%	14.6%	81.3%	3.2%
我能在决断时征求别人意见	0.0%	7.6%	11.7%	71.8%	8.8%

(5)创造力的现状

为了考察党政领导干部的创造力情况,设置了"我有工作创新意识"和"我有工作创新经验与方法"题项,统计结果见表4-15。在回答"我有工作创新意识"这一问题时,1.8%的人回答"比较不同意",28.7%的人回答"一般",68.1%的人回答"比较同意",1.4%的人回答"非常同意"。在回答"我有工作创新经验与方法"这一问题时,0.2%的人回答"非常不同意",1.7%的人回答"比较不同意",21.6%的人回答"一般",68.9%的人回答"非常同意",7.6%的人回答"非常同意"。

表4-15 党政领导干部创造力的现状($n=656$)

题 项	非常不同意	比较不同意	一般	比较同意	非常同意
我有工作创新意识	0.0%	1.8%	28.7%	68.1%	1.4%
我有工作创新经验与方法	0.2%	1.7%	21.6%	68.9%	7.6%

(6)业务能力的现状

为了考察党政领导干部的业务能力情况,设置了"我熟悉岗位业务技能"和"我的岗位业务技能很强"题项,统计结果见表4-16。在回答"我熟悉岗位业务技能"这一问题时,1.8%的人回答"比较不同意",20.2%的人回答"一般",75.6%的人回答"比较同意",2.4%的人回答"非常同意"。在回答"我的岗位业务技能很强"这一问题时,1.1%的人回答"非常不同意",12.5%的人回答"比较不同意",32%的人回答"一般",53.5%的人回答"比较同意",0.9%的人回答"非常同意"。

表4-16 党政领导干部业务能力的现状($n=656$)

题 项	非常不同意	比较不同意	一般	比较同意	非常同意
我熟悉岗位业务技能	0.0%	1.8%	20.2%	75.6%	2.4%
我的岗位业务技能很强	1.1%	12.5%	32.0%	53.5%	0.9%

4.3.1.4 党政领导干部领导影响力的现状

(1)导向力的现状

为了考察党政领导干部的导向力情况,设置了"我常给下属指出下一步的工作方向""我常指导下属进步"题项,统计结果见表4-17。在回答"我常给下属指出下一步的工作方向"这一问题时,4.6%的人回答"比较不同意",28.2%的人回答"一般",65.2%的人回答"比较同意",2%的人回答"非常同意"。在回答"我常指导下属进步"这一问题时,2.7%的人回答"比较不同意",29.8%的人回答"一般",65.5%的人回答"比较同意",2%的人回答"非常同意"。

表4-17 党政领导干部导向力的现状($n=656$)

题 项	非常不同意	比较不同意	一般	比较同意	非常同意
我常给下属指出下一步的工作方向	0.0%	4.6%	28.2%	65.2%	2.0%
我常指导下属进步	0.0%	2.7%	29.8%	65.5%	2.0%

(2)凝聚力的现状

为了考察党政领导干部的凝聚力情况,设置了"我团结具有不同意见的领导成员"和"我把干部拧成一股绳合力工作"题项,统计结果见表4-18。在回答"我团结具有不同意见的领导成员"这一问题时,15.5%的人回答"一般",84.5%的人回答"比较同意"。在回答"我把干部拧成一股绳合力工作"这一问题时,5.5%的人回答"比较不同意",17.5%的人回答"一般",77%的人回答"比较同意"。如表4-18所示。

表 4－18　党政领导干部凝聚力的现状($n=656$)

题　项	非常不同意	比较不同意	一般	比较同意	非常同意
我团结具有不同意见的领导成员	0.0%	0.0%	15.5%	84.5%	0.0%
我把干部拧成一股绳合力工作	0.0%	5.5%	17.5%	77.0%	0.0%

(3)驾驭力的现状

为了考察党政领导干部的驾驭力情况,设置了"面对复杂局面我主动应对""面对突发事件我积极处理""我说服教育不服从领导的人"题项,统计结果见表4-19。在回答"面对复杂局面我主动应对"这一问题时,0.9%的人回答"比较不同意",19.2%的人回答"一般",75.6%的人回答"比较同意",4.3%的人回答"非常同意"。在回答"面对突发事件我积极处理"这一问题时,0.9%的人回答"非常不同意",13.3%的人回答"比较不同意",17.4%的人回答"一般",68.4%的人回答"比较同意"。在回答"我说服教育不服从领导的人"这一问题时,0.9%的人回答"非常不同意",0.9%的人回答"比较不同意",29.3%的人回答"一般",67.5%的人回答"比较同意",1.4%的人回答"非常同意"。

表 4－19　党政领导干部驾驭力的现状($n=656$)

题　项	非常不同意	比较不同意	一般	比较同意	非常同意
面对复杂局面我主动应对	0.0%	0.9%	19.2%	75.6%	4.3%
面对突发事件我积极处理	0.9%	13.3%	17.4%	68.4%	0.0%
我说服教育不服从领导的人	0.9%	0.9%	29.3%	67.5%	1.4%

4.3.2　单因素方差统计分析结果

(1)不同性别党政领导干部领导力单因素方差分析结果

为了比较不同性别党政领导干部的领导力,本研究将党政领导干部的性别设置为男、女。统计分析结果见表4-20,女性党政领导干部的领导力均值为3.2955,男性党政领导干部的领导力均值为3.6306。单因素方差分析结果表明,性别对党政领导干部领导力的影响通过统计学的显著性检验($F=4.124$,$P=0.026$)。

表4-20 不同性别党政领导干部领导力单因素方差分析结果($n=656$)

变 量	均 值
男	3.6306
女	3.2955
F	4.124*
P	0.026

注：* 表示 $P<0.05$。

(2)不同年龄党政领导干部领导力单因素分析结果

为了比较不同年龄党政领导干部的领导力，本研究将党政领导干部的年龄分为30岁及以下、31～35岁、36～40岁、41～49岁、50～59岁五个年龄段。统计分析结果见表4-21，30岁及以下党政领导干部的领导力均值为3.4511，31～35岁党政领导干部的领导力均值为3.5936，36～40岁党政领导干部的领导力均值为3.6423，41～49岁党政领导干部的领导力均值为3.6930，50～59岁党政领导干部的领导力均值为3.8414。单因素方差分析结果表明，不同年龄阶段党政领导干部领导力之间存在显著性差异（$F=15.301$，$P=0.000$）。在我国，党政领导干部序列男性在45岁以下、女性在40岁以下属于青年干部。调查样本中的青年党政领导干部领导力均值偏低，说明青年党政领导干部领导力尚有提升空间。

表4-21 同年龄党政领导干部领导力单因素方差分析结果($n=656$)

变 量	均 值
30岁及以下	3.4511
31～35岁	3.5936
36～40岁	3.6423
41～49岁	3.6930
50～59岁	3.8414
F	15.301***
P	0.000

注：*** 表示 $P<0.001$。

(3)不同教育程度党政领导干部领导力单因素方差分析结果

为了比较不同教育程度党政领导干部的领导力,本研究将党政领导干部的教育程度划分为专科以下、专科、本科、硕士、博士五个大类。统计分析结果见表4-22,专科以下党政领导干部的领导力均值为3.5215,专科学历党政领导干部的领导力均值为3.5785,本科学历党政领导干部的领导力均值为3.5807,硕士学历党政领导干部的领导力均值为3.6043,博士学历党政领导干部的领导力均值为3.6986。单因素方差分析结果表明,教育程度对党政领导干部领导力的影响通过统计学的显著性检验($F=3.957, P=0.031$)。

表4-22 不同教育程度党政领导干部领导力单因素方差分析结果($n=656$)

变　　量	均　　值
专科以下	3.5215
专科	3.5785
本科	3.5807
硕士	3.6043
博士	3.6986
F	3.957*
P	0.031

注:*表示$P<0.05$。

5 党政领导干部领导力问题分析

5.1 党政领导干部领导力总体水平偏低

通过前面的统计分析,党政领导干部领导力结构模型通过了检验,可以将路径系数进行归一化处理,将路径系数转换为权重。[①] 党政领导干部领导力结构模型路径系数见表 5-1。

表 5-1 政领导干部领导力结构模型路径系数($n=656$)

变　量	路径系数
领导魅力←领导力	0.760
领导能力←领导力	0.948
领导影响力←领导力	1.000
领导权力←领导力	0.378
法定权力←领导权力	0.533
强制权力←领导权力	1.000
奖励权力←领导权力	0.728
道德魅力←领导魅力	1.000
亲和力←领导魅力	0.944
知识魅力←领导魅力	0.978
定力←领导能力	0.793
魄力←领导能力	0.764
洞察力←领导能力	1.000
决断力←领导能力	0.877

[①] 田飞.用结构方程模型建构指标体系[J].安徽大学学报(哲学社会科学版),2007(6):92-95.

续表

变　量	路径系数
创造力←领导能力	0.738
业务能力←领导能力	0.671
导向力←领导影响力	1.000
凝聚力←领导影响力	0.755
驾驭力←领导影响力	0.913

法定权力的路径系数为0.533,奖励权力的路径系数为0.728,强制权力的路径系数为1.000,则法定权力权重为:0.533/(0.533+1.000+0.728)=0.23,奖励权力的权重为:0.728/(0.533+1.000+0.728)=0.33,强制权力的权重为:1.000/(0.533+1.000+0.728)=0.44。

道德魅力的路径系数为1.000,亲和力的路径系数为0.944,知识魅力的路径系数为0.978,则道德魅力的权重为:1.000/(1.000+0.944+0.978)=0.35,亲和力的权重为:0.944/(1.000+0.944+0.978)=0.32,知识魅力的权重为:0.978/(1.000+0.944+0.978)=0.33。

定力的路径系数为0.793,魄力的路径系数为0.764,洞察力的路径系数为1.000,决断力的路径系数为0.877,创造力的路径系数为0.738,业务能力的路径系数为0.671,则定力的权重为:0.793/(0.793+0.764+1.000+0.877+0.738+0.671)=0.16,魄力的权重为:0.764/(0.793+0.764+1.000+0.877+0.738+0.671)=0.16,洞察力的权重为:1.000/(0.793+0.764+1.000+0.877+0.738+0.671)=0.21,决断力的权重为:0.877/(0.793+0.764+1.000+0.877+0.738+0.671)=0.18,创造力的权重为:0.738/(0.793+0.764+1.000+0.877+0.738+0.671)=0.15,业务能力的权重为:0.671/(0.793+0.764+1.000+0.877+0.738+0.671)=0.14。

导向力的路径系数为1.000,凝聚力的路径系数为0.755,驾驭力的路径系数为0.913,则导向力的权重为:1.000/(1.000+0.755+0.913)=0.37,凝聚力的权重为:0.755/(1.000+0.755+0.913)=0.28,驾驭力的权重为:0.913/(1.000+0.755+0.913)=0.35。

领导权力的路径系数为0.378,领导魅力的路径系数为0.760,领导能力的路径系数为0.948,领导影响力的路径系数为1.000,则领导权力的权重为:0.378/(0.760+0.948+1.000+0.378)=0.12,领导魅力的权重为:0.760/(0.760+0.948+1.000+0.378)=0.25,领导能力的权重为:0.948/(0.760+

0.948+1.000+0.378)=0.31,领导影响力的权重为：1.000/(0.760+0.948+1.000+0.378)=0.32。党政领导干部领导力各指标权重见表5-2。

表5-2 党政领导干部领导力各指标权重($n=656$)

构成要素	权重	指标	权重
领导权力	0.12	法定权力	0.23
		强制权力	0.44
		奖励权力	0.33
领导魅力	0.25	道德魅力	0.35
		亲和力	0.32
		知识魅力	0.33
领导能力	0.31	定力	0.16
		魄力	0.16
		洞察力	0.21
		决断力	0.18
		创造力	0.15
		业务能力	0.14
领导影响力	0.32	导向力	0.37
		凝聚力	0.28
		驾驭力	0.35

通过SPSS20.0软件算出三级指标的取值，法定权力的平均值为3.0152，奖励权力的平均值为2.9162，强制权力的平均值为2.9405，道德魅力的平均值为3.8133，亲和力的平均值为3.8941，知识魅力的平均值为3.7881，定力的平均值为3.6071，魄力的平均值为3.5605，洞察力的平均值为3.7923，决断力的平均值为3.8341，创造力的平均值为3.7561，业务能力的平均值为3.6014，导向力的平均值为3.8125，凝聚力的平均值为3.8849，驾驭力的平均值为3.8130。

将表5-2中对应的权重代入，领导权力的取值为：$3.0152\times0.23+2.9405\times0.44+2.9162\times0.33=2.9495$；领导魅力的取值为：$3.8133\times0.35+3.8941\times0.32+3.7881\times0.33=3.8308$；领导能力的取值为：$3.7923\times0.21+3.8341\times0.18+3.6071\times0.16+3.5605\times0.16+3.7561\times0.15+3.6014\times0.14=3.7009$；领导影响

力的取值为:$3.8125×0.37+3.8849×0.28+3.8130×0.35=3.7948$。

党政领导干部领导力的总体取值为:$2.9495×0.12+3.8308×0.25+3.7009×0.31+3.7948×0.32=3.6733$。本书的党政领导干部领导力等级为五个等级,"1"代表"非常低","2"代表"比较低","3"代表"一般","4"代表"比较高","5"代表"非常高"。党政领导干部领导力的总体值为$3.6733<4$,低于"比较高"的水平。从此数值可以看出,党政领导干部领导力总体水平偏低,还有很大的提升空间。党政领导干部领导力及指标均值见表5-3。

表5-3 党政领导干部领导力及指标均值($n=656$)

总体均值	构成要素	均值(权重)	指标	均值(权重)
党政领导干部领导力 3.6733	领导权力	2.9495(0.12)	法定权力	3.0152(0.23)
			强制权力	2.9405(0.44)
			奖励权力	2.9162(0.33)
	领导魅力	3.8308(0.25)	道德魅力	3.8133(0.35)
			亲和力	3.8941(0.32)
			知识魅力	3.7881(0.33)
	领导能力	3.7009(0.31)	洞察力	3.7923(0.21)
			决断力	3.8341(0.18)
			定力	3.6071(0.16)
			魄力	3.5605(0.16)
			创造力	3.7561(0.15)
			业务能力	3.6014(0.14)
	领导影响力	3.7948(0.32)	导向力	3.8125(0.37)
			凝聚力	3.8849(0.28)
			驾驭力	3.8130(0.35)

5.2 不同群体党政领导干部领导力问题分析

5.2.1 女性党政领导干部的领导力比较不足

表4-20的分析结果表明,不同性别党政领导干部之间的领导力存在显著性差异。男性党政领导干部的领导力均值为3.6306,女性党政领导干部的领导

力均值为3.2955。从中可以看出,女性党政领导干部的领导力没有男性党政领导干部的领导力高,女性党政领导干部领导力相对不足,如图5-1所示。

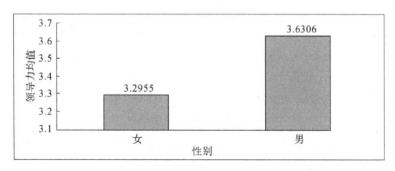

图5-1 不同性别党政领导干部的领导力水平($n=656$)

5.2.2 青年党政领导干部的领导力比较欠缺

表4-21的分析结果表明,不同年龄阶段党政领导干部之间的领导力存在显著性差异。30岁及以下党政领导干部的领导力均值为3.4511,31~35岁党政领导干部的领导力均值为3.5936,36~40岁党政领导干部的领导力均值为3.6423,41~49岁党政领导干部的领导力均值为3.6930,50~59岁党政领导干部的领导力均值为3.8414。从中可以看出,从30岁以下到59岁,党政领导干部的领导力得分呈现逐步升高的趋势。年龄阶段越低得分越低,年龄阶段越高得分越高。实际上,在本调研中党政领导干部大多数为青年干部群体,由于受年龄资历限制,年轻党政领导干部群体的领导力不高,如图5-2所示。

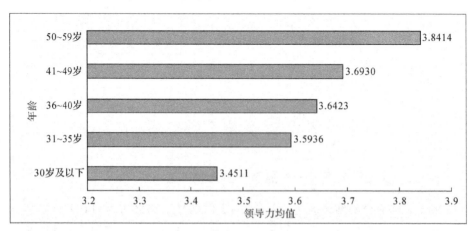

图5-2 不同年龄段党政领导干部的领导力水平($n=656$)

5.2.3 低文化程度党政领导干部的领导力比较薄弱

表4-22的分析结果表明,不同文化程度党政领导干部之间的领导力存在显著性差异。专科以下学历党政领导干部的领导力均值为3.5215,专科学历党政领导干部的领导力均值为3.5785,本科学历党政领导干部的领导力均值为3.5807,硕士学历党政领导干部的领导力均值为3.6043,博士学历党政领导干部的领导力均值为3.6986。从中可以看出,从专科以下学历到博士学历,党政领导干部的领导力得分呈现逐步升高的现象。总体而言,学历越低得分越低,学历越高得分越高,教育程度较低,党政领导干部的领导力比较薄弱,如图5-3所示。

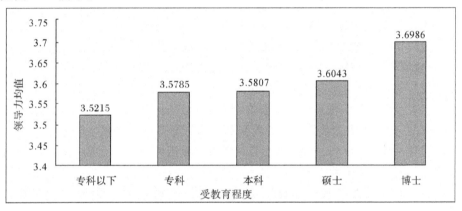

图5-3 不同受教育程度党政领导干部的领导力水平($n=656$)

5.3 党政领导干部领导力构成要素问题分析

5.3.1 领导权力环节最为薄弱

由表5-3可知,党政领导干部在领导权力方面的均值为2.9495,这不仅低于一般的标准,而且在党政领导干部领导力四个构成要素里面得分是最低的,说明领导权力是党政领导干部领导力之中最薄弱的环节,在现实政治生活之中对领导权力的使用还存在很大的问题。

(1)奖励激励最为不足

党政领导干部的奖励权,就是通过物质奖励、奖金发放等物质性手段,精神鼓励、通报嘉奖、口头表扬等非物质性手段,增强被领导者工作的主动性,激发下级干部工作的积极性。一般而言,缺乏了这个领导手段,被领导者的工作激情就会受到伤害。为了考察党政领导干部行使奖励权的情况,设置了"我运用奖励手段激励下属推动工作"题项。

由表5-3可知,党政领导干部在奖励权力方面的均值为2.9162,这不仅低于一般的标准,而且在党政领导干部领导权力三个维度里面得分是最低的,充分说明党政领导干部在奖励权力方面存在的问题是最严重的。

统计结果(见图5-4中a_1)显示,在回答"我运用奖励手段激励下属推动工作"这一问题时,14.8%的人回答"非常不同意",27.3%的人回答"比较不同意",20.9%的人回答"一般"。从中可以看出,63.0%的人不合理使用奖励权,奖励技巧不娴熟。对这个问题的考察,反映出现实政治生活中很多党政领导干部没有很好地运用奖励权调动干部的积极性。

(2)刚直用权意识欠缺

党政领导干部的强制权不是权力滥用,而是为了保证政令畅通,保证组织秩序,惩戒腐败。为了考察党政领导干部行使强制权的情况,设置了"我用强制惩戒手段规范下属的违法腐败行为"题项。

由表5-3可知,党政领导干部在强制权力方面的均值为2.9405,得分低于一般标准,充分说明党政领导干部在强制权力方面存在的问题是很大的。

统计结果(见图5-4中a_2)显示,在回答"我用强制惩戒手段规范下属的违法腐败行为"这一题项时,19.8%的人回答"非常不同意",12.8%的人回答"比较不同意",30.7%的人回答"一般"。从中可以看出,共有63.3%的人不合理行使强制权。对这个问题的考察,反映出在现实政治生活之中很多党政领导干部放弃使用强制权、不愿使用强制权,这反映出很多地方和部门的党政领导干部不愿意得罪人,不愿意处理下属的违纪违法腐败现象,这也许是不少地方和部门组织涣散、规矩意识缺乏、腐败现象严重的重要原因。

(3)权依法使意识模糊

党政领导干部的岗位权力是法定的,这意味着岗位权力必须作为、不能放弃,必须按照岗位职责、规定程序、法定流程办事。为了考察党政领导干部行使法定权力的情况,设置了"我严格按照岗位规定履行权力"题项。

由表5-3可知,党政领导干部在法定权力方面的均值为3.0152,这个得分很一般,说明党政领导干部在法定权力环节是比较薄弱的。

统计结果(见图5-4中a_3)显示,在回答"我严格按照岗位规定履行权力"这一问题时,12.8%的人回答"非常不同意",21.0%的人回答"比较不同意",28.4%的人回答"一般"。从中可以看出,共有62.2%的人不严格按照规定行使岗位权力。对这个问题的考察,反映出在现实政治生活之中很多党政领导干部对权力法定的观念缺乏深刻认识,不是按照岗位规定和法定流程严格履行权力。

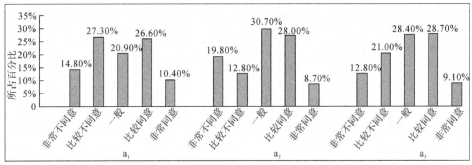

图 5-4 党政领导干部领导权力存在的问题($n=656$)
a_1 指"我运用奖励手段激励下属推动工作";a_2 指"我用强制惩戒手段规范下属的违法腐败行为";
a_3 指"我严格按照岗位规定履行权力"

5.3.2 领导能力比较欠缺

由表 5-3 可知,党政领导干部在领导能力方面的均值为 3.7009,虽然高于一般的标准,但没有达到好的程度,说明党政领导干部在领导能力方面存在一定的问题。

(1)担当精神最为欠缺

敢于担当、拥有魄力是对党政领导干部的基本要求。为了考察党政领导干部的魄力情况,设置了"面对质疑我能坚持正确意见""面对腐败我敢举报并进行斗争""面对工作失误我能负起责任"三个题项。

由表 5-3 可知,党政领导干部在魄力方面的均值为 3.5605,这在党政领导干部领导能力六个维度里面得分是最低的。

统计结果(见图 5-5)显示,在回答"面对腐败我敢举报并进行斗争"时,1.8%的人回答"非常不同意",15.1%的人回答"比较不同意",74.5%的人回答"一般",从中可以看出共有 91.4%的人面对身边的腐败现象不能坚定地挺身而出,与腐败坚决斗争的担当精神比较缺乏;在回答"面对工作失误我能负起责任"时,0.9%的人回答"比较不同意",25.2%的人回答"一般",从中可以看出共有 26.1%的人面对工作失误不敢主动承担责任,而是选择逃避或者推诿;在回答"面对质疑我能坚持正确意见"时,0.9%的人回答"比较不同意",17.4%的人回答"一般",从中可以看出共有 18.3%的人面对质疑不能很好地坚持自己的正确想法。对这个问题的考察,反映出在现实政治生活之中很多党政领导干部魄力不足,尤其是面对周边的腐败现象、工作失误,比较缺乏担当精神。

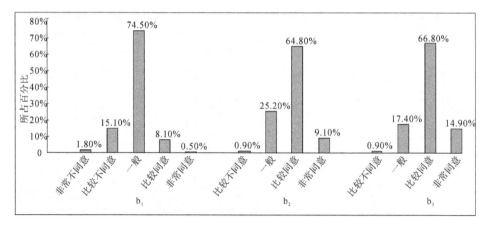

图 5-5　党政领导干部魄力存在的问题($n=656$)

b_1 指"面对腐败我敢举报并进行斗争";b_2 指"面对工作失误我能负起责任";

b_3 指"面对质疑我能坚持自己正确的意见"

(2)岗位专门技能比较薄弱

岗位技能是党政领导干部为了处理各个岗位的特定事务而具备的专门性、专业化的业务能力。为了考察党政领导干部的岗位能力情况,设置了"我熟悉岗位业务技能"和"我的岗位业务技能很强"两个题项。

由表 5-3 可知,党政领导干部在岗位技能方面的均值为 3.6014,这在党政领导干部领导能力六个维度里面得分是第二低的。

统计结果(见图 5-6)显示,在回答"我的岗位业务技能很强"这一问题时,1.1%的人回答"非常不同意",12.5%的人回答"比较不同意",32%的人回答"一般",从中可以看出共有 45.6%的人认为自己的岗位业务技能不强,对自己

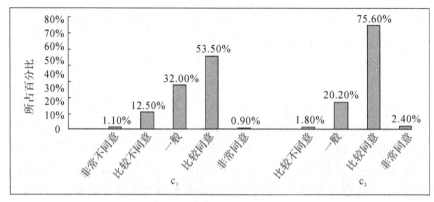

图 5-6　党政领导干部业务能力存在的问题($n=656$)

c_1 指"我的岗位业务技能很强";c_2 指"我熟悉岗位业务技能"

的业务能力信心不足;在回答"我熟悉岗位业务技能"这一问题时,1.8%的人回答"比较不同意",20.2%的人回答"一般",从中可以看出共有22%的人认为自己对本职岗位需要的一些业务技能不是很熟练。对这个问题的考察,反映出在现实政治生活之中不少党政领导干部确实存在业务技能不足、岗位本领不强的问题。

(3)定力有所欠缺

为了考察党政领导干部的定力情况,设置了"否定中国向往美国是错误的""没有监督我也经得起诱惑""在重要工作上我会一直抓下去""我意志力强,对繁杂的领导工作不腻烦"四个题项。

由表5-3可知,党政领导干部在定力方面的均值为3.6071,虽然高于一般的标准,但没有达到好的程度,说明党政领导干部定力方面存在一定的问题。

统计结果(见图5-7)显示,在回答"没有监督我也经得起诱惑"时,9.1%的人回答"非常不同意",27.7%的人回答"比较不同意",37.8%的人回答"一般",从中可以看出共有74.6%的人在没有外部监督的情况下自我管控能力不强,反映出不少党政领导干部廉政定力不强;在回答"否定中国向往美国是错误的"时,3.7%的人回答"非常不同意",14.8%的人回答"比较不同意",20.3%的人回答"一般",从中可以看出共有38.8%的人对中国的发展政治信心不足,反映出一些党政领导干部政治定力不强;在回答"我意志力强,对繁杂的领导工作不腻烦"时,0.9%的人回答"非常不同意",1.8%的人回答"比较不同意",12%的人回答"一般",从中可以看出共有14.7%的人毅力还需加强;在回答"在重要工作上我会一直抓下去"时,0.9%的人回答"非常不同意",1.8%的人回答"比较不同意",10.1%的人回答"一般",从中可以看出共有12.8%的人战略定力有待加强。对这个问题的考察,反映出在现实政治生活中一些党政领导干部的定力有所欠缺。

(4)创造能力有待提高

为了考察党政领导干部的创造力情况,设置了"我有工作创新意识"和"我有工作创新经验与方法"两个题项。

由表5-3可知,党政领导干部在创造力方面的均值为3.7561,虽然高于一般的标准,但没有达到好的程度,说明党政领导干部在创造力方面存在一定的问题。

统计结果(见图5-8)显示,在回答"我有工作创新意识"这一问题时,1.8%的人回答"比较不同意",28.7%的人回答"一般",从中可以看出共有30.5%的人创造动力不足,反映出一些党政领导干部创新意愿比较缺乏;在回答"我有工作创新经验与方法"这一问题时,0.2%的人回答"非常不同意",1.7%的人回答"比较不同意",21.6%的人回答"一般",从中可以看出共有23.5%的人创新经历不足,反映出一些党政领导干部比较缺乏创造基础与经验。对这个问题的考察,反映出在现实政治生活中一些党政领导干部创造能力还有待提升,创造意愿不足,创造经验比较缺乏。

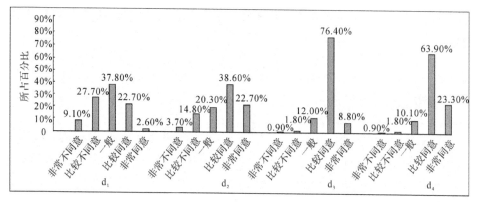

图 5-7　党政领导干部定力存在的问题($n=656$)

d_1 指"没有监督我也经得起诱惑";d_2 指"否定中国向往美国是错误的";d_3 指"我意志力强,对繁杂的领导工作不腻烦";d_4 指"在重要工作上我会一直抓下去"

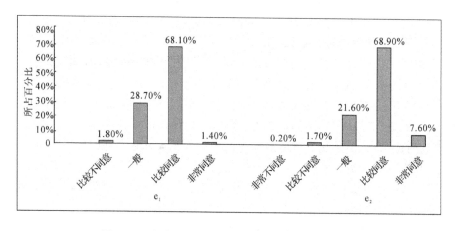

图 5-8　党政领导干部创造力存在的问题($n=656$)

e_1 指"我有工作创新意识";e_2 指"我有工作创新经验与方法"

(5)科学预见能力薄弱

为了考察党政领导干部的洞察力情况,设置了"我能看清眼前形势""我能看清干部的性格与想法""我能预见事件的变化发展趋势""我能看到事物的重点环节"四个题项。

由表 5-3 可知,党政领导干部在洞察力方面的均值为 3.7923,虽然高于一般的标准,但没有达到好的程度,说明党政领导干部在洞察力方面存在一定的问题。

统计结果(见图5-9)显示,在回答"我能看清干部的性格与想法"这一问题时,3.4%的人回答"比较不同意",36.7%的人回答"一般",从中可以看出共有40.1%的人不善于看清干部的性格与想法,反映出一些党政领导干部识别干部的能力不强;在回答"我能看清眼前形势"这一问题时,0.3%的人回答"非常不同意",3%的人回答"比较不同意",35.1%的人回答"一般",从中可以看出共有38.4%的人对眼前的形势把握不透,反映出一些党政领导干部科学分析形势、判断形势的能力不强;在回答"我能预见事件的变化发展趋势"这一问题时,3.7%的人回答"比较不同意",31.1%的人回答"一般",从中可以看出共有34.8%的人不能很好地展望未来,反映出一些党政领导干部预见能力不足;在回答"我能看到事物的重点环节"这一问题时,4.6%的人回答"比较不同意",25.6%的人回答"一般",从中可以看出共有30.2%的人不能很好地看到事物的主要方面,反映出一些党政领导干部抓重点的能力不强,透过现象看本质的能力不强,用马克思主义的认识方法分析问题的能力不强。对这个问题的考察,反映出在现实政治生活中一些党政领导干部观察问题的"眼力"或者洞察力不足。

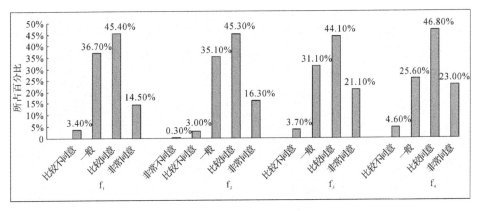

图5-9 党政领导干部洞察力存在的问题($n=656$)

f_1指"我能看清干部的性格与想法";f_2指"我能看清眼前形势";

f_3指"我能预见事件的变化发展趋势";f_4指"我能看到事物的重点环节"

(6)决断能力存在缺陷

为了考察党政领导干部的决断力情况,设置了"我能根据下属的能力性格分配工作""我能在重要问题上抓住时机做好决策""在紧急时刻我能决断好""我能从不同侧面反复权衡决策""我能在决断时征求别人意见"五个题项。

由表 5-3 可知，党政领导干部在决断力方面的均值为 3.8341。在党政领导干部领导能力六个维度里面，这个得分是最高的，虽然高于一般的标准但没有达到比较好的程度，说明党政领导干部在决断力方面存在一定的问题。

统计结果(见图 5-10)显示，在回答"我能根据下属的能力性格分配工作"这一问题时，5.5%的人回答"比较不同意"，25.5%的人回答"一般"，从中可以看出共有 31%的人不能很好地根据下属的能力分配工作，反映出一些党政领导干部的人事决断能力不强；在回答"我能在重要问题上抓住时机做好决策"这一问题时，2.7%的人回答"比较不同意"，18.8%的人回答"一般"，从中可以看出共有 21.5%的人不能很好地抓住机遇做出决策；在回答"我能在决断时征求别人意见"这一问题时，7.6%的人回答"比较不同意"，11.7%的人回答"一般"，从中可以看出共有 19.3%的人做决断时不太征求他人意见，反映出一些党政领导干部民主决断能力不强，不能很好地汲取集体智慧，不能很好地集中干部群众的智慧；在回答"在紧急时刻我能决断好"这一问题时，0.9%的人回答"比较不同意"，15.9%的人回答"一般"，从中可以看出共有 16.8%的人在紧急时刻不能很好地决策，缺乏当断则断的领导气魄，反映出一些党政领导干部果断决策的能力不足；在回答"我能从不同侧面反复权衡决策"这一问题时，0.9%的人回答"非常不同意"，14.6%的人回答"一般"，从中可以看出共有 15.5%的人决断时没有经过深思熟虑、反复琢磨，没有很好地考虑不同的方面，反映出一些党政领导干部科学决断能力不强。对这个问题的考察，反映出在现实政治生活中一些党政领导干部的决断力还存在不足。

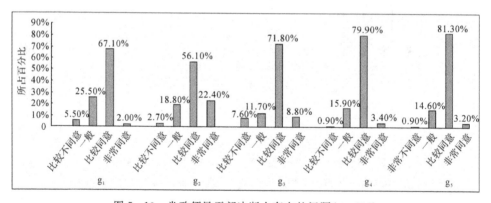

图 5-10　党政领导干部决断力存在的问题($n=656$)

g_1 指"我能根据下属的能力性格分配工作"；g_2 指"我能在重要问题上抓住时机做好决策"；
g_3 指"我能在决断时征求别人意见"；g_4 指"在紧急时刻我能决断好"；
g_5 指"我能从不同侧面反复权衡决策"

5.3.3 领导影响力存在短板

由表5-3可知,党政领导干部在领导影响力方面的均值为3.7948,虽然高于一般的标准,但没有达到好的程度,说明党政领导干部在领导影响力方面存在一定的问题。

(1)导向力较为薄弱

为了考察党政领导干部的导向力情况,设置了"我常给下属指出下一步的工作方向"和"我常指导下属进步"题项。

由表5-3可知,党政领导干部在导向力方面的均值为3.8125。在党政领导干部影响力三个维度里面,这个得分是最低的,虽然高于一般的标准但没有达到比较好的程度,说明党政领导干部在导向力方面存在一定的问题。

统计结果(见图5-11)显示,在回答"我常给下属指出下一步的工作方向"这一问题时,4.6%的人回答"比较不同意",28.2%的人回答"一般",从中可以看出共有32.8%的人不能很好地为下属指出组织发展的方向;在回答"我常指导下属进步"这一问题时,2.7%的人回答"比较不同意",29.8%的人回答"一般",从中可以看出共有32.5%的人不能很好地培养指导下属。对这个问题的考察,反映出在现实政治生活中一些党政领导干部的愿景指引力、对下属的培养力度尚需加强。

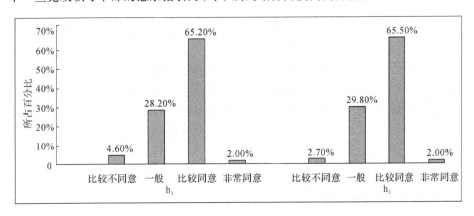

图5-11 党政领导干部导向力存在的问题($n=656$)

h_1指"我常给下属指出下一步的工作方向";h_2指"我常指导下属进步"

(2)驾驭力存在短板

为了考察党政领导干部的驾驭力情况,设置了"面对复杂局面我主动应对""面对突发事件我积极处理""我说服教育不服从领导的人"三个题项。

由表5-3可知,党政领导干部在驾驭力方面的均值为3.8130,这个得分虽然高于一般的标准,但没有达到比较好的程度,说明党政领导干部在驾驭力方面存在一定的问题。

统计结果(见图5-12)显示,在回答"面对突发事件我积极处理"这一问题时,0.9%的人回答"非常不同意",13.3%的人回答"比较不同意",17.4%的人回答"一般",从中可以看出共有31.6%的人在突发事件面前会失去主动性,驾驭力不强;在回答"我说服教育不服从领导的人"这一问题时,0.9%的人回答"非常不同意",0.9%的人回答"比较不同意",29.3%的人回答"一般",从中可以看出共有31.1%的人说服力不强,不能很好地驾驭难以管理的下属;在回答"面对复杂局面我主动应对"这一问题时,0.9%的人回答"比较不同意",19.2%的人回答"一般",从中可以看出共有20.1%的人在复杂事件和复杂局面中容易失去自我。对这个问题的考察,反映出一些党政领导干部在面对突发事件、复杂局面、难以管理的下属时容易失去主动权,驾驭力不强。

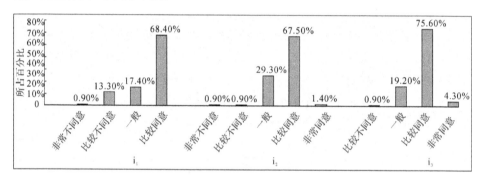

图5-12 党政领导干部驾驭力存在的问题($n=656$)

i_1指"面对突发事件我积极处理";i_2指"我说服教育不服从领导的人";

i_3指"面对复杂局面我主动应对"

(3)凝聚力不强

为了考察党政领导干部的凝聚力情况,设置了"我团结具有不同意见的领导成员"和"我把干部拧成一股绳合力工作"题项。

由表5-3可知,党政领导干部在凝聚力方面的均值为3.8849,这个得分在党政领导干部影响力三个维度里面是最高的,虽然高于一般的标准,但没有达到比较好的程度,说明党政领导干部在凝聚力方面存在一定的问题。

统计结果(见图5-13)显示,在回答"我把干部拧成一股绳合力工作"这一问题时,5.5%的人回答"比较不同意",17.5%的人回答"一般",从中可以看出共有23%的人不能很好地把下属的力量凝聚起来;在回答"我团结具有不同意见的领导成员"这一问题时,15.5%的人回答"一般",从中可以看出一些党政领导干部对具有不同意见的领导成员联合作用不足。对这个问题的考察,反映出在现实政治生活中一些党政领导干部的凝聚作用还存在不足。

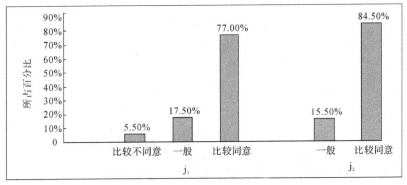

图5-13 党政领导干部凝聚力存在的问题($n=656$)

j_1指"我把干部拧成一股绳合力工作";j_2指"我团结具有不同意见的领导成员"

5.3.4 领导魅力较为不足

由表5-3可知,党政领导干部在领导魅力方面的均值为3.8308,在党政领导干部领导力四个构成要素里面得分是最高的,虽然高于一般的标准,但也没有达到好的程度,说明党政领导干部领导魅力方面存在一定的问题。

(1)见识知识水平不足

为了考察党政领导干部的知识魅力情况,设置了问题"我见多识广"和"我知识丰富"两个题项。

由表5-3可知,党政领导干部在知识魅力方面的均值为3.7881,这在党政领导干部领导魅力三个维度里面得分是最低的,说明党政领导干部的知识魅力还有提升空间。

统计结果(见图5-14)显示,在回答"我见多识广"这一问题时,1.8%的人回答"比较不同意",37.7%的人回答"一般",从中可以看出共有39.5%的人忙于事务,见识比较狭窄;在回答"我知识丰富"这一问题时,1.8%的人回答"比较不同意",30.3%的人回答"一般",从中可以看出共有32.1%的人知识不广。对这个问题的考察,反映出在现实生活中一些党政领导干部知识不够丰富,知识储备不足。

(2)道德感召力不高

为了考察党政领导干部的道德魅力情况,设置了"我能用价值观获得下属认同"和"我经常注意言传身教、自身操行"题项。

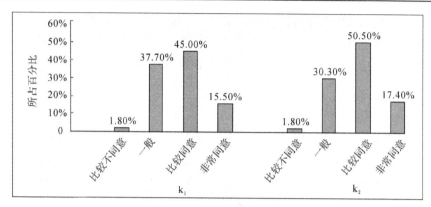

图 5-14　党政领导干部知识魅力存在的问题($n=656$)
　　k_1 指"我见多识广"；k_2 指"我知识丰富"

由表 5-3 可知，党政领导干部在道德魅力方面的均值为 3.8133，虽然高于一般的标准，但没有达到好的标准，说明党政领导干部的道德魅力还要进一步提升。

统计结果（见图 5-15）显示，在回答"我能用价值观获得下属认同"这一问题时，1.8%的人回答"比较不同意"，33.1%的人回答"一般"，从中可以看出共有 34.9%的人不太注意践行核心价值观，没有起到典型示范作用，没有起到价值引领的作用；在回答"我经常注意言传身教、自身操行"这一问题时，19.1%的人回答"一般"，说明一些党政领导干部不注意用自身操行进行言传身教，没有起到道德模范的作用。对这个问题的考察，反映出在现实生活中一些党政领导干部道德魅力不足。

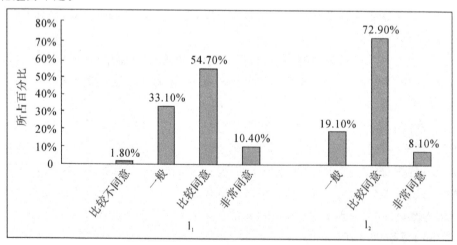

图 5-15　党政领导干部道德魅力存在的问题($n=656$)
　　l_1 指"我能用价值观获得下属认同"；l_2 指"我经常注意言传身教、自身操行"

(3) 对待群众的亲和力欠缺

为了考察党政领导干部的亲和力情况,设置了"我对下属客气"和"我对办事群众热情服务"两个题项。

由表 5-3 可知,党政领导干部在亲和力方面的均值为 3.8941,这个得分在党政领导干部领导魅力三个维度里面是最高的,虽然高于一般的标准,但没有达到好的程度,说明党政领导干部在亲和力方面存在一定的问题。

统计结果(见图 5-16)显示,在回答"我对下属客气"这一问题时,2.4%的人回答"比较不同意",7.6%的人回答"一般",只有 10% 的党政领导干部选择对待下属态度一般;但是在回答"我对办事群众热情服务"这一问题时,46.0%的人回答"一般";两者比较看,90%的党政领导干部对待下属比较热情,54%的党政领导干部对待群众比较热情,这个差距是很大的。对这个题项的考察,可以看出党政领导干部在亲和力方面的问题不是出在对待下属上,而是出在对待群众上。在现实生活中很多党政领导干部对待办事群众不够热情,这与当前党政机关"脸难看"的现实是比较吻合的,也是当前需要重点关注与解决的问题。

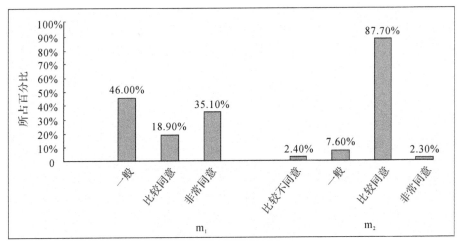

图 5-16 党政领导干部亲和力存在的问题($n=656$)
m_1 指"我对办事群众热情服务";m_2 指"我对下属客气"

6 党政领导干部领导力影响因素分析

　　本书通过实证研究方法系统深入地分析了政治因素、经济因素、社会文化因素、组织因素、家庭因素和个人因素对党政领导干部领导力的影响。政治因素包括权力集中度、监管力度、集体领导制、台阶制四个方面;经济因素包括公共经济资源水平、薪酬水平两个方面;社会文化因素包括老好人主义、官本位文化两个方面;组织因素包括教育培训、岗位轮换、老干部传帮带、基层锻炼、艰苦考验、上下双向交流、上级指点七个方面;家庭因素包括家人严格要求、家庭支持两个方面;个人因素包括学习研究、思维方式、性格、动机、情商五个方面。分析结果显示,政治因素、经济因素、社会文化因素、组织因素、家庭因素和个人因素对党政领导干部领导力均具有一定的解释力,但各因素的影响程度存在较大差异。其中,个人因素对党政领导干部领导力的影响最强,其次是社会文化因素,第三是组织因素,第四是政治因素,第五是经济因素,家庭因素的影响则最小。

6.1　宏观因素

6.1.1　政治因素

　　政治因素是社会形态中的上层建筑部分,包括权力集中程度、监督情况、领导制度等各个方面。党政领导干部领导力的下降,固然与其个人的素质有关,但是政治制度具有全局性、长期性的作用。邓小平早就指出,"制度是决定因素"。制度好可以使坏的党政领导干部无法任意横行,制度不好可以使好的党政领导干部无法做好事,甚至可能走向反面。权力集中是必要的,但是权力"过分集中"容易造成党政领导干部的专断,是产生官僚主义的重要原因。党政领导干部产生各种错误,固然有个人方面的原因,但是领导制度问题"更带有根本性"。[①] 权力没有监督必然导致腐败,这是一条"铁律"。[②] 好的党政领导干部不会自然而然地产生,党政领导干部领导力水平与监督管理有关联。

[①] 邓小平文选:第2卷[M].北京:人民出版社,1994:308-333.
[②] 习近平谈治国理政[M].北京:外文出版社,2014:418.

以调研地西安市为例,1993年至今,西安市是副省级城市,党政机关拥有副省级的权力。长期以来,西安市党政权力运行往往具有"多"与"散"的特征。"多",是指西安市党政系统掌握的公共权力很多,把应归属于社会或者市场解决的也收拢在手,权力集中在党政领导干部手中。"散",是指西安市党政系统内部监管比较松散,对党政权力缺少强有力的监督,党政领导干部权责不一致,权力行使容易出现问题。[①] 这些政治情况对党政领导干部领导力会产生一些影响。

本研究对政治因素的测量主要从权力集中度、监管力度、集体领导制、台阶制四个方面进行,主要设计了"现在权力较多的集中于上级部门和少数领导成员手中""我是一级一级提拔上来的""组织中的大事要领导成员民主协商和集体定夺""现在监督力度大""现在问责力度大""现在考核力度大"等六个题项,以探讨政治因素对党政领导干部领导力是否具有影响、具有何种影响以及影响程度有多大。

6.1.1.1 政治因素对党政领导干部领导力的影响

政治因素可以解释党政领导干部领导力方差的11.1%,说明政治因素对党政领导干部领导力的影响较大。总体而言,在影响党政领导干部领导力的六大因素中,政治因素的解释力居于第四位。

不同的政治因素对党政领导干部领导力的影响存在差异,见表6-1。第一,监管力度对党政领导干部领导力的影响最强。监管力度对党政领导干部领导力具有显著正向影响且回归系数高达0.358,这说明强有力的监督、问责、考核制度能够大力规范党政领导干部使用领导权力的领导行为,非常有利于党政领导干部领导力的优化与规范化。在政治因素里面,监管力度对党政领导干部领导力的影响系数是最大的。这种高度关联的关系提示人们,要提高党政领导干部的领导力,必须加强对党政领导干部手中权力的制约和监督。第二,台阶制对党政领导干部领导力的影响次之。台阶制对党政领导干部领导力具有显著正向影响且回归系数为0.096,这说明逐级提拔有利于党政领导干部的成长,能够增强其领导力,不适当的越级快速提拔不利于党政领导干部的成长,不利于其领导经验的积累。第三,集体领导制对党政领导干部领导力的影响相对较小。集体领导制对党政领导干部领导力具有显著正向影响且回归系数为0.082,这说明依靠集体的力量有利于党政领导干部个人领导力的提升,对其领导水平有很

---

① 庞武平,袁战鸿.西安深入推进行政权力公开透明运行 努力打造阳光政府[EB/OL].[2011-08-17]. http://www.qinfeng.gov.cn/info/1025/2137.htm.

大的促进作用,脱离集体的作用不利于党政领导干部个体领导力的提高,不利于开拓领导视野。第四,权力集中度对党政领导干部领导力的影响最小。权力集中度对党政领导干部领导力具有显著正向影响且回归系数为0.073,这说明权力适当集中有利于提高党政领导干部领导力,能够增强其领导力量,权力过于分散对党政领导干部领导力起负面作用,会削弱其领导力量。

表6-1 政治因素对党政领导干部领导力的回归分析($n=656$)

变 量	党政领导干部领导力
权力集中度	0.073*
台阶制	0.096*
集体领导制	0.082*
监管力度	0.358***
F	13.457***
R^2	0.111
sig.	0.000

注:* 表示 $P<0.05$,*** 表示 $P<0.001$。

6.1.1.2 政治因素对党政领导干部领导力构成要素的影响

在党政领导干部领导力的四大构成要素里面,政治因素对党政领导干部领导魅力的影响程度最大,解释方差为36.5%;政治因素对党政领导干部领导能力的影响程度居于第二位,解释方差为16.9%;政治因素对党政领导干部领导权力的影响程度居于第三位,解释方差为14.0%;政治因素对党政领导干部领导影响力的影响程度最小,解释方差为10.3%,见表6-2~表6-5。本书根据解释力的大小依次进行分析。

(1)政治因素对党政领导干部领导魅力的影响

政治因素解释党政领导干部领导魅力的方差值高达36.5%,这说明政治因素对党政领导干部领导魅力的影响很大。这个高达三分之一强的方差值充分证明,党政领导干部的领导魅力的形成绝不仅仅依靠自我修炼,外部政治因素也是关键影响因素。

不同的政治因素对党政领导干部领导魅力的影响存在差异,见表6-2。第一,监管力度对党政领导干部领导魅力的影响最大。监管力度对党政领导干部领导魅力具有显著正向影响且回归系数高达0.384,这说明强有力的监督问责考核非常有利于领导品格的形成,有利于党政领导干部领导魅力的养成。这种高度的正关联关系警示人们,要提高党政领导干部的领导魅力,就要加强对党政领导干部的监管。第二,权力集中度对党政领导干部领导魅力的影响很大。权力集中度对党政领导干部领导魅力具有显著负向影响且回归系数为-0.236,这说明权力过度集中不利于领导魅力的形成,失去制约的权力对领导魅力产生负面作用。第三,台阶制对党政领导干部领导魅力的影响也很大。台阶制对党政领导干部领导魅力具有显著正向影响且回归系数为0.202,这说明逐级提拔有利于加强党政领导干部的历练,有利于增强领导魅力。第四,集体领导制对党政领导干部领导魅力的影响较大。集体领导制对党政领导干部领导魅力具有显著正向影响且回归系数为0.168,这说明集体领导制有利于党政领导干部个人吸取他人的有益建议,有利于增加个体的领导魅力。

表6-2 政治因素对党政领导干部领导魅力及各维度的回归分析($n=656$)

变量	领导魅力	道德魅力	亲和力	知识魅力
权力集中度	-0.236^{***}	-0.644^{***}	-0.117^{**}	-0.108^{**}
台阶制	0.202^{***}	0.045	0.136^{***}	0.138^{***}
集体领导制	0.168^{***}	0.008	0.082^{*}	0.158^{*}
监管力度	0.384^{***}	0.194^{***}	0.512^{***}	0.188^{***}
F	62.110^{***}	145.610^{***}	33.743^{***}	13.287^{***}
R^2	0.365	0.850	0.238	0.109
sig.	0.000	0.000	0.000	0.000

注:*表示$P<0.05$,**表示$P<0.01$,***表示$P<0.001$。

在党政领导干部领导魅力的三大维度里面,政治因素对党政领导干部道德魅力的影响程度最大,解释方差为85.0%;政治因素对党政领导干部亲和力的影响程度居于第二位,解释方差为23.8%;政治因素对党政领导干部知识魅力的影响程度最小,解释方差为10.9%。本书根据解释力的大小依次进行分析。

1)政治因素对党政领导干部道德魅力的影响。政治因素解释党政领导干部道德魅力的方差值高达85.0%,说明政治因素对党政领导干部道德魅力的影响极大。这么高的方差值充分证明,提升党政领导干部的道德魅力绝不只是依靠自我修炼,外部政治因素也发挥着非常重要、非常大的作用。

政治因素的影响依次表现在权力集中度与监管力度上。第一,权力集中度对党政领导干部道德魅力的影响非常大。权力集中度对党政领导干部道德魅力具有显著负向影响且回归系数为-0.644,这说明领导权力越集中,领导权力越会失去制约,党政领导干部的道德风险概率就会越大,越不利于其道德魅力的塑造。这种高度负关联关系警示人们,要提高党政领导干部的道德魅力,必须合理制约和分解党政领导干部手中的领导权力,权力集中度不能超过必要的程度。第二,监管力度对党政领导干部道德魅力的影响较大。监管力度对党政领导干部道德魅力具有显著正向影响且回归系数为 0.194,这说明强有力的监督问责考核制度能够降低党政领导干部道德风险的概率,通过外部监管力量可以塑造党政领导干部的道德魅力。

2)政治因素对党政领导干部亲和力的影响。政治因素可以解释党政领导干部亲和力方差中的 23.8%,这说明政治因素对党政领导干部亲和力的影响很大。

不同的政治因素对党政领导干部亲和力的影响存在差异。第一,监管力度对党政领导干部亲和力的影响最大。监管力度对党政领导干部亲和力具有显著正向影响且回归系数高达 0.512,这说明强有力的监督问责考核非常有利于党政领导干部理性看待权力,减少权力专断,端正对下级和人民群众的态度。从这种高度正关联关系中得出的结论是,要提高党政领导干部的亲和力,必须加强对领导权力的监管。第二,台阶制对党政领导干部亲和力的影响次之。台阶制对党政领导干部亲和力具有显著正向影响且回归系数为 0.136,这说明逐级提拔、台阶式历练有利于党政领导干部增加社会阅历,增强与人民群众的联络,加深对人民群众的感情。第三,权力集中度对党政领导干部亲和力的影响相对较小。权力集中度对党政领导干部亲和力具有显著负向影响且回归系数为 -0.117,这说明权力过度集中容易导致党政领导干部脱离群众,形成个人专断作风。第四,集体领导制对党政领导干部亲和力的影响最小。集体领导制对党政领导干部亲和力具有显著正向影响且回归系数为 0.082,这说明集体领导有利于形成融洽的组织关系,有益于养成团队思维,有利于增强对下级和群众的亲和力。

3)政治因素对党政领导干部知识魅力的影响。政治因素可以解释党政领导干部知识魅力方差中的 10.9%,这说明政治因素对党政领导干部知识魅力的影响较大。

不同的政治因素对党政领导干部知识魅力的影响存在差异。第一,监管力度对党政领导干部知识魅力的影响最大。监管力度对党政领导干部知识魅力具有显著正向影响且回归系数为 0.188,这说明强有力的监督问责考核能够规范与引导党政领导干部的努力方向,使他们注意学习,加强知识储备。第二,集体领导制对党政领导干部知识魅力的影响次之。集体领导制对党政领导干部知识魅力具有显著正向影响且回归系数为 0.158,这说明集体领导有利于党政领导干部汲取他人智慧,增加个人的知识积累。第三,台阶制对党政领导干部知识魅力的影响相对较小。台阶制对党政领导干部知识魅力具有显著正向影响且回归系数为 0.138,这说明逐级提拔的升迁经历有利于增加党政领导干部的领导阅历与人生经验,有利于积累社会实践的经验知识。第四,权力集中度对党政领导干部知识魅力的影响最小。权力集中度对党政领导干部知识魅力具有显著负向影响且回归系数为-0.108,这说明权力越是集中,党政领导干部就会失去对外部世界的敏感性,不注意经历的积累与知识的更新。

(2)政治因素对党政领导干部领导能力的影响

政治因素可以解释党政领导干部领导能力方差的 16.9%,说明政治因素对党政领导干部领导能力的影响较大。

不同的政治因素对党政领导干部领导能力的影响存在差异,见表 6-3。第一,监管力度对党政领导干部领导能力的影响最大。监管力度对党政领导干部领导能力具有显著正向影响且回归系数为 0.282,这说明有效的监督问责考核有利于形成正确的指引作用,督促党政领导干部提升个人能力。第二,台阶制对党政领导干部领导能力的影响较大。台阶制对党政领导干部领导能力具有显著正向影响且回归系数为 0.199,这说明逐级提拔有利于党政领导干部在各个领导职位上接受锻炼,增强领导能力。第三,集体领导制对党政领导干部领导能力的影响较小。集体领导制对党政领导干部领导能力具有显著正向影响且回归系数为 0.157,这说明集体领导有利于党政领导干部吸取集体智慧,从而优化处理问题的能力。第四,权力集中度对党政领导干部领导能力的影响最小。权力集中度对党政领导干部领导能力具有显著正向影响且回归系数为 0.103,这说明适当地集中权力有助于党政领导干部发挥领导权威,增强解决问题的能力。

表 6-3 政治因素对党政领导干部领导能力及各维度的回归分析($n=656$)

变量	领导能力	定力	魄力	洞察力	决断力	创造力	业务能力
权力集中度	0.103**	-0.119*	0.204***	-0.101*	0.127***	-0.133***	0.013
台阶制	0.199***	0.089*	0.195***	0.220***	0.107**	0.124**	0.132**
集体领导制	0.157***	0.218***	0.007	0.127**	0.273***	0.219***	0.017
监管力度	0.282***	0.164***	0.175**	0.072	0.084*	0.218***	0.163***
F	22.056***	9.214***	15.115***	15.896***	23.658***	11.936***	13.954***
R^2	0.169	0.178	0.123	0.128	0.179	0.099	0.135
sig.	0.000	0.000	0.000	0.000	0.000	0.000	0.000

注:*表示 $P<0.05$,**表示 $P<0.01$,***表示 $P<0.001$。

在党政领导干部领导能力的六大维度里面,政治因素对党政领导干部决断力的影响程度最大,解释方差为17.9%;政治因素对党政领导干部定力的影响程度居于第二位,解释方差为17.8%;政治因素对党政领导干部业务能力的影响程度居于第三位,解释方差为13.5%;政治因素对党政领导干部洞察力的影响程度居于第四位,解释方差为12.8%;政治因素对党政领导干部魄力的影响程度居于第五位,解释方差为12.3%;政治因素对党政领导干部创造力的影响程度最小,解释方差为9.9%。本书根据解释力的大小依次进行分析。

1)政治因素对党政领导干部决断力的影响。政治因素可以解释党政领导干部决断力方差的17.9%,这说明政治因素对党政领导干部决断力的影响较大。

政治因素的影响依次表现在集体领导制、权力集中度、台阶制、监管力度上。第一,集体领导制对党政领导干部决断力的影响最大。集体领导制对党政领导干部决断力具有显著正向影响且回归系数为0.273,这说明集体领导有利于党政领导干部在决断之时汲取他人的有益建议,提升其决断的科学化民主化水平。第二,权力集中度对党政领导干部决断力的影响次之。权力集中度对党政领导干部决断力具有显著正向影响且回归系数为0.127,这说明领导权力适当的集中有利于党政领导干部发挥自身的聪明才智,对职责范围内的事情起到应有的决策作用。第三,台阶制对党政领导干部决断力的影响较大。台阶制对党政领导干部决断力具有显著正向影响且回归系数为0.107,这说明逐级提拔有利于党政领导干部沉淀领导智慧,提升其决断的科学化民主化水平。第四,监管力度对党政领导干部决断力的影响最小。监管力度对党政领导干部决断力具有显著正向影响且回归系数为0.084,这说明强有力的监督问责考核有利于党政领导干部增强决断时的责任感,落实决策的科学要求与民主要求。

2)政治因素对党政领导干部定力的影响。政治因素可以解释党政领导干部定力方差的17.8%,这说明政治因素对党政领导干部定力的影响较大。

政治因素的影响依次体现在集体领导制、监管力度、权力集中度与台阶制上。第一,集体领导制对党政领导干部定力的影响最大。集体领导制对党政领导干部定力具有显著正向影响且回归系数为0.218,这说明集体领导制有利于党政领导干部接受同级的制约与监督,从而降低滥用职权的概率。第二,监管力度对党政领导干部定力的影响次之。监管力度对党政领导干部定力具有显著正向影响且回归系数为0.164,这说明强有力的监督问责考核能够有效监管党政领导干部,使其增加廉政定力。第三,权力集中度对党政领导干部定力的影响较大。权力集中度对党政领导干部定力具有显著负向影响且回归系数为−0.119,这说明领导权力的过度集中会使党政领导干部失去制约,从而容易导致失去定力滥用职权。第四,台阶制对党政领导干部定力的影响最小。台阶制对党政领导干部定力具有显著正向影响且回归系数为0.089,这说明逐级提拔有利于党政领导干部磨练意志加强耐性，各个领导岗位的历练会让党政领导干部更加沉稳、遇到突发事件沉着冷静。

3）政治因素对党政领导干部业务能力的影响。政治因素可以解释党政领导干部业务能力方差的13.5%，这说明政治因素对党政领导干部业务能力的影响较大。

政治因素的影响依次表现在监管力度、台阶制上。第一，监管力度对党政领导干部业务能力的影响较大。监管力度对党政领导干部业务能力具有显著正向影响且回归系数为0.163，这说明有效的监督问责考核能够形成适度的工作压力，促使党政领导干部加强学习，提升自身的岗位业务技能。第二，台阶制对党政领导干部业务能力的影响次之。台阶制对党政领导干部业务能力具有显著正向影响且回归系数为0.132，这说明逐级提拔能够保证党政领导干部具有充足的学习时间，从而磨练岗位业务能力。

4）政治因素对党政领导干部洞察力的影响。政治因素可以解释党政领导干部洞察力方差的12.8%，这说明政治因素对党政领导干部洞察力的影响较大。

政治因素的影响依次表现在台阶制、集体领导制、权力集中度上。第一，台阶制对党政领导干部洞察力的影响最大。台阶制对党政领导干部洞察力具有显著正向影响且回归系数为0.220，这说明逐级提拔、多岗位历练有利于党政领导干部增强领导阅历、积累领导智慧，从而提升观察和判断事物的水平。第二，集体领导制对党政领导干部洞察力的影响次之。集体领导制对党政领导干部洞察力具有显著正向影响且回归系数为0.127，这说明集体领导有利于党政领导干部从各个方面积累领导智慧，从而增强观察和判断事物的水准。第三，权力集中度对党政领导干部洞察力的影响最小。权力集中度对党政领导干部洞察力具有显著负向影响且回归系数为-0.101，这说明领导权力过于集中容易导致党政领导干部失去对外部世界的敏感性，从而降低观察和判断事物的水准。

5）政治因素对党政领导干部魄力的影响。政治因素可以解释党政领导干部魄力方差的12.3%，说明政治因素对党政领导干部魄力的影响较大。

政治因素的影响依次表现在权力集中度、台阶制、监管力度上。第一，权力集中度对党政领导干部魄力的影响最大。权力集中度对党政领导干部魄力具有显著正向影响且回归系数为0.204，这说明适度的权力集中使得党政领导干部拥有足够的职权开展工作，容易当机立断处置问题。第二，台阶制对党政领导干部魄力的影响次之。台阶制对党政领导干部魄力具有显著正向影响且回归系数为0.195，这说明逐级提拔有利于党政领导干部积累领导经验，增强根据形势大胆推进工作的信心。第三,监管力度对党政领导干部魄力的影响最小。监管力度对党政领导干部魄力具有显著正向影响且回归系数为 0.175,这说明强有力的监督问责考核使得党政领导干部必须有所作为敢于作为,也有利于规避党政领导干部的不作为、不负责任。

6)政治因素对党政领导干部创造力的影响。政治因素可以解释党政领导干部创造力方差的 9.9%,这说明政治因素对党政领导干部创造力具有一定的影响。

政治因素的影响依次表现在集体领导制、监管力度、权力集中度、台阶制上。第一,集体领导制对党政领导干部创造力的影响最大。集体领导制对党政领导干部创造力具有显著正向影响且回归系数为 0.219,这说明集体领导有利于党政领导干部从各个方面从不同角度认识问题,摆脱自身的狭隘视野。第二,监管力度对党政领导干部创造力的影响次之。监管力度对党政领导干部创造力具有显著正向影响且回归系数为 0.218,这说明有效的监督问责考核能够形成适度的工作压力,使党政领导干部摆脱保守思想、加强创造性。第三,权力集中度对党政领导干部创造力的影响较大。权力集中度对党政领导干部创造力具有显著负向影响且回归系数为 -0.133,这说明领导权力的过度集中会导致党政领导干部失去对新鲜事物的敏感性,忽视下级创造的新经验,从而降低工作的创造性。第四,台阶制对党政领导干部创造力的影响最小。台阶制对党政领导干部创造力具有显著正向影响且回归系数为 0.124,这说明逐级提拔有利于党政领导干部深入接触与了解基层,学习广大人民群众创造的各种新鲜经验。

(3)政治因素对党政领导干部领导权力的影响

政治因素可以解释党政领导干部领导权力方差的 14.0%,说明政治因素对党政领导干部领导权力的影响较大。

政治因素的影响主要体现在监管力度、集体领导制两个因素上,见表 6-4。第一,监管力度对党政领导干部领导权力的影响很大。监管力度对党政领导干部领导权力具有显著正向影响且回归系数为 0.238,这说明强有力的监督问责考核能够有效制约领导权力,有利于领导权力的规范运行。第二,集体领导制对党政领导干部领导权力的影响较大。集体领导制对党政领导干部领导权力具有显著正向影响且回归系数为 0.113,这说明集体领导制有利于党政领导干部领导权力的规范行使,脱离集体容易导致领导权力的个人专断。

表 6-4 政治因素对党政领导干部领导权力及各维度的回归分析($n=656$)

变量	领导权力	法定权力	奖励权力	强制权力
权力集中度	0.023	0.034	0.026	0.067*
台阶制	0.008	0.009	0.027	0.014
集体领导制	0.113**	0.025	0.017	0.017
监管力度	0.238***	0.267***	−0.188**	0.025
F	14.561***	5.708***	13.342***	6.239***
R^2	0.140	0.095	0.130	0.055
sig.	0.000	0.000	0.000	0.000

注：* 表示 $P<0.05$，** 表示 $P<0.01$，*** 表示 $P<0.001$。

在党政领导干部领导权力的三大维度里面，政治因素对党政领导干部奖励权力的影响程度最大，解释方差为 13.0%；政治因素对党政领导干部法定权力的影响程度居于第二位，解释方差为 9.5%；政治因素对党政领导干部强制权力的影响程度最小，解释方差为 5.5%。本书根据解释力的大小依次进行分析。

1) 政治因素对党政领导干部奖励权力的影响。政治因素可以解释党政领导干部奖励权力方差的 13.0%，说明政治因素对党政领导干部奖励权力的影响较大。

政治因素的影响主要体现在监管力度上。监管力度对党政领导干部奖励权力具有显著负向影响且回归系数为 −0.188，这说明如果监管力度过大，党政领导干部只是强调监管而不考虑激励，就会导致奖励权力失去效用，失去对被领导者的激励作用。

2) 政治因素对党政领导干部法定权力的影响。政治因素可以解释党政领导干部法定权力方差的 9.5%，说明政治因素对党政领导干部法定权力具有一定的影响。

政治因素的影响主要体现在监管力度上。监管力度对党政领导干部法定权力具有显著正向影响且回归系数为 0.267，这说明强有力的监督问责考核有利于法定权力的规范运行，有利于领导权力在法律范围内合法行使。

3) 政治因素对党政领导干部强制权力的影响。政治因素可以解释党政领导干部强制权力方差中的 5.5%，说明政治因素对党政领导干部强制权力具有一定的影响，但是影响很小。

政治因素的影响主要体现在权力集中度上。权力集中度对党政领导干部强制权力具有显著正向影响且回归系数为 0.067，这说明适当的权力集中度有利于增强强制权力，能够保证领导秩序的形成，权力过于分散会导致领导权威的流失,不利于统一秩序的建立。

(4)政治因素对党政领导干部领导影响力的影响

政治因素可以解释党政领导干部领导影响力方差的10.3%,这说明政治因素对党政领导干部领导影响力具有一定的影响。

政治因素的影响依次表现在集体领导制、台阶制、权力集中度上,见表6-5。第一,集体领导制对党政领导干部领导影响力的影响最大。集体领导制对党政领导干部领导影响力具有显著正向影响且回归系数为0.184,这说明集体领导有利于党政领导干部借助团队的智慧,增强个体影响力的依托。第二,台阶制对党政领导干部领导影响力的影响次之。台阶制对党政领导干部领导影响力具有显著正向影响且回归系数为0.087,这说明逐级提拔有利于党政领导干部积累领导阅历、增加领导智慧,从而提升影响他人的资本。第三,权力集中度对党政领导干部领导影响力的影响最小。权力集中度对党政领导干部领导影响力具有显著正向影响且回归系数为0.065,这说明领导权力的适度集中使党政领导干部能够增强领导权威,从而增强其对被领导者的影响力度。

表6-5 政治因素对党政领导干部领导影响力及各维度的回归分析($n=656$)

变量	领导影响力	导向力	凝聚力	驾驭力
权力集中度	0.065*	0.053	0.068	0.130**
台阶制	0.087*	0.141***	0.104***	0.085*
集体领导制	0.184***	0.081	0.170***	0.173***
监管力度	0.066	0.078	0.175***	0.053
F	12.374***	4.477**	13.943***	8.128***
R^2	0.103	0.020	0.114	0.107
sig.	0.000	0.004	0.000	0.000

注:* 表示 $P<0.05$,** 表示 $P<0.01$,*** 表示 $P<0.001$。

在党政领导干部领导影响力三大维度里面,政治因素对党政领导干部凝聚力的影响程度最大,解释方差为11.4%;政治因素对党政领导干部驾驭力的影响程度居于第二位,解释方差为10.7%;政治因素对党政领导干部导向力的影响程度最小,解释方差为2.0%。本书根据解释力的大小依次进行分析。

1)政治因素对党政领导干部凝聚力的影响。政治因素可以解释党政领导干部凝聚力方差的11.4%,说明政治因素对党政领导干部凝聚力的影响较大。

政治因素的影响依次体现在监管力度、集体领导制、台阶制上。第一,监管力度对党政领导干部凝聚力的影响最大。监管力度对党政领导干部凝聚力具有显著正向影响且回归系数为0.175,这说明强有力的监督问责考核有利于强化党政领导干部的民主意识,促使其加强团结。第二,集体领导制对党政领导干部凝聚力的影响次之。集体领导制对党政领导干部凝聚力具有显著正向影响且回归系数为 0.170,这说明集体领导有利于党政领导干部养成团结他人的意识,懂得依靠集体的力量。第三,台阶制对党政领导干部凝聚力的影响最小。台阶制对党政领导干部凝聚力具有显著正向影响且回归系数为 0.104,这说明逐级提拔有利于党政领导干部养成耐性,懂得发挥团队的作用,增强团结他人的意识。

2)政治因素对党政领导干部驾驭力的影响。政治因素可以解释党政领导干部驾驭力方差的 10.7%,说明政治因素对党政领导干部驾驭力具有一定的影响。

政治因素的影响依次体现在集体领导制、权力集中度、台阶制上。第一,集体领导制对党政领导干部驾驭力的影响最大。集体领导制对党政领导干部驾驭力具有显著正向影响且回归系数为 0.173,这说明集体领导有利于党政领导干部依托团队力量,增强驾驭被领导者和外部环境的力度与水平。第二,权力集中度对党政领导干部驾驭力的影响次之。权力集中度对党政领导干部驾驭力具有显著正向影响且回归系数为 0.130,这说明适度的权力集中有利于党政领导干部形成制度权威,从而提高其驾驭被领导者的力度。第三,台阶制对党政领导干部驾驭力的影响最小。台阶制对党政领导干部驾驭力具有显著正向影响且回归系数为 0.085,这说明逐级提拔有利于党政领导干部磨练意志、提高领导智慧,加强驾驭外部环境或突发事件的水准。

3)政治因素对党政领导干部导向力的影响。政治因素可以解释党政领导干部导向力方差中的 2.0%,说明政治因素对党政领导干部导向力的影响比较小。

政治因素的影响主要集中在台阶制上。台阶制对党政领导干部导向力具有显著正向影响且回归系数为 0.141,这说明逐级提拔有利于党政领导干部不断累积自身的领导经验,从而拥有指导下属的资本。

6.1.2 经济因素

经济因素,主要是指党政领导干部实施领导行为过程中周围的经济状态,包括经济发展水平、薪酬水平等。经济基础和上层建筑的关系是辩证的,经济基础决定上层建筑,经济基础是上层建筑的物质条件。马克思早就指出,"人们为之奋斗的一切,都同他们的利益有关。"[1]从根本上说,党政领导干部的领导力状况,与经济因素密切关联。

以本书调研地西安市为例,根据国家统计局公布信息,2011 年,西安市经济

---

[1] 中共中央编译局.马克思恩格斯全集:第 1 卷[M].北京:人民出版社,1956:187.

总量为3800亿元,在中国城市 GDP100 强中排名为29;2012 年,西安市经济总量为3864亿元,在中国城市 GDP 100 强中排名为29;2013 年,西安市经济总量为4369亿元,在中国城市 GDP 100 强中排名为29;2014 年,西安市经济总量为5474亿元,在中国城市 GDP 100 强中排名为24;2015 年,西安市经济总量为6000亿元,在中国城市 GDP 100 强中排名为26,见表6-6。西安市经济总量虽然基本处于西部城市前列,但是与东部发达城市相比,西安市经济实力略显不足,对党政领导干部的领导力会产生一些影响。

表6-6　西安市在中国城市 GDP 100 强中的排名

年度/年	经济总量/亿元	排名
2011	3800	29
2012	3864	29
2013	4369	29
2014	5474	24
2015	6000	26

西安市在2012年推行公务工资阳光化之后,全市党政领导干部的工资由领导职务工资、级别工资、本地工资三大块构成,见表6-7。领导职务工资,遵从国家统一的十二级标准。级别工资,遵从国家统一的二十七级标准。本地工资,将全市党政领导干部的工资细目进行了规范与统一,遵从西安市的十级标准。西安市由于多数党政领导干部属于副处级以下,其薪酬水平居于一般水平,对党政领导干部的领导力会产生一些影响。

表6-7　西安市党政领导干部的薪酬水平　　　　　　　　单位:元/月

领导职务工资		级别工资		本地工资	
副省部级	1900	6～10 级	1324～3130	正市	5980～6580
正厅局级	1410	8～13 级	1024～2650	副市	5340～6005
				正局	4690～5410
副厅局级	1080	10～15 级	859～2244	副局	4215～4895
正县处级	830	12～18 级	658～2065	正处	3580～4300
副县处级	640	14～20 级	551～1835	副处	3120～3795
正乡科级	510	16～22 级	461～1579	正科	2660～3290
副乡科级	430	17～24 级	386～1403	副科	2285～2870

注:根据西安市官网信息整理。

本研究对经济因素的测量主要从公共经济资源水平、薪酬水平两个方面进行,主要设计了"我掌握一些公共经济资源"和"我的收入较高,经济压力不大"两个题项,以探讨经济因素对党政领导干部领导力是否具有影响以及影响程度有多大。

6.1.2.1 经济因素对党政领导干部领导力的影响

经济因素可以解释党政领导干部领导力方差的9.4%,说明经济因素对党政领导干部领导力具有一定的影响。总体而言,在影响党政领导干部领导力的六大因素中,经济因素的解释力居于第五位。

不同的经济因素对党政领导干部领导力的影响存在差异,见表6-8。第一,公共经济资源水平对党政领导干部领导力的影响很大。公共经济资源水平对党政领导干部领导力具有显著正向影响且回归系数为0.297,这说明丰裕的公共经济资源能够有效保障党政领导干部行使职权,增强其领导力度,如果领导职位缺乏充裕的公共经济资源,会制约党政领导干部的领导空间。第二,薪酬水平对党政领导干部领导力具有一定的影响。薪酬水平对党政领导干部领导力具有显著正向影响且回归系数为0.063,这说明合理的薪酬水平对党政领导干部领导力具有一定的保障作用,从而保证党政领导干部领导力的正常发挥,过低的薪酬水平会降低党政领导干部的工作积极性,影响其领导水平的发挥。

表6-8 经济因素对党政领导干部领导力的回归分析($n=656$)

变　量	党政领导干部领导力
薪酬水平	0.063*
公共经济资源水平	0.297***
F	22.239***
R^2	0.094
sig.	0.000

注:* 表示 $P<0.05$,** 表示 $P<0.01$,*** 表示 $P<0.001$。

6.1.2.2 经济因素对党政领导干部领导力构成要素的影响

在党政领导干部领导力的四大构成要素里面,经济因素对党政领导干部领导影响力的影响程度最大,解释方差为10.5%;经济因素对党政领导干部领导权力的影响程度居于第二位,解释方差为9.3%;经济因素对党政领导干部领导魅力的影响程度居于第三位,解释方差为0.9%,经济因素对党政领导干部领导魅力的影响没有通过显著性检验;经济因素对党政领导干部领导能力的影响程度最小,解释方差为0.3%,经济因素对党政领导干部领导能力的影响没有通过显著性检验,见表6-9~表6-12。本书根据解释力的大小依次进行分析。

(1)经济因素对党政领导干部领导影响力的影响

经济因素可以解释党政领导干部领导影响力方差的 10.5%，这说明经济因素对党政领导干部领导影响力具有一定的影响。

经济因素的影响主要表现在公共经济资源水平方面，见表 6-9。公共经济资源水平对党政领导干部领导影响力具有显著正向影响且回归系数高达 0.338，这说明如果党政领导干部掌握充裕的公共经济资源，就能够增强党政领导干部的对外影响力。这个高达三分之一强的回归系数提醒人们，欲提升党政领导干部的领导影响力，就必须注意发展经济，提升经济总量，提高党政领导干部掌握的公共经济资源的数量。薪酬水平对党政领导干部领导影响力的影响没有通过显著性检验，这说明薪酬水平对党政领导干部领导影响力的影响非常小，两者之间的关联性不大。

表 6-9　经济因素对党政领导干部领导影响力及各维度的回归分析（$n=656$）

变量	领导影响力	导向力	凝聚力	驾驭力
薪酬水平	0.029	0.034	0.042	0.053
公共经济资源水平	0.338***	0.010	0.275***	0.268***
F	38.315***	0.387	22.886***	35.000***
R^2	0.105	0.001	0.066	0.119
sig.	0.000	0.679	0.000	0.000

注：*** 表示 $P<0.001$。

在党政领导干部领导影响力的三大维度里面，经济因素对党政领导干部驾驭力的影响程度最大，解释方差为 11.9%；经济因素对党政领导干部凝聚力的影响程度居于第二位，解释方差为 6.6%；经济因素对党政领导干部导向力的影响程度最小，解释方差为 0.1%，经济因素对党政领导干部导向力的影响没有通过显著性检验。本书根据解释力的大小依次进行分析。

1）经济因素对党政领导干部驾驭力的影响。经济因素可以解释党政领导干部驾驭力方差的 11.9%，说明经济因素对党政领导干部驾驭力的影响较大。

经济因素的影响主要表现在公共经济资源水平方面。公共经济资源水平对党政领导干部驾驭力具有显著正向影响且回归系数为 0.268，这说明如果党政领导干部掌握充裕的公共经济资源，就有足够的物质基础更好地应对外界冲击、处置突发事件。薪酬水平对党政领导干部驾驭力的影响没有通过显著性检验，这说明薪酬水平对党政领导干部驾驭力的影响非常小，两者之间的关联性不大。

2）经济因素对党政领导干部凝聚力的影响。经济因素可以解释党政领导干部凝聚力方差的 6.6%，说明经济因素对党政领导干部凝聚力具有一定的影响，但是影响程度不大。

经济因素的影响主要表现在公共经济资源水平方面。公共经济资源水平对党政领导干部凝聚力具有显著正向影响且回归系数为0.275,这说明如果党政领导干部掌握充裕的公共经济资源,就能够更加满足被领导者的物质需要,增强党政领导干部对被领导者的凝聚作用。薪酬水平对党政领导干部凝聚力的影响没有通过显著性检验,这说明薪酬水平对党政领导干部凝聚力的影响非常小,两者之间的关联性不大。

(2)经济因素对党政领导干部领导权力的影响

经济因素可以解释党政领导干部领导权力方差的9.3%,这说明经济因素对党政领导干部领导权力具有一定的影响。

经济因素的影响主要表现在公共经济资源水平方面,见表6-10。公共经济资源水平对党政领导干部领导权力具有显著正向影响且回归系数为0.227,这说明充足的公共经济资源能够加强党政领导干部的资源配置权,从而保证党政领导干部有条件履行领导职责。薪酬水平对党政领导干部领导权力的影响没有通过显著性检验,这说明薪酬水平对党政领导干部领导权力的影响非常小,两者之间的关联性不大。

表6-10 经济因素对党政领导干部领导权力及各维度的回归分析($n=656$)

变 量	领导权力	法定权力	奖励权力	强制权力
薪酬水平	0.048	0.048	0.045	0.016
公共经济资源水平	0.227***	0.321***	0.122**	0.019
F	7.148***	29.471***	3.455***	1.015
R^2	0.093	0.083	0.097	0.002
sig.	0.000	0.000	0.000	0.435

注:* 表示 $P<0.05$,** 表示 $P<0.01$,*** 表示 $P<0.001$。

在党政领导干部领导权力的三大维度里面,经济因素对党政领导干部奖励权力的影响程度最大,解释方差为9.7%;经济因素对党政领导干部法定权力的影响程度居于第二位,解释方差为8.3%;经济因素对党政领导干部强制权力的影响程度最小,解释方差为0.2%,经济因素对党政领导干部强制权力的影响没有通过显著性检验。本书根据解释力的大小依次进行分析。

1)经济因素对党政领导干部奖励权力的影响。经济因素可以解释党政领导干部奖励权力方差的9.7%,这说明经济因素对党政领导干部奖励权力具有一定的影响。

经济因素的影响主要表现在党政领导干部掌握的公共经济资源方面。公共经济资源水平对党政领导干部奖励权力具有显著正向影响且回归系数为0.122,这说明如果身处的领导岗位具有充足的公共经济资源,党政领导干部就可以根据被领导者的情况依法进行奖励,充分调动被领导者的积极性。如果经济落后,掌握的公共经济资源严重不足,党政领导干部就没法有效发挥奖励权力的作用。薪酬水平对党政领导干部奖励权力的影响没有通过显著性检验,这说明薪酬水平对党政领导干部奖励权力的影响非常小,两者之间的关联性不大。

2)经济因素对党政领导干部法定权力的影响。经济因素可以解释党政领导干部法定权力方差的8.3%,这说明经济因素对党政领导干部法定权力具有一定的影响。

经济因素的影响主要表现在公共经济资源水平方面。公共经济资源水平对党政领导干部法定权力具有显著正向影响且回归系数高达0.321,这说明充裕的公共经济资源能够大大充实领导岗位的实际权力,保障党政领导干部有效履行职位权力。如果身处的领导岗位所拥有的公共经济资源严重不足,就会导致领导权力的弱化,也会使党政领导干部缺乏必要的物质资源去履行领导职责。薪酬水平对党政领导干部法定权力的影响没有通过显著性检验,这说明薪酬水平对党政领导干部法定权力的影响非常小,两者之间的关联性不大。

(3)经济因素对党政领导干部领导魅力的影响

总体而言,经济因素对党政领导干部领导魅力的影响没有通过显著性检验,经济因素对党政领导干部领导魅力的解释方差仅有0.9%,这说明经济因素对党政领导干部领导魅力的影响非常小,两者之间的关联性不大,见表6-11。

表6-11 经济因素对党政领导干部领导魅力及各维度的回归分析($n=656$)

变 量	领导魅力	道德魅力	亲和力	知识魅力
薪酬水平	0.054	0.140***	0.243***	0.034
公共经济资源水平	0.035	0.037	0.005	0.007
F	1.772	4.474**	20.984***	1.677
R^2	0.009	0.080	0.060	0.004
sig.	0.301	0.006	0.000	0.398

注:* 表示 $P<0.05$,** 表示 $P<0.01$,*** 表示 $P<0.001$。

在党政领导干部领导魅力的三大维度里面,经济因素对党政领导干部道德魅力的影响程度最大,解释方差为8.0%;经济因素对党政领导干部亲和力的影响程度居于第二位,解释方差为6.0%;经济因素对党政领导干部知识魅力的影响程度最小,解释方差仅为0.4%,经济因素对党政领导干部知识魅力的影响没有通过显著性检验。本书根据解释力的大小依次进行分析。

1)经济因素对党政领导干部道德魅力的影响。经济因素可以解释党政领导干部道德魅力方差的8.0%,这说明经济因素对党政领导干部道德魅力具有一定的影响。

经济因素的影响主要表现在薪酬水平方面。薪酬水平对党政领导干部道德魅力具有显著正向影响且回归系数为0.140,这说明从一定程度上讲,如果薪酬水平比较高,党政领导干部的道德魅力就比较高;如果薪酬水平比较低,党政领导干部的道德魅力就比较低。公共经济资源水平对党政领导干部道德魅力的影响没有通过显著性检验,这说明公共经济资源水平对党政领导干部道德魅力的影响非常小,两者之间的关联性不大。

2)经济因素对党政领导干部亲和力的影响。经济因素可以解释党政领导干部亲和力方差的6.0%,这说明经济因素对党政领导干部亲和力具有一定的影响。

经济因素的影响主要表现在薪酬水平方面。薪酬水平对党政领导干部亲和力具有显著正向影响且回归系数为0.243,这说明如果薪酬水平合理,党政领导干部对待他人的态度会偏向于和善;如果薪酬水平偏低,党政领导干部对待别人的亲和力就会变差。这有可能是因为较低的薪资水平会降低党政领导干部的幸福感,影响党政领导干部的心态,从而降低了党政领导干部的亲和力。公共经济资源水平对党政领导干部亲和力的影响没有通过显著性检验,这说明公共经济资源水平对党政领导干部亲和力的影响非常小,两者之间的关联性不大。

(4)经济因素对党政领导干部领导能力的影响

总体而言,经济因素对党政领导干部领导能力的影响没有通过显著性检验,经济因素对党政领导干部领导能力的解释方差仅为0.3%,这说明经济因素对党政领导干部领导能力的影响非常小,两者之间的关联性不大,见表6-12。

表6-12 经济因素对党政领导干部领导能力及各维度的回归分析($n=656$)

变量	领导能力	定力	魄力	洞察力	决断力	创造力	业务能力
薪酬水平	0.002	0.242***	0.090	0.036	0.069	0.036	0.053
公共经济资源水平	0.001	0.078	0.024	0.046	0.008	0.047	0.007
F	0.912	7.770***	2.091	2.590	0.556	0.993	2.485
R^2	0.003	0.108	0.006	0.008	0.002	0.001	0.008
sig.	0.402	0.000	0.124	0.076	0.620	0.700	0.084

注:* 表示 $P<0.05$,** 表示 $P<0.01$,*** 表示 $P<0.001$。

经济因素对党政领导干部领导能力各维度的影响,主要表现在定力上。经济因素对党政领导干部魄力、洞察力、决断力、创造力、业务能力的影响没有通过显著性检验,解释方差也非常小,这说明经济因素对党政领导干部魄力、洞察力、决断力、创造力、业务能力的影响微乎其微。

经济因素可以解释党政领导干部定力方差的10.8%,这说明经济因素对党政领导干部定力具有一定的影响。其中,薪酬水平对党政领导干部定力具有显著正向影响且回归系数为0.242,这说明如果薪酬水平合理,党政领导干部就更能抗拒腐败诱惑、意志更加顽强、定力更足;如果薪酬水平偏低,党政领导干部的定力就会相对下降、腐败风险就会上升。公共经济资源水平对党政领导干部定力的影响没有通过显著性检验,这说明公共经济资源水平对党政领导干部定力的影响非常小,两者之间的关联性不大。

6.1.3 社会文化因素

社会文化因素,主要是指党政领导干部所处的社会文化状况,包括人类社会继承下来的文化传统、风俗习惯,也包括周边社会的文化心理等。邓小平指出,我国历史悠久,古代社会有几千年的历史,但是社会主义社会建立还不到一百年的时间,"封建主义的残余影响"不能轻视,如社会关系中的宗法观念、等级观念,文化领域的官僚风气等。[1] 习近平强调,我国是一个人情社会,这些年"关系学"盛行,有一些地方与组织情感发生异化,领导者为人情和关系所累,掉进人情陷阱就很容易出问题。[2] 社会文化一般具有较强的稳定性,规定着党政领导干部的日常心理和平时行为。社会文化也具有较大的普遍性,在一定范围内对很多党政领导干部产生作用。

以调研地西安市为例,西安市是陕西省省会,属于历史文化名城,形成了一种"陕西现象",具有比较鲜明的地域文化特点,这种历史文化有时也是一种劣势。有研究者把浙江地区的地域文化与陕西地区的地域文化进行比较(见表6-13),认为浙江地区地域文化是为发展而干、注重经济关系、办事时注重效果,陕西地区地域文化是为政绩荣誉而干、重视人情世故、办事维护对方面子。浙江地区地域文化是市场意识浓厚,陕西地区地域文化受历史传统思想影响很深,官本位思想较为浓厚。[3]

---

[1] 邓小平文选:第2卷[M].北京:人民出版社,1994:334.
[2] 习近平.做焦裕禄式的县委书记[M].北京:中央文献出版社,2015:44.
[3] 杨永善."陕西现象"的再认识和再思考[C]//陕西省体制改革研究会.陕西省体制改革研究会2004年优秀论文集.[出版地不详]:[出版者不详],2004:16.

表6-13 陕西地区与浙江地区地域文化比较

陕西地区	浙江地区
重视人情世故	重视经济关系
维护对方面子	办事注重效果
官本位思想较为浓厚	市场意识较为浓厚

本研究对社会文化因素的测量主要从老好人主义、官本位文化两个方面进行,主要设计了"现今仍存在官本位现象"和"我尽量给人留面子"两个题项,以探讨社会文化因素对党政领导干部领导力是否具有影响、具有何种影响以及影响程度有多大。

6.1.3.1 社会文化因素对党政领导干部领导力的影响

社会文化因素可以解释党政领导干部领导力方差的26.0%,这说明社会文化因素对党政领导干部领导力的影响很大。总体而言,在影响党政领导干部领导力的六大因素中,社会文化因素的解释力居于第二位。

不同的社会文化因素对党政领导干部领导力的影响存在差异,见表6-14。第一,老好人主义对党政领导干部领导力的影响非常大。老好人主义对党政领导干部领导力具有显著负向影响且回归系数高达-0.484,这说明老好人主义容易导致党政领导干部过于在意人际关系的维护,导致其领导力水平下降。这个超过三分之一强的回归系数警示人们,一定要高度重视老好人主义的负面作用,要提高党政领导干部的领导力就必须下定决心、下大功夫、着眼长远来矫正老好人主义。第二,官本位文化对党政领导干部领导力的影响较大。官本位文化对党政领导干部领导力具有显著负向影响且回归系数为-0.126,这说明官本位文化对党政领导干部的领导力产生负面作用,容易导致官僚主义倾向,降低党政领导干部的领导水平。

表6-14 社会文化因素对党政领导干部领导力的回归分析($n=656$)

变　量	党政领导干部领导力
官本位文化	-0.126***
老好人主义	-0.484***
F	114.522***
R^2	0.260
sig.	0.000

注:***表示$P<0.001$。

6.1.3.2 社会文化因素对党政领导干部领导力构成要素的影响

在党政领导干部领导力的四大构成要素里面,社会文化因素对党政领导干部领导权力的影响程度最大,解释方差为49.7%;社会文化因素对党政领导干部领导能力的影响程度居于第二位,解释方差为11.4%;社会文化因素对党政领导干部领导魅力的影响程度居于第三位,解释方差为9.3%;社会文化因素对党政领导干部领导影响力的影响程度最小,解释方差为9.1%,见表6-15~表6-18。本书根据解释力的大小依次进行分析。

(1)社会文化因素对党政领导干部领导权力的影响

社会文化因素解释党政领导干部领导权力的方差值高达49.7%,这说明社会文化因素对党政领导干部领导权力的影响非常大。这个超过三分之一强的方差值警示人们,一定要高度重视社会文化的作用。要规范党政领导干部的领导权力,不仅仅是依靠有形的、硬性的制度措施,还要长期营造无形的、良好的文化氛围。

不同的社会文化因素对党政领导干部领导权力的影响存在差异,见表6-15。第一,老好人主义对党政领导干部领导权力的影响特别大。老好人主义对党政领导干部领导权力具有显著负向影响且回归系数高达-0.680,这说明老好人主义非常容易导致党政领导干部忽视领导权力的本质属性。这个超过半数的回归系数警示人们,务必要高度重视老好人主义对党政领导干部领导权力的腐蚀作用。要促进党政领导干部领导权力更加规范运行,就必须下大气力来矫正老好人主义。第二,官本位文化对党政领导干部领导权力的影响很大。官本位文化对党政领导干部领导权力具有显著负向影响且回归系数为-0.187,这说明官本位文化会使党政领导干部过度追逐权力,从而忽略领导职责。

表6-15 社会文化因素对党政领导干部领导权力及各维度的回归分析($n=656$)

变　量	领导权力	法定权力	奖励权力	强制权力
官本位文化	-0.187*	-0.201***	0.050	0.188*
老好人主义	-0.680***	-0.510***	-0.630***	-0.677***
F	300.103***	150.951***	212.926***	294.811***
R^2	0.497	0.316	0.395	0.474
sig.	0.000	0.000	0.000	0.000

注:* 表示 $P<0.05$,** 表示 $P<0.01$,*** 表示 $P<0.001$。

在党政领导干部领导权力的三大维度里面,社会文化因素对党政领导干部强制权力的影响程度最大,解释方差为47.4%;社会文化因素对党政领导干部奖励权力的影响程度居于第二位,解释方差为39.5%;社会文化因素对党政领导干部法定权力的影响程度最小,解释方差为31.6%。本书根据解释力的大小依次进行分析。

1)社会文化因素对党政领导干部强制权力的影响。社会文化因素可以解释党政领导干部强制权力方差的47.4%,这说明社会文化因素对党政领导干部强制权力的影响非常大。

不同的社会文化因素对党政领导干部强制权力的影响存在差异。第一,老好人主义对党政领导干部强制权力的影响非常大。老好人主义对党政领导干部强制权力有显著负向影响且回归系数高达-0.677,这说明老好人主义容易导致党政领导干部面对问题和腐败现象不行使强制权力。这个超过半数的回归系数警示人们,要高度重视老好人主义的负面作用,老好人主义很容易使党政领导干部把人际关系的重心放在不得罪他人,即使面对腐败问题也是听之任之、明哲保身。第二,官本位文化对党政领导干部强制权力的影响较大。官本位文化对党政领导干部强制权力有显著正向影响且回归系数为0.188,这说明官本位文化会使党政领导干部更容易追求权力、更轻易使用强制权力。

2)社会文化因素对党政领导干部奖励权力的影响。社会文化因素可以解释党政领导干部奖励权力方差的39.5%,这说明社会文化因素对党政领导干部奖励权力的影响很大。

社会文化因素的影响主要体现在老好人主义上。老好人主义对党政领导干部奖励权力的影响非常大,老好人主义对党政领导干部奖励权力具有显著负向影响且回归系数高达-0.630,这说明老好人主义容易导致党政领导干部对每个干部都过于照顾情面,失去了奖励权力应有的激励作用。这个超过半数的回归系数警示人们,要高度重视老好人主义的负面作用,老好人主义容易使党政领导干部过于维护每个干部的情面,模糊了应该奖励和不应该奖励的界限。

3)社会文化因素对党政领导干部法定权力的影响。社会文化因素可以解释党政领导干部法定权力方差的31.6%,这说明社会文化因素对党政领导干部法定权力的影响很大。

不同的社会文化因素对党政领导干部法定权力的影响存在差异。第一,老好人主义对党政领导干部法定权力的影响非常大。老好人主义对党政领导干部法定权力具有显著负向影响且回归系数为-0.510,这说明老好人主义会使党政领导干部过于顾及情面,容易导致为了情面而不顾法规对领导权力的限制。这个超过半数的回归系数警示人们,尤其要重视老好人主义的负面作用,要使党政领导干部按照法定职责行使领导权力,就必须坚定地矫正老好人主义。第二,官本位文化对党政领导干部法定权力的影响很大。官本位文化对党政领导干部法定权力具有显著负向影响且回归系数为-0.201,这说明官本位文化容易导致党政领导干部过度追逐权力本身,脱离法制的制约,不积极履行领导职责。

(2)社会文化因素对党政领导干部领导能力的影响

社会文化因素可以解释党政领导干部领导能力方差中 11.4%,这说明社会文化因素对党政领导干部领导能力的影响较大。

不同的社会文化因素对党政领导干部领导能力的影响存在差异,见表 6-16。第一,官本位文化对党政领导干部领导能力的影响较大。官本位文化对党政领导干部领导能力具有显著负向影响且回归系数为 -0.195,这说明官本位文化容易导致党政领导干部过度追求权力,过度依赖权力,容易导致党政领导干部领导能力降低。第二,老好人主义对党政领导干部领导能力的影响次之。老好人主义对党政领导干部领导能力具有显著负向影响且回归系数为 -0.176,这说明老好人主义容易导致党政领导干部过度追求人际关系,过度维持情面,容易导致党政领导干部领导能力减弱。

表 6-16　社会文化因素对党政领导干部领导能力及各维度的回归分析($n=656$)

变　量	领导能力	定力	魄力	洞察力	决断力	创造力	业务能力
官本位文化	-0.195^*	-0.119^{**}	-0.107^{**}	-0.317^{***}	-0.240^{***}	-0.120^*	-0.133^*
老好人主义	-0.176^*	0.011	-0.200^{***}	-0.314^{***}	-0.269^{***}	-0.131^*	-0.121^*
F	14.525^{***}	14.791^*	14.541^{***}	33.882^{***}	25.161^{***}	14.425^{***}	15.109^{**}
R^2	0.114	0.140	0.143	0.194	0.116	0.113	0.115
sig.	0.000	0.000	0.000	0.000	0.000	0.000	0.006

注:* 表示 $P<0.05$,** 表示 $P<0.01$,*** 表示 $P<0.001$。

在党政领导干部领导能力的六大维度里面,社会文化因素对党政领导干部洞察力的影响程度最大,解释方差为 19.4%;社会文化因素对党政领导干部魄力的影响程度居于第二位,解释方差为 14.3%;社会文化因素对党政领导干部定力的影响程度居于第三位,解释方差为 14.0%;社会文化因素对党政领导干部决断力的影响程度居于第四位,解释方差为 11.6%;社会文化因素对党政领导干部的业务能力影响程度居于第五位,解释方差为 11.5%;社会文化因素对党政领导干部创造力的影响程度最小,解释方差为 11.3%。本书根据解释力的大小依次进行分析。

1)社会文化因素对党政领导干部洞察力的影响。社会文化因素可以解释党政领导干部洞察力方差的 19.4%,这说明社会文化因素对党政领导干部洞察力的影响较大。

不同的社会文化因素对党政领导干部洞察力的影响存在差异。第一,官本位文化对党政领导干部洞察力的影响很大。官本位文化对党政领导干部洞察力具有显著负向影响且回归系数为－0.317，这说明官本位文化容易导致党政领导干部主要将精力集中于追逐权力，失去对事物的敏感性。第二，老好人主义对党政领导干部洞察力的影响次之。老好人主义对党政领导干部洞察力具有显著负向影响且回归系数为－0.314，这说明老好人主义容易导致党政领导干部过度追求人际关系，从而降低观察问题的水平。

2）社会文化因素对党政领导干部魄力的影响。社会文化因素可以解释党政领导干部魄力方差中的14.3%，这说明社会文化因素对党政领导干部魄力的影响较大。

不同的社会文化因素对党政领导干部魄力的影响存在差异。第一，老好人主义对党政领导干部定力的影响较大。老好人主义对党政领导干部魄力具有显著负向影响且回归系数为－0.200，这说明老好人主义容易导致党政领导干部过度维护人际关系，过度顾及情面，从而失去大胆工作尤其是举报腐败分子的魄力。第二，官本位文化对党政领导干部魄力的影响次之。官本位文化对党政领导干部魄力具有显著负向影响且回归系数为－0.107，这说明官本位文化容易导致党政领导干部凭借手中权力武断行事，而不是真正的魄力。

3）社会文化因素对党政领导干部定力的影响。社会文化因素可以解释党政领导干部定力方差中的14.0%，这说明社会文化因素对党政领导干部定力的影响较大。

社会文化因素的影响主要表现在官本位文化上。官本位文化对党政领导干部定力具有显著负向影响且回归系数为－0.119，这说明官本位文化容易导致党政领导干部迷信权力，失去自我克制能力，失去政治定力与廉洁定力。

4）社会文化因素对党政领导干部决断力的影响。社会文化因素可以解释党政领导干部决断力方差的11.6%，这说明社会文化因素对党政领导干部决断力的影响较大。

不同的社会文化因素对党政领导干部决断力的影响存在差异。第一，老好人主义对党政领导干部决断力的影响较大。老好人主义对党政领导干部决断力具有显著负向影响且回归系数为－0.269，这说明老好人主义容易导致党政领导干部过度在意人际关系，降低了决断的科学化水平。第二，官本位文化对党政领导干部决断力的影响次之。官本位文化对党政领导干部决断力具有显著负向影响且回归系数为－0.240，这说明官本位文化容易导致党政领导干部产生官僚主义，降低了决断的民主化水平。

5）社会文化因素对党政领导干部业务能力的影响。社会文化因素可以解释党政领导干部业务能力方差的11.5%，这说明社会文化因素对党政领导干部业务能力的影响较大。

不同的社会文化因素对党政领导干部业务能力的影响存在差异。第一,官本位文化对党政领导干部业务能力的影响较大。官本位文化对党政领导干部业务能力具有显著负向影响且回归系数为－0.133,这说明官本位文化容易导致党政领导干部追逐权力,滋生官僚主义风气,不注意加强学习,不注意钻研岗位业务。第二,老好人主义对党政领导干部业务能力的影响次之。老好人主义对党政领导干部业务能力具有显著负向影响且回归系数为－0.121,这说明老好人主义容易导致党政领导干部过度注意营造人际关系,不注意研究岗位业务技能。

6) 社会文化因素对党政领导干部创造力的影响。社会文化因素可以解释党政领导干部创造力方差的 11.3%,这说明社会文化因素对党政领导干部创造力的影响较大。

不同的社会文化因素对党政领导干部创造力的影响存在差异。第一,老好人主义对党政领导干部创造力的影响较大。老好人主义对党政领导干部创造力具有显著负向影响且回归系数为－0.131,这说明老好人主义容易导致党政领导干部过度在意人际关系,降低了对工作的创造意愿与能力。第二,官本位文化对党政领导干部创造力的影响次之。官本位文化对党政领导干部创造力具有显著负向影响且回归系数为－0.120,这说明官本位文化容易导致党政领导干部形成固化思维,降低了工作的创造性。

(3) 社会文化因素对党政领导干部领导魅力的影响

社会文化因素可以解释党政领导干部领导魅力方差的 9.3%,这说明社会文化因素对党政领导干部领导魅力具有一定的影响。

社会文化因素的影响主要表现在官本位文化上,见表 6-17。官本位文化对党政领导干部领导魅力的影响较大,官本位文化对党政领导干部领导魅力具有显著负向影响且回归系数为－0.146,这说明官本位文化降低了党政领导干部的领导魅力,破坏党政领导干部的良好形象。

表 6-17　社会文化因素对党政领导干部领导魅力及各维度的回归分析($n=656$)

变　量	领导魅力	道德魅力	亲和力	知识魅力
官本位文化	－0.146***	－0.162***	－0.198***	－0.152***
老好人主义	－0.029	－0.072*	－0.169***	－0.009
F	7.578***	9.209***	25.740***	0.866*
R^2	0.093	0.128	0.073	0.030
sig.	0.000	0.000	0.000	0.021

注:* 表示 $P<0.05$,** 表示 $P<0.01$,*** 表示 $P<0.001$。

在党政领导干部领导魅力的三大维度里面,社会文化因素对党政领导干部道德魅力的影响程度最大,解释方差为12.8%;社会文化因素对党政领导干部亲和力的影响程度居于第二位,解释方差为7.3%;社会文化因素对党政领导干部知识魅力的影响程度最小,解释方差为3.0%。本书根据解释力的大小依次进行分析。

1)社会文化因素对党政领导干部道德魅力的影响。社会文化因素可以解释党政领导干部道德魅力方差的12.8%,这说明社会文化因素对党政领导干部道德魅力的影响较大。

不同的社会文化因素对党政领导干部道德魅力的影响存在差异。第一,官本位文化对党政领导干部道德魅力的影响较大。官本位文化对党政领导干部道德魅力具有显著负向影响且回归系数为-0.162,这说明官本位文化容易导致党政领导干部漠视人民的利益,破坏党政领导干部的道德形象。第二,老好人主义对党政领导干部道德魅力具有一定的影响。老好人主义对党政领导干部道德魅力具有显著负向影响且回归系数为-0.072,这说明老好人主义容易导致党政领导干部失去道德是非感,破坏党政领导干部的道德形象。

2)社会文化因素对党政领导干部亲和力的影响。社会文化因素可以解释党政领导干部亲和力方差的7.3%,这说明社会文化因素对党政领导干部亲和力具有一定的影响。

不同的社会文化因素对党政领导干部亲和力的影响存在差异。第一,官本位文化对党政领导干部亲和力的影响很大。官本位文化对党政领导干部亲和力具有显著负向影响且回归系数为-0.198,这说明官本位文化容易导致党政领导干部产生官僚主义,对待被领导者的亲和力减弱。第二,老好人主义对党政领导干部亲和力的影响次之。老好人主义对党政领导干部亲和力具有显著负向影响且回归系数为-0.169,这说明老好人主义容易导致党政领导干部过于在乎情面,将人际关系的重心放在维护同僚间的表层面子上,而不是真正亲和地对待被领导者。

3)社会文化因素对党政领导干部知识魅力的影响。社会文化因素可以解释党政领导干部知识魅力方差中的3.0%,这说明社会文化因素对党政领导干部知识魅力具有一定的影响,但是影响程度不大。

社会文化因素的影响主要表现在官本位文化上。官本位文化对党政领导干部知识魅力的影响较大,官本位文化对党政领导干部知识魅力具有显著负向影响且回归系数为-0.152,这说明官本位文化容易导致党政领导干部过于在意权力,不在意学习,导致不学无术,从而导致知识魅力的减弱。

(4)社会文化因素对党政领导干部领导影响力的影响

社会文化因素可以解释党政领导干部领导影响力方差的 9.1%,这说明社会文化因素对党政领导干部领导影响力具有一定的影响。

不同的社会文化因素对党政领导干部领导影响力的影响存在差异,见表 6-18。第一,官本位文化对党政领导干部领导影响力的影响较大。官本位文化对党政领导干部领导影响力具有显著负向影响且回归系数为 -0.124,这说明官本位文化容易导致党政领导干部过度在意维护自己的权位,失去对被领导者和外部环境的敏感性,降低了对被领导者和外部局势的作用力。第二,老好人主义对党政领导干部领导影响力的影响较小。老好人主义对党政领导干部领导影响力具有显著负向影响且回归系数为 -0.074,这说明老好人主义容易导致党政领导干部只注意表面和气,失去作为的勇气,降低了领导者对被领导者的作用力度。

表 6-18　社会文化因素对党政领导干部领导影响力及各维度的回归分析($n=656$)

变　　量	领导影响力	导向力	凝聚力	驾驭力
官本位文化	-0.124^{*}	-0.254^{***}	-0.073^{*}	-0.082^{*}
老好人主义	-0.074^{**}	-0.249^{***}	-0.053	-0.163^{***}
F	5.463^{**}	20.688^{***}	2.496^{***}	8.972^{***}
R^2	0.091	0.160	0.048	0.127
sig.	0.004	0.000	0.000	0.000

注:* 表示 $P<0.05$,** 表示 $P<0.01$,*** 表示 $P<0.001$。

在党政领导干部领导影响力的三大维度里面,社会文化因素对党政领导干部导向力的影响程度最大,解释方差为 16.0%;社会文化因素对党政领导干部驾驭力的影响程度居于第二位,解释方差为 12.7%;社会文化因素对党政领导干部凝聚力的影响程度最小,解释方差为 4.8%。本书根据解释力的大小依次进行分析。

1)社会文化因素对党政领导干部导向力的影响。社会文化因素可以解释党政领导干部导向力方差的 16.0%,这说明社会文化因素对党政领导干部导向力的影响很大。

不同的社会文化因素对党政领导干部导向力的影响存在差异。第一,官本位文化对党政领导干部导向力的影响较大。官本位文化对党政领导干部导向力具有显著负向影响且回归系数为 -0.254,这说明官本位文化容易导致党政领导干部失去对组织目标的掌控,降低了对组织和被领导者的导向作用。第二,老好人主义对党政领导干部导向力的影响次之。老好人主义对党政领导干部导向力具有显著负向影响且回归系数为 -0.249,这说明老好人主义容易导致党政领导干部追求人际关系而不是组织目标,注重维护情面而不是指导被领导者进步。

2) 社会文化因素对党政领导干部驾驭力的影响。社会文化因素可以解释党政领导干部驾驭力方差的 12.7%，这说明社会文化因素对党政领导干部驾驭力的影响较大。

不同的社会文化因素对党政领导干部驾驭力的影响存在差异。第一，老好人主义对党政领导干部驾驭力的影响较大。老好人主义对党政领导干部驾驭力具有显著负向影响且回归系数为 －0.163，这说明老好人主义容易导致党政领导干部过度在意维护人际关系、维持面子，不利于其对被领导者的驾驭。第二，官本位文化对党政领导干部驾驭力的影响较小。官本位文化对党政领导干部驾驭力具有显著负向影响且回归系数为 －0.082，这说明官本位文化容易导致党政领导干部倾向于利用岗位权力简单粗暴地处置问题，不利于党政领导干部使用说服教育手段。

3) 社会文化因素对党政领导干部凝聚力的影响。社会文化因素可以解释党政领导干部凝聚力方差中的 4.8%，这说明社会文化因素对党政领导干部凝聚力具有一定的影响。

社会文化因素的影响主要表现在官本位文化方面。官本位文化对党政领导干部凝聚力具有显著负向影响且回归系数为 －0.073，这说明官本位文化容易导致党政领导干部迷恋官位权力，不注意发挥对同僚的团结作用。

6.2 微观因素

6.2.1 组织因素

组织因素是党政领导干部所处的组织内部环境和组织上为了培养党政领导干部而采取的各种举措，主要包括优秀的上级领导、良好的工作机遇、严格的培养过程、科学的培养办法等。习近平指出，好干部不会自然而然地产生，成为一个好干部还要依靠"组织培养"。① 党政领导干部从政的能力并非一时一刻能培养起来，取决于前辈教导等组织因素。良好的组织环境是党政领导干部成长的必不可少的基础条件，在内在动力强度相同和条件一致的情况下，组织因素就成为影响党政领导干部领导力的重要因素。

本研究对组织因素的测量主要从教育培训、岗位轮换、老干部传帮带、基层锻炼、艰苦考验、上下双向交流、上级指点七个方面进行，主要设计了"我在基层锻炼过""我曾处理很难的事情，让我受煎熬""我参加过岗位轮换""我经历过上

---

① 习近平谈治国理政[M].北京:外文出版社,2014:416.

下部门的双向交流""有上级领导对我进行点评指导""我常接受组织培训""有老干部对我进行过指点"七个题项,以探讨组织因素对党政领导干部领导力是否具有影响以及影响程度有多大。

6.2.1.1 组织因素对党政领导干部领导力的影响

组织因素可以解释党政领导干部领导力方差的 13.6%,这说明组织因素对党政领导干部领导力的影响较大。总体而言,在影响党政领导干部领导力的六大因素中,组织因素的解释力居于第三位。

不同的组织因素对党政领导干部领导力的影响存在差异,见表 6-19。第一,岗位轮换对党政领导干部领导力的影响最大。岗位轮换对党政领导干部领导力具有显著正向影响且回归系数为 0.188,这说明多岗位的轮换能够增加党政领导干部的阅历,丰富党政领导干部的领导资历。第二,教育培训对党政领导干部领导力的影响次之。教育培训对党政领导干部领导力具有显著正向影响且回归系数为 0.132,这说明组织通过提供定期的专门的教育培训,对提高党政领导干部的领导力水平大有裨益。第三,老干部传帮带对党政领导干部领导力具有一定的影响。老干部传帮带对党政领导干部领导力具有显著正向影响且回归系数为 0.099,这说明老干部传帮带能够起到经验指导和决策咨询的作用,从而提升党政领导干部领导力水平。第四,基层锻炼对党政领导干部领导力具有一定的影响。基层锻炼对党政领导干部领导力具有显著正向影响且回归系数为 0.082,这说明基层历练有助于党政领导干部了解民情,从而使领导符合实际情况。第五,艰苦考验对党政领导干部领导力具有一定的影响。艰苦考验对党政领导干部领导力具有显著正向影响且回归系数为 0.082,这说明艰苦考验的经历能够锤炼党政领导干部,沉淀其领导智慧。第六,上下双向交流对党政领导干部领导力具有一定的影响。上下双向交流对党政领导干部领导力具有显著正向影响且回归系数为 0.078,这说明上下双向交流能够使地方干部站在高处看待问题,能使中央部门党政领导干部增加地方经验。第七,上级指点对党政领导干部领导力的影响最小。上级指点对党政领导干部领导力具有显著正向影响且回归系数为 0.061,这说明由于上级颇为了解下级党政领导干部的情况,他们的指导具有针对性,从而提升其领导水平。

表 6-19 组织因素对党政领导干部领导力的回归分析($n=656$)

变　量	党政领导干部领导力
老干部传帮带	0.099*
教育培训	0.132**

续表

变　量	党政领导干部领导力
上级指点	0.061*
基层锻炼	0.082*
艰苦考验	0.082*
岗位轮换	0.188***
上下双向交流	0.078*
F	14.607***
R^2	0.136
sig.	0.000

注：* 表示 $P<0.05$，** 表示 $P<0.01$，*** 表示 $P<0.001$。

6.2.1.2 组织因素对党政领导干部领导力构成要素的影响

在党政领导干部领导力的四大构成要素里面，组织因素对党政领导干部领导能力的影响程度最大，解释方差为38.2%；组织因素对党政领导干部领导魅力的影响程度居于第二位，解释方差为29.7%；组织因素对党政领导干部领导影响力的影响程度居于第三位，解释方差为15.3%；组织因素对党政领导干部领导权力的影响程度最小，解释方差为3.1%，见表6-20～表6-22。本书根据解释力的大小依次进行分析。

(1)组织因素对党政领导干部领导能力的影响

组织因素可以解释党政领导干部领导能力方差的38.2%，这说明组织因素对党政领导干部领导能力的影响很大。

不同的组织因素对党政领导干部领导能力的影响存在差异，见表6-20。第一，老干部传帮带对党政领导干部领导能力的影响最大。老干部传帮带对党政领导干部领导能力具有显著正向影响且回归系数为0.215，这说明老干部可以通过自身丰富的经验对党政领导干部进行帮助，有利于党政领导干部领导能力的提高。第二，上下双向交流对党政领导干部领导能力的影响次之。上下双向交流对党政领导干部领导能力具有显著正向影响且回归系数为0.174，这说明上下双向交流有利于党政领导干部开阔领导视野，增加领导智慧。第三，教育培训对党政领导干部领导能力的影响较大。教育培训对党政领导干部领导能力具有显著正向影响且回归系数为0.168，这说明组织可以通过培训提高党政领导干部的领导能力。第四，岗位轮换对党政领导干部领导能力的影响较大。岗位轮换对党政领导干部领导能力具有显著正向影响且回归系数为0.133,这说明岗位轮换有利于党政领导干部适应各种岗位,能够使党政领导干部的领导能力得以提高。第五,艰苦考验对党政领导干部领导能力具有一定的影响。艰苦考验对党政领导干部领导能力具有显著正向影响且回归系数为0.089,这说明艰苦环境能够鉴别党政领导干部是否具有真才实学,能大力提升党政领导干部的领导能力。第六,上级指点对党政领导干部领导能力具有一定的影响。上级指点对党政领导干部领导能力具有显著正向影响且回归系数为0.086,这说明上级指导有利于改进党政领导干部领导能力中的薄弱环节。第七,基层锻炼对党政领导干部领导能力的影响最小。基层锻炼对党政领导干部领导能力具有显著正向影响且回归系数为0.085,这说明基层为党政领导干部提供了宝贵的锻炼舞台,对党政领导干部领导能力的提升大有裨益。

表6-20 组织因素对党政领导干部领导能力及各维度的回归分析($n=656$)

变量	领导能力	定力	魄力	洞察力	决断力	创造力	业务能力
老干部传帮带	0.215***	0.081*	0.129**	0.115**	0.156***	0.263***	0.167***
教育培训	0.168***	0.109*	0.213***	0.110*	0.086*	0.253***	0.129**
上级指点	0.086*	0.085*	0.098*	0.091*	0.093*	0.030	0.136*
基层锻炼	0.085*	0.214***	0.102*	0.096*	0.079*	0.151***	0.128**
艰苦考验	0.089*	0.104*	0.109***	0.092*	0.152***	0.215***	0.074*
岗位轮换	0.133***	0.001	0.042	0.159***	0.076*	0.075	0.086*
上下双向交流	0.174*	0.103*	0.061*	0.086*	0.094*	0.114**	0.068*
F	37.295***	17.475***	15.373***	10.763***	10.497***	24.048***	18.794***
R^2	0.382	0.195	0.142	0.140	0.102	0.206	0.187
sig.	0.000	0.000	0.000	0.000	0.000	0.000	0.000

注:* 表示 $P<0.05$,** 表示 $P<0.01$,*** 表示 $P<0.001$。

在党政领导干部领导能力的六大维度里面,组织因素对党政领导干部创造力的影响程度最大,解释方差为20.6%;组织因素对党政领导干部定力的影响程度居于第二位,解释方差为19.5%;组织因素对党政领导干部业务能力的影响程度居于第三位,解释方差为18.7%;组织因素对党政领导干部魄力的影响程度居于第四位,解释方差为14.2%;组织因素对党政领导干部洞察力的影响程度居于第五位,解释方差为14.0%;组织因素对党政领导干部决断力的影响程度最小,解释方差为 10.2%。本书根据解释力的大小依次进行分析。

1)组织因素对党政领导干部创造力的影响。组织因素可以解释党政领导干部创造力方差的 20.6%,这说明组织因素对党政领导干部创造力的影响很大。

组织因素的影响依次表现在老干部传帮带、教育培训、艰苦考验、基层锻炼、上下双向交流方面。第一,老干部传帮带对党政领导干部创造力的影响最大。老干部传帮带对党政领导干部创造力具有显著正向影响且回归系数为 0.263,这说明老干部的丰富经验对党政领导干部有很大帮助,有利于党政领导干部拓宽工作空间。第二,教育培训对党政领导干部创造力的影响次之。教育培训对党政领导干部创造力具有显著正向影响且回归系数为 0.253,这说明组织的经常性教育培训能够给党政领导干部带来新鲜经验,丰富党政领导干部开展工作的视野。第三,艰苦考验对党政领导干部创造力的影响较大。艰苦考验对党政领导干部创造力具有显著正向影响且回归系数为 0.215,这说明艰苦的工作经历使党政领导干部苦心经营,设法开展工作,增加工作的创造性。第四,基层锻炼对党政领导干部创造力的影响较大。基层锻炼对党政领导干部创造力具有显著正向影响且回归系数为 0.151,这说明丰富的基层经历有利于党政领导干部根据实际情况开展工作,也有益于党政领导干部汲取基层的创新经验。第五,上下双向交流对党政领导干部创造力的影响最小。上下双向交流对党政领导干部创造力具有显著正向影响且回归系数为 0.114,这说明上下双向交流有利于党政领导干部扩展观察问题的视野,脱离原有认识的束缚。

2)组织因素对党政领导干部定力的影响。组织因素可以解释党政领导干部定力方差的 19.5%,这说明组织因素对党政领导干部定力的影响较大。

组织因素的影响依次表现在教育培训、艰苦考验、上下双向交流、上级指点、老干部传帮带方面。第一,教育培训对党政领导干部定力的影响最大。教育培训对党政领导干部定力具有显著正向影响且回归系数为 0.109,这说明组织上的经常性教育有助于党政领导干部提高政治鉴别力,提高自制力。第二,艰苦考验对党政领导干部定力的影响次之。艰苦考验对党政领导干部定力具有显著正向影响且回归系数为 0.104,这说明艰苦环境有助于党政领导干部砥砺品格,磨练意志。第三,上下双向交流对党政领导干部定力的影响较大。上下双向交流对党政领导干部定力具有显著正向影响且回归系数为 0.103,这说明上下双向交流有利于党政领导干部拓宽领导视野,坚定政治方向。第四,上级指点对党政领导干部定力具有一定的影响。上级指点对党政领导干部定力具有显著正向影响且回归系数为 0.085,这说明上级指导有利于党政领导干部增强政治鉴别能力,提升廉洁自律能力。第五,老干部传帮带对党政领导干部定力的影响最小。老干部传帮带对党政领导干部定力具有显著正向影响且回归系数为 0.081,这说明老干部的支持能够增强党政领导干部的工作意志,增强党政领导干部的政治定力。

3)组织因素对党政领导干部业务能力的影响。组织因素可以解释党政领导干部业务能力方差的18.7%,这说明组织因素对党政领导干部业务能力的影响较大。

不同的组织因素对党政领导干部业务能力的影响存在差异。第一,老干部传帮带对党政领导干部业务能力的影响最大。老干部传帮带对党政领导干部业务能力具有显著正向影响且回归系数为0.167,这说明老干部的丰富领导经历对党政领导干部极有助益,有利于党政领导干部提升岗位业务能力。第二,上级指点对党政领导干部业务能力的影响次之。上级指点对党政领导干部业务能力具有显著正向影响且回归系数为0.136,这说明上级领导较为了解党政领导干部的实际情况,其直接指导有利于党政领导干部结合自身工作岗位增强业务能力。第三,教育培训对党政领导干部业务能力的影响较大。教育培训对党政领导干部业务能力具有显著正向影响且回归系数为0.129,这说明组织的经常性的教育提供各种业务培训,有利于党政领导干部熟悉业务。第四,基层锻炼对党政领导干部业务能力的影响较大。基层锻炼对党政领导干部业务能力具有显著正向影响且回归系数为0.128,这说明基层工作繁复,有利于党政领导干部熟悉业务,增强岗位业务能力。第五,岗位轮换对党政领导干部业务能力具有一定的影响。岗位轮换对党政领导干部业务能力具有显著正向影响且回归系数为0.086,这说明工作轮换有利于党政领导干部经历多个岗位,熟悉业务。第六,艰苦考验对党政领导干部业务能力具有一定的影响。艰苦考验对党政领导干部业务能力具有显著正向影响且回归系数为0.074,这说明艰苦的工作经历有利于党政领导干部全身心应对工作,提升自身的业务水准。第七,上下双向交流对党政领导干部业务能力具有一定的影响。上下双向交流对党政领导干部业务能力具有显著正向影响且回归系数为0.068,这说明上下双向交流有利于党政领导干部丰富工作阅历,在中央或者地方的不同岗位锻炼业务能力。

4)组织因素对党政领导干部魄力的影响。组织因素可以解释党政领导干部魄力方差的14.2%,这说明组织因素对党政领导干部魄力的影响较大。

组织因素的影响依次表现在教育培训、老干部传帮带、艰苦考验、基层锻炼、上级指点、上下双向交流方面。第一,教育培训对党政领导干部魄力具有显著正向影响且回归系数为0.213,这说明组织教育培训有利于党政领导干部端正工作态度,有所作为。第二,老干部传帮带对党政领导干部魄力具有显著正向影响且回归系数为0.129,这说明老干部的支持有助于党政领导干部增强工作信心,提高领导决心。第三,艰苦考验对党政领导干部魄力具有显著正向影响且回归系数为0.109,这说明艰苦的工作经历有利于增强党政领导干部的工作意志,加强推动工作的魄力。第四,基层锻炼对党政领导干部魄力具有显著正向影响且回归系数为0.102,这说明基层锻炼有利于党政领导干部了解实际情况,加大实际锻炼的力度,增强工作魄力。第五,上级指点对党政领导干部魄力具有显著正向影响且回归系数为0.098,这说明上级指导有利于增强党政领导干部的工作信心,增强开拓工作的魄力。第六,上下双向交流对党政领导干部魄力具有显著正向影响且回归系数为0.061,这说明上下双向交流有利于党政领导干部增加实际经历,有利于拓宽领导视野,从而增强领导魄力。

5)组织因素对党政领导干部洞察力的影响。组织因素可以解释党政领导干部洞察力方差的14.0%,这说明组织因素对党政领导干部洞察力的影响较大。

不同的组织因素对党政领导干部洞察力的影响存在差异。第一,岗位轮换对党政领导干部洞察力的影响最大。岗位轮换对党政领导干部洞察力具有显著正向影响且回归系数为0.159,这说明岗位轮换有利于党政领导干部经历不同的领导职位,产生不同的领导经历,从而扩大看待问题的视野。第二,老干部传帮带对党政领导干部洞察力的影响次之。老干部传帮带对党政领导干部洞察力具有显著正向影响且回归系数为0.115,这说明老干部的丰富经历对党政领导干部有很大的帮助,有利于党政领导干部提升观察外部环境的能力。第三,教育培训对党政领导干部洞察力的较大。教育培训对党政领导干部洞察力具有显著正向影响且回归系数为0.110,这说明组织的教育培训有利于拓宽党政领导干部的知识面,有利于扩大党政领导干部的视野,从而提升审视外部事物的水平。第四,基层锻炼对党政领导干部洞察力具有一定的影响。基层锻炼对党政领导干部洞察力具有显著正向影响且回归系数为0.096,这说明基层锻炼有利于党政领导干部增加基层经验,加深对实际情况的了解,从而让自己的认知符合实际。第五,艰苦考验对党政领导干部洞察力具有显著正向影响且回归系数为0.092,这说明艰苦的工作经历有利于党政领导干部沉淀自身的认识,使主观世界与客观世界相一致。第六,上级指点对党政领导干部洞察力具有一定的影响。上级指点对党政领导干部洞察力具有显著正向影响且回归系数为0.091,这说明上级领导的直接指导有利于党政领导干部从上级的视角看待问题,从而提升观察问题的水准。第七,上下双向交流对党政领导干部洞察力的影响最小。上下双向交流对党政领导干部洞察力具有显著正向影响且回归系数为0.086,这说明上下双向交流不仅有利于党政领导干部建立对地方实际情况的认识,也有利于党政领导干部提升观察事物的视野,建立看待问题的大局观。

6)组织因素对党政领导干部决断力的影响。组织因素可以解释党政领导干部决断力方差的10.2%,这说明组织因素对党政领导干部决断力的影响较大。

不同的组织因素对党政领导干部决断力的影响存在差异。第一，老干部传帮带对党政领导干部决断力的影响最大。老干部传帮带对党政领导干部决断力具有显著正向影响且回归系数为 0.156，这说明老干部的支持有利于党政领导干部建立信心，增强决策的决心。第二，艰苦考验对党政领导干部决断力的影响次之。艰苦考验对党政领导干部决断力具有显著正向影响且回归系数为 0.152，这说明艰苦考验有利于党政领导干部的决策贴近实际，增强决断的坚定性。第三，上下双向交流对党政领导干部决断力具有显著正向影响且回归系数为 0.094，这说明上下双向交流不仅有利于党政领导干部了解地方实际情况，树立决断的科学化水平，也有利于扩大看待问题的视野，树立决断的坚定程度。第四，上级指点对党政领导干部决断力具有显著正向影响且回归系数为 0.093，这说明上级的直接指导有利于党政领导干部提高决断的信心，扩大决策的参考范围。第五，教育培训对党政领导干部决断力具有显著正向影响且回归系数为 0.086，这说明组织的经常性教育培训有利于党政领导干部提高决策的科学化、民主化水平，从而提高决断力。第六，基层锻炼对党政领导干部决断力具有显著正向影响且回归系数为 0.079，这说明基层的工作经历有利于党政领导干部科学认识问题，提高决断的科学化水准。第七，岗位轮换对党政领导干部决断力具有显著正向影响且回归系数为 0.076，这说明多岗位轮换有利于党政领导干部增加工作经历，增强决断的民主化。

(2) 组织因素对党政领导干部领导魅力的影响

组织因素可以解释党政领导干部领导魅力方差的 29.7%，这说明组织因素对党政领导干部领导魅力的影响很大。

不同的组织因素对党政领导干部领导魅力的影响存在差异，见表 6-21。第一，教育培训对党政领导干部领导魅力的影响最大。教育培训对党政领导干部领导魅力具有显著正向影响且回归系数为 0.265，这说明教育培训既对党政领导干部的品德进行引导，也增加其知识，因此能够增强党政领导干部的领导魅力。第二，岗位轮换对党政领导干部领导魅力的影响次之。岗位轮换对党政领导干部领导魅力具有显著正向影响且回归系数为 0.174，这说明岗位轮换有利于党政领导干部了解多个岗位的情况，扩展知识面。第三，艰苦考验对党政领导干部领导魅力的影响较大。艰苦考验对党政领导干部领导魅力具有显著正向影响且回归系数为 0.122，这说明艰苦考验能够使党政领导干部深入了解人民疾苦，增强对人民的感情，沉淀领导智慧。第四，基层锻炼对党政领导干部领导魅力具有一定的影响。基层锻炼对党政领导干部领导魅力具有显著正向影响且回归系数为 0.097，这说明基层锻炼能够使党政领导干部深入了解基层，增加实际知识。第五，上下双向交流对党政领导干部领导魅力具有一定的影响。上下双向交流对党政领导干部领导魅力具有显著正向影响且回归系数为0.083,这说明上下双向交流有助于党政领导干部增长见识,提高个人吸引力。第六,老干部传帮带对党政领导干部领导魅力具有一定的影响。老干部传帮带对党政领导干部领导魅力具有显著正向影响且回归系数为0.079,这说明老干部是党政领导干部践行优良作风的表率,能增强领导魅力。第七,上级指点对党政领导干部领导魅力的影响最小。上级指点对党政领导干部领导魅力具有显著正向影响且回归系数为0.071,这说明上级指点有助于扩大党政领导干部的视野,能够增强党政领导干部的领导魅力。

表6-21 组织因素对党政领导干部领导魅力及各维度的回归分析($n=656$)

变量	领导魅力	道德魅力	亲和力	知识魅力
老干部传帮带	0.079*	0.114*	0.185***	0.053*
教育培训	0.265***	0.149**	0.098*	0.255***
上级指点	0.071*	0.061*	0.095*	0.087*
基层锻炼	0.097*	0.103*	0.192***	0.070*
艰苦考验	0.122***	0.139**	0.018	0.120**
岗位轮换	0.174***	0.145**	0.114*	0.101*
上下双向交流	0.083*	0.013	0.048	0.082*
F	35.829***	5.823***	21.284***	21.217***
R^2	0.297	0.059	0.187	0.186
sig.	0.000	0.000	0.000	0.000

注:* 表示 $P<0.05$,** 表示 $P<0.01$,*** 表示 $P<0.001$。

在党政领导干部领导魅力的三大维度里面,组织因素对党政领导干部亲和力的影响程度最大,解释方差为18.7%;组织因素对党政领导干部知识魅力的影响程度居于第二位,解释方差为18.6%;组织因素对党政领导干部道德魅力的影响程度最小,解释方差为5.9%。本书根据解释力的大小依次进行分析。

1)组织因素对党政领导干部亲和力的影响。组织因素可以解释党政领导干部亲和力方差的18.7%,这说明组织因素对党政领导干部亲和力的影响较大。

组织因素的影响依次表现在基层锻炼、老干部传帮带、岗位轮换、教育培训、上级指点方面。第一,基层锻炼对党政领导干部亲和力的影响最大。基层锻炼对党政领导干部亲和力具有显著正向影响且回归系数为0.192,这说明基层锻炼有助于党政领导干部经常接触人民群众,培养亲和力。第二,老干部传帮带对党政领导干部亲和力的影响次之。老干部传帮带对党政领导干部亲和力具有显著正向影响且回归系数为 0.185,这说明老干部能够为党政领导干部提供示范,提升亲民形象。第三,岗位轮换对党政领导干部亲和力的影响较大。岗位轮换对党政领导干部亲和力具有显著正向影响且回归系数为 0.114,这说明岗位轮换会让党政领导干部面对新环境,脱离对原领导岗位的依赖,注重对新环境之中被领导者的亲和力。第四,教育培训对党政领导干部亲和力具有一定的影响。教育培训对党政领导干部亲和力具有显著正向影响且回归系数为 0.098,这说明组织培训教育有助于党政领导干部注重对被领导者的态度,提高党政领导干部的亲和力。第五,上级指点对党政领导干部亲和力的影响最小。上级指点对党政领导干部亲和力具有显著正向影响且回归系数为 0.095,这说明上级指导有利于党政领导干部注意自身对被领导者的亲民形象,提升自身的亲和力。

2)组织因素对党政领导干部知识魅力的影响。组织因素可以解释党政领导干部知识魅力方差的 18.6%,这说明组织因素对党政领导干部知识魅力的影响较大。

不同的组织因素对党政领导干部的影响存在差异。第一,教育培训对党政领导干部知识魅力的影响最大。教育培训对党政领导干部知识魅力具有显著正向影响且回归系数为 0.255,这说明组织培训有利于增加党政领导干部需要的各种知识,从而提升党政领导干部的知识魅力。第二,艰苦考验对党政领导干部知识魅力的影响次之。艰苦考验对党政领导干部知识魅力具有显著正向影响且回归系数为 0.120,这说明艰苦考验有利于党政领导干部在实践中形成自己的真知灼见。第三,岗位轮换对党政领导干部知识魅力的影响较大。岗位轮换对党政领导干部知识魅力具有显著正向影响且回归系数为 0.101,这说明岗位轮换有利于党政领导干部丰富经历,增加知识面。第四,上级指点对党政领导干部知识魅力的影响较小。上级指点对党政领导干部知识魅力具有显著正向影响且回归系数为 0.087,这说明上级指导为党政领导干部提供自身的经验,有利于党政领导干部增添认识和解决问题的知识。第五,上下双向交流对党政领导干部知识魅力的影响较小。上下双向交流对党政领导干部知识魅力具有显著正向影响且回归系数为 0.082,这说明上下双向交流有利于党政领导干部扩大视野,增加不同层级部门的知识。第六,基层锻炼对党政领导干部知识魅力具有一定的影响。基层锻炼对党政领导干部知识魅力具有显著正向影响且回归系数为 0.070,这说明基层锻炼有利于党政领导干部接触实际,增加党政领导干部的实际知识。第七,老干部传帮带对党政领导干部知识魅力的影响最小。老干部传帮带对党政领导干部知识魅力具有显著正向影响且回归系数为 0.053,这说明老干部能够为党政领导干部提供自己的丰富经验,从而提高经验知识。

3)组织因素对党政领导干部道德魅力的影响存在差异。组织因素可以解释党政领导干部道德魅力方差的5.9%,这说明组织因素对党政领导干部道德魅力具有一定的影响。

组织因素的影响依次表现在教育培训、岗位轮换、艰苦考验、老干部传帮带、基层锻炼、上级指点上。第一,教育培训对党政领导干部道德魅力的影响最大。教育培训对党政领导干部道德魅力具有显著正向影响且回归系数为0.149,这说明组织的教育培训能够加强党政领导干部的道德修养,从而帮助提高道德魅力。第二,岗位轮换对党政领导干部道德魅力的影响次之。岗位轮换对党政领导干部道德魅力具有显著正向影响且回归系数为0.145,这说明岗位轮换有利于对党政领导干部形成制约,有助于提高党政领导干部的道德品质。第三,艰苦考验对党政领导干部道德魅力的影响较大。艰苦考验对党政领导干部道德魅力具有显著正向影响且回归系数为0.139,这说明艰苦考验有助于党政领导干部坚守道德底线,砥砺品德。第四,老干部传帮带对党政领导干部道德魅力的影响较大。老干部传帮带对党政领导干部道德魅力具有显著正向影响且回归系数为0.114,这说明老干部是优良作风的表率,能够为党政领导干部树立榜样。第五,基层锻炼对党政领导干部道德魅力的影响较小。基层锻炼对党政领导干部道德魅力具有显著正向影响且回归系数为0.103,这说明基层锻炼有助于党政领导干部贴近群众,树立为民服务的意识。第六,上级指点对党政领导干部道德魅力的影响最小。上级指点对党政领导干部道德魅力具有显著正向影响且回归系数为0.061,这说明上级的指点能够帮助党政领导干部注意自身道德修养,从而提升道德吸引力。

表6-21 组织因素对党政领导干部领导魅力及各维度的回归分析($n=656$)

变量	领导魅力	道德魅力	亲和力	知识魅力
老干部传帮带	0.079*	0.114*	0.185***	0.053*
教育培训	0.265***	0.149**	0.098*	0.255***
上级指点	0.071*	0.061	0.095*	0.087*
基层锻炼	0.097*	0.103*	0.192***	0.070
艰苦考验	0.122***	0.139**	0.018	0.120**
岗位轮换	0.174***	0.145**	0.114*	0.101*
上下双向交流	0.083*	0.013	0.048	0.082*

续表

变　量	领导魅力	道德魅力	亲和力	知识魅力
F	35.829***	5.823***	21.284***	21.217***
R^2	0.297	0.059	0.187	0.186
sig.	0.000	0.000	0.000	0.000

注：* 表示 $P<0.05$，** 表示 $P<0.01$，*** 表示 $P<0.001$

(3) 组织因素对党政领导干部领导影响力的影响

组织因素可以解释党政领导干部领导影响力方差中的 15.3%，这说明组织因素对党政领导干部领导影响力的影响较大。

不同的组织因素对党政领导干部领导影响力的影响存在差异，见表 6-22。第一，老干部传帮带对党政领导干部领导影响力的影响最大。老干部传帮带对党政领导干部领导影响力具有显著正向影响且回归系数为 0.231，这说明老干部丰富的领导经历可以传授给党政领导干部，借以帮助党政领导干部驾驭复杂环境、发挥影响力。第二，艰苦考验对党政领导干部领导影响力的影响次之。艰苦考验对党政领导干部领导影响力具有显著正向影响且回归系数为 0.173，这说明艰苦的工作经历有利于党政领导干部在复杂的环境中锤炼领导技巧，寻求应对各种事件的办法。第三，岗位轮换对党政领导干部领导影响力的影响较大。岗位轮换对党政领导干部领导影响力具有显著正向影响且回归系数为 0.108，这说明岗位轮换让党政领导干部面临陌生的工作环境，使党政领导干部思考驾驭环境的方法。第四，上下双向交流对党政领导干部领导影响力具有一定的影响。上下双向交流对党政领导干部领导影响力具有显著正向影响且回归系数为 0.073，这说明上下双向交流有利于党政领导干部增添阅历，加强领导影响力。第五，上级指点对党政领导干部领导影响力具有一定的影响。上级指点对党政领导干部领导影响力具有显著正向影响且回归系数为 0.072，这说明上级指导有利于党政领导干部直接体会上级的领导经验，从而增强自身的影响力。第六，教育培训对党政领导干部领导影响力具有一定的影响。教育培训对党政领导干部领导影响力具有显著正向影响且回归系数为 0.064，这说明组织上常态化的培训工作有利于党政领导干部坚持正确的领导方向，提升驾驭复杂环境的水平。第七，基层锻炼对党政领导干部领导影响力的影响最小。基层锻炼对党政领导干部领导影响力具有显著正向影响且回归系数为 0.063，这说明基层锻炼有利于党政领导干部丰富领导经历，体会正确领导的方式方法。

6 党政领导干部领导力影响因素分析

表6-22 组织因素对党政领导干部领导影响力及各维度的回归分析($n=656$)

变量	领导影响力	导向力	凝聚力	驾驭力
老干部传帮带	0.231***	0.105***	0.304***	0.160**
教育培训	0.064*	0.091*	0.093*	0.094*
上级指点	0.072*	0.085*	0.002	0.099*
基层锻炼	0.063*	0.106**	0.059	0.135**
艰苦考验	0.173***	0.155***	0.110***	0.125***
岗位轮换	0.108***	0.068*	0.074***	0.200***
上下双向交流	0.073*	0.090*	0.036	0.121**
F	16.748***	17.895***	10.840***	22.132***
R^2	0.153	0.167	0.105	0.193
sig.	0.000	0.000	0.000	0.000

注：* 表示 $P<0.05$，** 表示 $P<0.01$，*** 表示 $P<0.001$。

在党政领导干部领导影响力的三大维度里面，组织因素对党政领导干部驾驭力的影响程度最大，解释方差为19.3%；组织因素对党政领导干部导向力的影响程度居于第二位，解释方差为16.7%；组织因素对党政领导干部凝聚力的影响程度最小，解释方差为10.5%。本书根据解释力的大小依次进行分析。

1) 组织因素对党政领导干部驾驭力的影响。组织因素可以解释党政领导干部驾驭力方差的19.3%，这说明组织因素对党政领导干部驾驭力的影响较大。

不同的组织因素对党政领导干部驾驭力的影响存在差异。第一，岗位轮换对党政领导干部驾驭力的影响最大。岗位轮换对党政领导干部驾驭力具有显著正向影响且回归系数为0.200，这说明岗位轮换有利于党政领导干部适应不同的工作环境，提升处置不同工作局面的水平。第二，老干部传帮带对党政领导干部驾驭力的影响次之。老干部传帮带对党政领导干部驾驭力具有显著正向影响且回归系数为0.160，这说明老干部的丰富经验能够提高党政领导干部应对外部复杂环境的水准，提升驾驭下属的水平。第三，基层锻炼对党政领导干部驾驭力的影响较大。基层锻炼对党政领导干部驾驭力具有显著正向影响且回归系数为0.135，这说明基层经历有利于党政领导干部认识真实情况，从而提升驾驭复杂局面的水平。第四，艰苦考验对党政领导干部驾驭力的影响较大。艰苦考验对党政领导干部驾驭力具有显著正向影响且回归系数为0.125，这说明艰苦经历有利于党政领导干部增长见识，积累处置复杂局面的领导经历。第五，上下双向交流对党政领导干部驾驭力的影响较大。上下双向交流对党政领导干部驾驭力具有显著正向影响且回归系数为 0.121，这说明上下双向交流有利于党政领导干部扩大领导视野，增加领导信心，从而提升其驾驭外部环境与下属的水平。第六，上级指点对党政领导干部驾驭力具有一定的影响。上级指点对党政领导干部驾驭力具有显著正向影响且回归系数为 0.099，这说明上级指导有利于直接提升党政领导干部应对外部复杂环境的能力，有利于提高驾驭被领导者的水平。第七，教育培训对党政领导干部驾驭力的影响最小。教育培训对党政领导干部驾驭力具有显著正向影响且回归系数为 0.094，这说明组织上经常性的培训有利于完善党政领导干部的知识与能力结构，提升其应对复杂局面的水平。

2)组织因素对党政领导干部导向力的影响。组织因素可以解释党政领导干部导向力方差的 16.7%，这说明组织因素对党政领导干部导向力的影响较大。

不同的组织因素对党政领导干部导向力的影响存在差异。第一，艰苦考验对党政领导干部导向力的影响最大。艰苦考验对党政领导干部导向力具有显著正向影响且回归系数为 0.155，这说明艰苦经历有利于党政领导干部提升自身能力，从而能够指引被领导者。第二，基层锻炼对党政领导干部导向力的影响次之。基层锻炼对党政领导干部导向力具有显著正向影响且回归系数为 0.106，这说明基层锻炼有利于党政领导干部科学把握组织的发展方向，使组织定位与实际情况相符合。第三，老干部传帮带对党政领导干部导向力的影响较大。老干部传帮带对党政领导干部导向力具有显著正向影响且回归系数为 0.105，这说明老干部的丰富经验有利于帮助党政领导干部提升引领组织方向的水平，提高引导被领导者的水准。第四，教育培训对党政领导干部导向力具有一定的影响。教育培训对党政领导干部导向力具有显著正向影响且回归系数为 0.091，这说明组织上常态性的培训工作有利于帮助党政领导干部掌握组织的发展方向，从而把被领导者引上正确道路。第五，上下双向交流对党政领导干部导向力具有一定的影响。上下双向交流对党政领导干部导向力具有显著正向影响且回归系数为 0.090，这说明上下双向交流有利于党政领导干部从中央和地方双层视角看待组织发展，从而提升认知和掌控组织方向的水准。第六，上级指点对党政领导干部导向力具有一定的影响。上级指点对党政领导干部导向力具有显著正向影响且回归系数为 0.085，这说明上级指导有利于直接帮助党政领导干部提升对组织的宏观认知，提升其导向力。第七，岗位轮换对党政领导干部导向力的影响最小。岗位轮换对党政领导干部导向力具有显著正向影响且回归系数为 0.068，这说明岗位轮换有利于党政领导干部丰富视野，从不同的岗位认识组织的发展，从而提升其导向力。

3)组织因素对党政领导干部凝聚力的影响。组织因素可以解释党政领导干部凝聚力方差的10.5%,这说明组织因素对党政领导干部凝聚力的影响较大。

组织因素的影响依次表现在老干部传帮带、艰苦考验、教育培训、岗位轮换上。第一,老干部传帮带对党政领导干部凝聚力的影响最大。老干部传帮带对党政领导干部凝聚力具有显著正向影响且回归系数为0.304,这说明老干部是传承优良作风的典范,有助于党政领导干部提升团结干部、凝聚被领导者的水平。第二,艰苦考验对党政领导干部凝聚力的影响次之。艰苦考验对党政领导干部凝聚力具有显著正向影响且回归系数为0.110,这说明艰苦经历有利于党政领导干部形成依靠集体克服困难的认识,提高凝聚他人、打造团体的水平。第三,教育培训对党政领导干部凝聚力具有一定的影响。教育培训对党政领导干部凝聚力具有显著正向影响且回归系数为0.093,这说明组织上关于领导品质的教育培训有助于党政领导干部团结班子成员,凝聚干部。第四,岗位轮换对党政领导干部凝聚力的影响最小。岗位轮换对党政领导干部凝聚力具有显著正向影响且回归系数为0.074,这说明岗位轮换使党政领导干部面临陌生的组织环境,有利于其提升凝聚他人的水准。

(4)组织因素对党政领导干部领导权力的影响

组织因素可以解释党政领导干部领导权力方差中的3.1%,这说明组织因素对党政领导干部领导权力的影响具有一定的影响。

组织因素的影响依次体现在岗位轮换、老干部传帮带、上下双向交流几个方面,见表6-23。第一,岗位轮换对党政领导干部领导权力的影响最大。岗位轮换对党政领导干部领导权力具有显著正向影响且回归系数为0.159,这说明岗位轮换有利于党政领导干部更加熟悉权力运用的规则。第二,老干部传帮带对党政领导干部领导权力的影响次之。老干部传帮带对党政领导干部领导权力具有显著正向影响且回归系数为0.146,这说明老干部能够为党政领导干部树立规范用权的榜样,合理运用领导权力。第三,上下双向交流对党政领导干部领导权力的影响最小。上下双向交流对党政领导干部领导权力具有显著正向影响且回归系数为0.096,这说明上下双向交流有利于提升党政领导干部使用领导权力的信心,更加熟悉权力行使的规则与技巧。

表6-23 组织因素对党政领导干部领导权力及各维度的回归分析($n=656$)

变量	领导权力	法定权力	奖励权力	强制权力
老干部传帮带	0.146**	0.098*	0.145**	0.173***
教育培训	0.043	0.074	0.038	0.006
上级指点	0.014	0.073*	0.167***	0.065*

续表

变 量	领导权力	法定权力	奖励权力	强制权力
基层锻炼	0.079	0.028	0.065	0.065
艰苦考验	0.053	0.102*	0.064	0.005
岗位轮换	0.159**	0.104*	0.004	0.154**
上下双向交流	0.096*	0.053	0.041	0.027
F	2.913**	2.896**	3.082**	5.198***
R^2	0.031	0.030	0.041	0.053
sig.	0.005	0.005	0.001	0.000

注：* 表示 $P<0.05$，** 表示 $P<0.01$，*** 表示 $P<0.001$。

在党政领导干部领导权力的三大维度里面，组织因素对党政领导干部强制权力的影响程度最大，解释方差为 5.3%；组织因素对党政领导干部奖励权力的影响程度居于第二位，解释方差为 4.1%；组织因素对党政领导干部法定权力的影响程度最小，解释方差为 3.0%。本书根据解释力的大小依次进行分析。

1）组织因素对党政领导干部强制权力的影响。组织因素可以解释党政领导干部强制权力方差的 5.3%，这说明组织因素对党政领导干部强制权力具有一定的影响。

组织因素的影响依次表现在老干部传帮带、岗位轮换、上级指点方面。第一，老干部传帮带对党政领导干部强制权力的影响最大。老干部传帮带对党政领导干部强制权力具有显著正向影响且回归系数为 0.173，这说明老干部能够为党政领导干部树立使用强制权力的榜样，老干部也能为党政领导干部惩治不法分子提供支持。第二，岗位轮换对党政领导干部强制权力的影响次之。岗位轮换对党政领导干部强制权力具有显著正向影响且回归系数为 0.154，这说明岗位轮换有利于党政领导干部在新的领导岗位上摆脱原有人际关系的束缚，大胆使用强制权力。第三，上级指点对党政领导干部强制权力的影响最小。上级指点对党政领导干部强制权力具有显著正向影响且回归系数为 0.065，这说明上级领导能够为党政领导干部树立使用强制权力的榜样，也能为党政领导干部提供权力使用的智力支持。

2）组织因素对党政领导干部奖励权力的影响。组织因素可以解释党政领导干部奖励权力方差的 4.1%，这说明组织因素对党政领导干部奖励权力具有一定的影响。

组织因素的影响依次表现在上级指点与老干部传帮带方面。第一，上级指点对党政领导干部奖励权力的影响相对较大。上级指点对党政领导干部奖励权力具有显著正向影响且回归系数为 0.167,这说明党政领导干部可以通过上级的示范学习如何使用奖励权力,也可以通过上级的指点知晓激励下属的技巧。第二,老干部传帮带对党政领导干部奖励权力的影响相对较小。老干部传帮带对党政领导干部奖励权力具有显著正向影响且回归系数为 0.145,这说明老干部能够为党政领导干部树立熟练使用奖励权力激励他人的榜样。

3)组织因素对党政领导干部法定权力的影响。组织因素可以解释党政领导干部法定权力方差的 3.0%,这说明组织因素对党政领导干部法定权力具有一定的影响。

组织因素的影响依次体现在岗位轮换、艰苦考验、老干部传帮带、上级指点方面。第一,岗位轮换对党政领导干部法定权力的影响最大。岗位轮换对党政领导干部法定权力具有显著正向影响且回归系数为 0.104,这说明岗位轮换有利于加强制约领导权力,强化领导权力的法定意识。第二,艰苦考验对党政领导干部法定权力的影响次之。艰苦考验对党政领导干部法定权力具有显著正向影响且回归系数为 0.102,这说明艰苦考验有利于党政领导干部增强规范用权的意识,珍惜机会。第三,老干部传帮带对党政领导干部法定权力的影响较小。老干部传帮带对党政领导干部法定权力具有显著正向影响且回归系数为 0.098,这说明老干部能够为党政领导干部树立榜样,树立岗位责任感。第四,上级指点对党政领导干部法定权力的影响最小。上级指点对党政领导干部法定权力具有显著正向影响且回归系数为 0.073,这说明上级指导有利于党政领导干部加强领导岗位责任意识,加强依法用权的意识。

6.2.2 家庭因素

家庭是在婚姻和血缘关系基础上产生的基本社会生活单位,狭义的家庭是夫妻制构成的社会生活单元,而广义的家庭是直系亲属构成的家族。家庭因素主要包括和谐的家庭氛围、严格的家风等。家庭是社会的一个基本单元,齐家才能治国。习近平指出,领导干部的家风问题关系到党风政风。从近年来的腐败案件可以看出,家风败坏也是"领导干部走向严重违纪违法的重要原因"。[①] 家庭是人类社会最基本的一种群体形式,是人类亲密关系的基本单位,它对党政领导干部领导力会有一定的影响。

本书对家庭因素的测量主要从家人严格要求、家庭支持两个方面进行,主要设计了"我的家人严格要求我"和"我的家庭很和睦,家庭成员鼓励支持我"两个

---

① 习近平.在第十八届中央纪律检查委员会第六次全体会议上的讲话[N].人民日报,2016-05-03(2).

题项,以探讨家庭因素对党政领导干部领导力是否具有影响以及影响程度有多大。

6.2.2.1 家庭因素对党政领导干部领导力的影响

家庭因素可以解释党政领导干部领导力方差的 1.2%,说明家庭因素对党政领导干部领导力的影响非常小。总体而言,在影响党政领导干部领导力的六大因素中,家庭因素对党政领导干部领导力的解释力最小。

家庭因素对党政领导干部领导力的影响主要集中在家人严格要求上,家庭支持对党政领导干部领导力的影响没有通过显著性检验,这说明家庭支持对党政领导干部领导力的影响非常小,见表 6-24。

表 6-24 家庭因素对党政领导干部领导力的回归分析($n=656$)

变量	党政领导干部领导力
家人严格要求	0.111*
家庭支持	0.005
F	4.096*
R^2	0.012
sig.	0.017

注:* 表示 $P<0.05$。

家人严格要求对党政领导干部领导力具有显著正向影响且回归系数为 0.111,这说明严格的家风对党政领导干部领导力起到积极作用,家庭成员对党政领导干部的严格要求有利于党政领导干部领导力的提高。

6.2.2.2 家庭因素对党政领导干部领导力构成要素的影响

在党政领导干部领导力的四大构成要素里面,家庭因素对党政领导干部领导魅力的影响程度最大,解释方差为 9.1%;家庭因素对党政领导干部领导权力的影响程度居于第二位,解释方差为 1.6%;家庭因素对党政领导干部领导影响力、领导能力的影响最小,解释方差都仅为 0.1%,家庭因素对党政领导干部领导影响力、领导能力的影响没有通过显著性检验,见表 6-25～表 6-28。本书根据解释力的大小依次进行分析。

(1)家庭因素对党政领导干部领导魅力的影响

家庭因素可以解释党政领导干部领导魅力方差的 9.1%,这说明家庭因素对党政领导干部领导魅力具有一定的影响。

家庭因素对党政领导干部领导魅力的影响主要集中在家人严格要求上,见表 6-25。家人严格要求对党政领导干部领导魅力具有显著正向影响且回归系数为 0.181,这说明严格的家风能够提高党政领导干部的魅力。家庭支持对党政领导干部领导魅力的影响没有通过显著性检验,这说明家庭支持对党政领导干部领导魅力的影响非常小。

表6-25 家庭因素对党政领导干部领导魅力及各维度的回归分析($n=656$)

变量	领导魅力	道德魅力	亲和力	知识魅力
家人严格要求	0.181***	0.104**	0.106**	0.164***
家庭支持	0.003	0.087*	0.012	0.001
F	6.419***	6.193**	5.699**	9.012***
R^2	0.091	0.069	0.058	0.027
sig.	0.000	0.002	0.003	0.000

注:* 表示 $P<0.05$,** 表示 $P<0.01$,*** 表示 $P<0.001$。

在党政领导干部领导魅力的三大维度里面,家庭因素对党政领导干部道德魅力的影响程度最大,解释方差为6.9%;家庭因素对党政领导干部亲和力的影响程度居于第二位,解释方差为5.8%;家庭因素对党政领导干部知识魅力的影响最小,解释方差为2.7%。本书根据解释力的大小依次进行分析。

1)家庭因素对党政领导干部道德魅力的影响。家庭因素可以解释党政领导干部道德魅力方差中的6.9%,这说明家庭因素对党政领导干部道德魅力具有一定的影响。

不同的家庭因素对党政领导干部道德魅力的影响存在差异。第一,家人严格要求对党政领导干部道德魅力的影响较大。家人严格要求对党政领导干部道德魅力具有显著正向影响且回归系数为0.104,这说明严格的家风能够加强党政领导干部的道德是非感,家庭成员对党政领导干部的严格要求有利于党政领导干部形成良好的道德形象。第二,家庭支持对党政领导干部道德魅力具有一定的影响。家庭支持对党政领导干部道德魅力具有显著正向影响且回归系数为0.087,这说明和谐的家风能够加强党政领导干部的道德养成,家庭成员之间的温情有利于党政领导干部形成良好的道德。

2)家庭因素对党政领导干部亲和力的影响。家庭因素可以解释党政领导干部亲和力方差的5.8%,说明家庭因素对党政领导干部亲和力具有一定的影响。

家庭因素的影响主要表现在家人严格要求上。家人严格要求对党政领导干部亲和力的影响较大,家人严格要求对党政领导干部亲和力具有显著正向影响且回归系数为0.106,这说明严格的家风能够提升党政领导干部的素养,使党政领导干部和气对待被领导者与群众。家庭支持对党政领导干部亲和力的影响没有通过显著性检验,这说明家庭支持对党政领导干部亲和力的影响非常小。

3)家庭因素对党政领导干部知识魅力的影响。家庭因素可以解释党政领导干部知识魅力方差的2.7%,说明家庭因素对党政领导干部知识魅力具有一定的影响。

家庭因素的影响主要表现在家人严格要求上。家人严格要求对党政领导干部知识魅力的影响较大,家人严格要求对党政领导干部知识魅力具有显著正向影响且回归系数为0.164,这说明严格的家风能够促使党政领导干部坚持学习,从而使党政领导干部掌握更多的知识。家庭支持对党政领导干部知识魅力的影响没有通过显著性检验,这说明家庭支持对党政领导干部知识魅力的影响非常小。

(2)家庭因素对党政领导干部领导权力的影响

家庭因素可以解释党政领导干部领导权力方差的1.6%,说明家庭因素对党政领导干部领导权力具有一定的影响。

家庭因素的影响主要集中在家人严格要求上,见表6-26。家人严格要求对党政领导干部领导权力具有显著正向影响且回归系数为0.127,这说明严格的家风能够规范党政领导干部领导权力的行使,家庭成员对党政领导干部的严格要求有利于党政领导干部慎重对待手中的职位权力。家庭支持对党政领导干部领导权力的影响没有通过显著性检验,这说明家庭支持对党政领导干部领导权力的影响非常小。

表6-26 家庭因素对党政领导干部领导权力及各维度的回归分析($n=656$)

变量	领导权力	法定权力	奖励权力	强制权力
家人严格要求	0.127**	0.137***	0.113**	0.007
家庭支持	0.008	0.023	0.007	0.069
F	5.342**	6.416**	4.275*	2.699
R^2	0.016	0.019	0.013	0.008
sig.	0.005	0.005	0.014	0.068

注:* 表示 $P<0.05$,** 表示 $P<0.01$,*** 表示 $P<0.001$。

在党政领导干部领导权力的三大维度里面,家庭因素对党政领导干部法定权力的影响程度最大,解释方差为1.9%;家庭因素对党政领导干部奖励权力的影响程度居于第二位,解释方差为1.3%;家庭因素对党政领导干部强制权力的影响最小,解释方差仅为0.8%,家庭因素对党政领导干部强制权力的影响没有通过显著性检验。本书根据解释力的大小依次进行分析。

1)家庭因素对党政领导干部法定权力的影响。家庭因素可以解释党政领导干部法定权力方差的1.9%,说明家庭因素对党政领导干部法定权力具有一定的影响。

家庭因素的影响主要集中在家人严格要求上,家人严格要求对党政领导干部法定权力具有显著正向影响且回归系数为 0.137,这说明严格的家风能够促使党政领导干部依法行使领导权力,家庭成员对党政领导干部的严格要求有利于党政领导干部依法慎重对待手中的权力。而家庭支持对党政领导干部法定权力的影响没有通过显著性检验,这说明家庭支持对党政领导干部法定权力的影响非常小。

2)家庭因素对党政领导干部奖励权力的影响。家庭因素可以解释党政领导干部奖励权力方差的 1.3%,说明家庭因素对党政领导干部奖励权力具有一定的影响。

家庭因素的影响主要集中在家人严格要求上,家人严格要求对党政领导干部奖励权力具有显著正向影响且回归系数为 0.113,这说明严格的家风能够促使党政领导干部正确行使奖励权力,家庭成员对党政领导干部的严格要求有利于党政领导干部不滥用手中的奖励权力。而家庭支持对党政领导干部奖励权力的影响没有通过显著性检验,这说明家庭支持对党政领导干部奖励权力的影响非常小。

(3)家庭因素对党政领导干部领导能力的影响

家庭因素只能解释党政领导干部领导能力方差的 0.1%,家庭因素对党政领导干部领导能力的影响没有通过显著性检验,这说明家庭因素对党政领导干部领导能力的影响微乎其微,见表 6-27。

在党政领导干部领导能力的六大维度里面,家庭因素对党政领导干部定力的影响程度最大,解释方差为 4.0%;家庭因素对党政领导干部业务能力的影响程度居于第二位,解释方差为 1.9%;家庭因素对党政领导干部决断力的影响程度居于第三位,解释方差仅为 1.6%,家庭因素对党政领导干部决断力的影响没有通过显著性检验;家庭因素对党政领导干部洞察力的影响程度居于第四位,解释方差仅为 0.7%,家庭因素对党政领导干部洞察力的影响没有通过显著性检验;家庭因素对党政领导干部魄力、创造力的影响程度最小,解释方差都仅为 0.1%,家庭因素对党政领导干部魄力、创造力的影响没有通过显著性检验。本书根据解释力的大小依次进行分析。

1)家庭因素对党政领导干部定力的影响。家庭因素可以解释党政领导干部定力方差中的 4.0%,说明家庭因素对党政领导干部定力的影响很小。

家庭因素的影响主要表现在家人严格要求上。家人严格要求对党政领导干部定力的影响较大,家人严格要求对党政领导干部定力具有显著正向影响且回归系数为 0.192,这说明严格的家风形成了家庭监督的好局面,能够使党政领导干部严格要求自己。家庭支持对党政领导干部定力的影响没有通过显著性检验,这说明家庭支持对党政领导干部定力的影响非常小。

2)家庭因素对党政领导干部业务能力的影响。家庭因素可以解释党政领导干部业务能力方差中的1.9%,说明家庭因素对党政领导干部业务能力的影响非常小。

家庭因素的影响主要表现在家人严格要求上。家人严格要求对党政领导干部业务能力的影响较大,家人严格要求对党政领导干部业务能力具有显著正向影响且回归系数为0.139,这说明严格的家风促使党政领导干部严格要求自己,潜心研究业务,提升岗位任职能力。家庭支持对党政领导干部业务能力的影响没有通过显著性检验,这说明家庭支持对党政领导干部业务能力的影响非常小。

表6-27 家庭因素对党政领导干部领导能力及各维度的回归分析($n=656$)

变量	领导能力	定力	魄力	洞察力	决断力	创造力	业务能力
家人严格要求	0.023	0.192***	0.003	0.064	0.051	0.003	0.139**
家庭支持	0.027	0.055	0.038	0.052	0.061	0.024	0.003
F	0.414	13.533***	0.465	2.237	5.291	0.184	6.419**
R^2	0.001	0.040	0.001	0.007	0.016	0.001	0.019
sig.	0.661	0.000	0.629	0.108	0.108	0.832	0.002

注:* 表示 $P<0.05$,** 表示 $P<0.01$,*** 表示 $P<0.001$。

(4)家庭因素对党政领导干部领导影响力的影响

家庭因素解释党政领导干部领导影响力方差仅为0.1%,家庭因素对党政领导干部领导影响力的影响没有通过显著性检验,这说明家庭因素对党政领导干部领导影响力的影响非常小,见表6-28。

表6-28 家庭因素对党政领导干部领导影响力及各维度的回归分析($n=656$)

变量	领导影响力	导向力	凝聚力	驾驭力
家人严格要求	0.025	0.036	0.092*	0.077
家庭支持	0.006	0.038	0.042	0.003
F	0.215	0.873	3.396*	1.971
R^2	0.001	0.003	0.010	0.006
sig.	0.807	0.418	0.034	0.140

注:* 表示 $P<0.05$。

在党政领导干部领导影响力的三大维度里面,家庭因素对党政领导干部凝聚力的影响程度最大,解释方差为1.0%;家庭因素对党政领导干部驾驭力的影响程度居于第二位,解释方差仅为0.6%,家庭因素对党政领导干部驾驭力的影响没有通过显著性检验;家庭因素对党政领导干部导向力的影响最小,解释方差仅为0.3%,家庭因素对党政领导干部导向力的影响没有通过显著性检验。本书根据解释力的大小依次进行分析。

家庭因素可以解释党政领导干部凝聚力方差的1.0%,说明家庭因素对党政领导干部凝聚力具有一定的影响。家庭因素的影响主要集中在家人严格要求上,家人严格要求对党政领导干部凝聚力具有显著正向影响且回归系数为0.092,这说明在一定程度上严格的家风促使党政领导干部严格要求自己,从而厚待他人、团结同僚。家庭支持对党政领导干部凝聚力的影响没有通过显著性检验,这说明家庭支持对党政领导干部凝聚力的影响非常小。

6.2.3 个人因素

个人因素是党政领导干部个体的一些素质与努力程度,包括学习研究、思维方式、性格、动机、情商等多个方面。习近平指出,一个好的领导者的成长取决于个人的努力,内因才是"决定性因素"。① 要成为一名具有高水平领导力的党政领导干部,"主动提高是关键",注意加强学习、经常总结经验。② 内因是事物发展的根本原因,党政领导干部的领导力当然受外部环境的影响,但是自身相应的个体素质才是最基本的影响因素。

本书从学习研究、思维方式、性格、动机、情商五个方面测量个人因素,对学习研究的测量主要设计了"我经常反思我的从政历程""我经常读书自学""我经常调查研究"三个题项,对思维方式的测量主要设计了"我能多方向、多角度地考虑问题""我能有自己独立的思考,不受他人左右""我经常思考工作中的因果联系、部门关系"三个题项,对性格的测量主要设计了"我比较谨慎""我积极关注社会事物""我兴趣广泛""我轻易不挑别人的毛病""我不容易紧张"五个题项,对权力动机的测量主要设计了"我希望升官发财、光耀门庭""我希望干好事业,名利无所谓"两个题项,对情商的测量主要设计了"我能认清自己的情绪状态""我能控制自己的情绪状态""我能认清别人的情绪状态""我能引导别人的情绪状态"四个题项,以探讨个人因素对党政领导干部领导力是否具有影响以及影响程度有多大。

---

① 习近平谈治国理政[M].北京:外文出版社,2014:417.
② 习近平谈做官与做人[J].时代潮,2000(8):34.

6.2.3.1 个人因素对党政领导干部领导力的影响

个人因素解释党政领导干部领导力的方差值高达37.4%,说明个人因素对党政领导干部领导力的影响很大。总体而言,在影响党政领导干部领导力的六大因素中,个人因素的解释力居于第一位。这个超过三分之一强的方差值提醒人们,个人因素对党政领导干部领导力的影响是最强的,一定要高度重视个人因素的作用。

不同的个人因素对党政领导干部领导力的影响存在差异,见表6-29。第一,思维方式对党政领导干部领导力的影响最大。独立性思维方式对党政领导干部领导力具有显著正向影响且回归系数为0.197,发散性思维方式对党政领导干部领导力具有显著正向影响且回归系数为0.165,系统性思维方式对党政领导干部领导力具有显著正向影响且回归系数为0.065,这说明独立思考、多向思考、从整体上进行思考有利于党政领导干部领导力的提升。第二,学习研究对党政领导干部领导力的影响次之。调查研究对党政领导干部领导力具有显著正向影响且回归系数为0.165,读书自学对党政领导干部领导力具有显著正向影响且回归系数为0.072,这说明调查研究有助于了解实际情况,读书自学有助于掌握更多知识,这都有利于党政领导干部领导力的提升。第三,性格对党政领导干部领导力的影响较大。稳定型性格对党政领导干部领导力具有显著正向影响且回归系数为0.164,宜人型性格对党政领导干部领导力具有显著正向影响且回归系数为0.115,严谨型性格对党政领导干部领导力具有显著正向影响且回归系数为0.068,这说明党政领导干部性格越稳重、宜人、严谨,则党政领导干部领导力越高。第四,权力动机对党政领导干部领导力的影响较大。私人化权力动机对党政领导干部领导力具有显著负向影响且回归系数为-0.114,社会化权力动机对党政领导干部领导力具有显著正向影响且回归系数为0.110,这说明个人权力欲越强,党政领导干部的领导力越弱。第五,情商对党政领导干部领导力的影响较小。控制自我情绪对党政领导干部领导力具有显著正向影响且回归系数为0.095,引导他人情绪对党政领导干部领导力具有显著正向影响且回归系数为0.090,这说明情商水平越高,则党政领导干部的领导力越强。

表6-29 个人因素对党政领导干部领导力的回归分析($n=656$)

变量	党政领导干部领导力
调查研究	0.165***
读书自学	0.072*
从经验中反思	0.023
严谨型性格	0.068*

续表

变　量	党政领导干部领导力
外向型性格	0.056
开放型性格	0.011
宜人型性格	0.115***
稳定型性格	0.164***
识别自我情绪	0.040
控制自我情绪	0.095*
识别他人情绪	0.010
引导他人情绪	0.090*
私人化权力动机	−0.114***
社会化权力动机	0.110*
发散性思维方式	0.165***
独立性思维方式	0.197***
系统性思维方式	0.065*
F	22.466***
R^2	0.374
sig.	0.000

注：* 表示 $P<0.05$，*** 表示 $P<0.001$。

6.2.3.2　个人因素对党政领导干部领导力构成要素的影响

在党政领导干部领导力的四大构成要素里面，个人因素对党政领导干部领导能力的影响程度最大，解释方差为58.9%；个人因素对党政领导干部领导魅力的影响程度居于第二位，解释方差为53.9%；个人因素对党政领导干部领导影响力的影响程度居于第三位，解释方差为29.1%；个人因素对党政领导干部领导权力的影响程度最小，解释方差为13.4%，见表6-30～表6-33。本书根据解释力的大小依次进行分析。

(1)个人因素对党政领导干部领导能力的影响

个人因素可以解释党政领导干部领导能力方差中的58.9%，这说明个人因素对党政领导干部领导能力的影响非常大。

不同的个人因素对党政领导干部领导能力的影响存在差异，见表6-30。第一，学习研究对党政领导干部领导能力的影响最大。调查研究对领导能力具有显著正向影响且回归系数为0.265，这说明经常调查研究的党政领导干部，其领导能力越强。第二,思维方式对党政领导干部领导能力的影响次之。发散性思维方式对领导能力具有显著正向影响且回归系数为0.263,独立性思维方式对领导能力具有显著正向影响且回归系数为0.209,系统性思维方式对领导能力具有显著正向影响且回归系数为0.083,这说明思考问题的方式越具有独立性、发散性、系统性的党政领导干部,其领导能力越强。第三,情商对党政领导干部领导能力的影响较大。识别他人情绪对领导能力具有显著正向影响且回归系数为0.214,引导他人情绪对领导能力具有显著正向影响且回归系数为0.128,这说明情商越强的党政领导干部,其领导能力越强。第四,权力动机对党政领导干部领导能力的影响也较大。社会化权力动机对领导能力具有显著正向影响且回归系数为0.190,这说明权力动机越纯正的党政领导干部,其领导能力越强。第五,性格对党政领导干部领导能力的影响最小。外向型性格对领导能力具有显著正向影响且回归系数为0.091,稳定型性格对领导能力具有显著正向影响且回归系数为0.084,这说明性格倾向于外向、稳定的党政领导干部,其领导能力也越强。

表6-30 个人因素对党政领导干部领导能力及各维度的回归分析($n=656$)

变量	领导能力	定力	魄力	洞察力	决断力	创造力	业务能力
调查研究	0.265***	0.081*	0.295***	0.093*	0.311***	0.058	0.170***
读书自学	0.004	0.115*	0.013	0.056	0.163**	0.044	0.065*
从经验中反思	0.004	0.145***	0.062	0.141**	0.093*	0.071*	0.067*
严谨型性格	0.039	0.156**	0.049	0.010	0.185***	0.003	0.164***
外向型性格	0.091**	0.088	0.078	0.011	0.084*	0.003	0.071
开放型性格	0.032	0.021	0.129***	0.063	0.148**	0.521***	0.147**
宜人型性格	0.030	0.080	0.019	0.077	0.071	0.046	0.054
稳定型性格	0.084**	0.195***	0.056	0.016	0.148**	0.038	0.172***
识别自我情绪	0.008	0.187**	0.206**	0.005	0.052	0.031	0.064
控制自我情绪	0.010	0.328***	0.265**	0.053	0.158**	0.059	0.017
识别他人情绪	0.214***	0.016	0.217***	0.137**	0.116*	0.066	0.019
引导他人情绪	0.128**	0.038	0.258***	0.054	0.060	0.011	0.037
私人化权力动机	0.026	0.033	−0.087*	0.037	0.057	0.058	0.059
社会化权力动机	0.190***	0.361***	0.162***	0.131**	0.251***	0.096*	0.145***
发散性思维方式	0.263***	0.019	0.208***	0.181**	0.071*	0.593***	0.014
独立性思维方式	0.209***	0.012	0.128**	0.215***	0.094*	0.001	0.226***
系统性思维方式	0.083*	0.047	0.086*	0.071*	0.148***	0.009	0.080*

续表

变　量	领导能力	定力	魄力	洞察力	决断力	创造力	业务能力
F	53.878***	9.745***	29.269***	15.870***	23.497***	76.545***	16.214***
R^2	0.589	0.206	0.438	0.297	0.385	0.671	0.302
sig.	0.000	0.000	0.000	0.000	0.000	0.000	0.000

注：* 表示 $P<0.05$，** 表示 $P<0.01$，*** 表示 $P<0.001$。

在党政领导干部领导能力的六大维度里面，个人因素对党政领导干部创造力的影响程度最大，解释方差为67.1%；个人因素对党政领导干部魄力的影响程度居于第二位，解释方差为43.8%；个人因素对党政领导干部决断力的影响程度居于第三位，解释方差为38.5%；个人因素对党政领导干部业务能力的影响程度居于第四位，解释方差为30.2%；个人因素对党政领导干部洞察力的影响程度居于第五位，解释方差为29.7%；个人因素对党政领导干部定力的影响程度最小，解释方差为20.6%。本书根据解释力的大小依次进行分析。

1）个人因素对党政领导干部创造力的影响。个人因素可以解释党政领导干部创造力方差的67.1%，这说明个人因素对党政领导干部创造力的影响特别大。

个人因素的影响依次体现在思维方式、性格、学习研究、权力动机上，情商的影响没有通过显著性检验。第一，思维方式对党政领导干部创造力的影响最大。发散性思维方式对创造力具有显著正向影响且回归系数为0.593，这说明越是具有发散思维的党政领导干部，其创造力越强。第二，性格对党政领导干部创造力的影响次之。开放型性格对创造力具有显著正向影响且回归系数为0.521，这说明不自我封闭的党政领导干部，其创造力才能强。第三，学习对党政领导干部创造力具有一定的影响。从经验中反思对创造力具有显著正向影响且回归系数为0.071，这说明越是善于不断反思的党政领导干部，其创造力越强。第四，权力动机对党政领导干部创造力的影响最小。社会化权力动机对创造力具有显著正向影响且回归系数为0.096，这说明社会化权力动机对党政领导干部创造力具有一定的影响，党政领导干部权力动机越纯正，其创造力越强。

2）个人因素对党政领导干部魄力的影响。个人因素可以解释党政领导干部魄力方差中的43.8%，这说明个人因素对党政领导干部魄力的影响非常大。

不同的个人因素对党政领导干部魄力的影响存在差异。第一，学习研究对党政领导干部魄力的影响最大。调查研究对魄力具有显著正向影响且回归系数为0.295，这说明党政领导干部越是加强调查、对实际情况越是了解，其魄力越大。第二，情商对党政领导干部魄力的影响次之。控制自我情绪对魄力具有显著正向影响且回归系数为 0.265,引导他人情绪对魄力具有显著正向影响且回归系数为 0.258,识别他人情绪对魄力具有显著正向影响且回归系数为 0.217,识别自我情绪对魄力具有显著正向影响且回归系数为 0.206,这说明党政领导干部情商越高,其魄力越大。第三,思维方式对党政领导干部魄力的影响较大。发散性思维方式对魄力具有显著正向影响且回归系数为 0.208,独立性思维方式对魄力具有显著正向影响且回归系数为 0.128,系统性思维方式对魄力具有显著正向影响且回归系数为 0.086,这说明越是善于发散思维、独立思维、整体思维的党政领导干部,其魄力越强。第四,权力动机对党政领导干部魄力的影响也较大。社会化权力动机对魄力具有显著正向影响且回归系数为 0.162,私人化权力动机对魄力具有显著负向影响且回归系数为 －0.087,这说明权力动机越纯正的党政领导干部,其魄力越强。第五,性格对党政领导干部魄力的影响最小。开放型性格对魄力具有显著正向影响且回归系数为 0.129,这说明性格不自我封闭的党政领导干部,其魄力才强。

3)个人因素对党政领导干部决断力的影响。个人因素可以解释党政领导干部决断力方差的 38.5%,这说明个人因素对党政领导干部决断力的影响非常大。

不同的个人因素对党政领导干部决断力的影响存在差异。第一,学习研究对党政领导干部决断力的影响最大。调查研究对决断力具有显著正向影响且回归系数为 0.311,读书自学对决断力具有显著正向影响且回归系数为 0.163,从经验中反思对决断力具有显著正向影响且回归系数为 0.093,这说明越是经常调查、经常读书学习、经常反思的党政领导干部,其决断力越强。第二,权力动机对党政领导干部决断力的影次之。社会化权力动机对决断力具有显著正向影响且回归系数为 0.251,这说明权力动机越纯正的党政领导干部,其决断力越强。第三,性格对党政领导干部决断力的影响较大。严谨型性格对决断力具有显著正向影响且回归系数为 0.185,开放型性格对决断力具有显著正向影响且回归系数为 0.148,稳定型性格对决断力具有显著正向影响且回归系数为 0.148,外向型性格对决断力具有显著正向影响且回归系数为 0.084,这说明党政领导干部的性格越偏向于严谨、开放、稳定、外向,其决断力越强。第四,情商对党政领导干部决断力的影也较大。控制自我情绪对决断力具有显著正向影响且回归系数为 0.158,识别他人情绪对决断力具有显著正向影响且回归系数为 0.116,这说明情商越高的党政领导干部,其决断力越强。第五,思维方式对党政领导干部决断力的影响最小。系统性思维方式对决断力具有显著正向影响且回归系数为 0.148,独立性思维方式对决断力具有显著正向影响且回归系数为 0.094,发散性思维方式对决断力具有显著正向影响且回归系数为 0.071,这说明思维方式对党政领导干部决断力有一定的影响,越是具有独立思维、发散思维、整体思维的党政领导干部,其决断力越强。

4) 个人因素对党政领导干部业务能力的影响。个人因素可以解释党政领导干部业务能力方差的 30.2%,这说明个人因素对党政领导干部业务能力的影响非常大。

个人因素的影响依次体现在思维方式、性格、学习研究、权力动机上,而情商的影响没有通过显著性检验。第一,思维方式对党政领导干部业务能力的影响最大。独立性思维方式对业务能力具有显著正向影响且回归系数为 0.226,系统性思维方式对业务能力具有显著正向影响且回归系数为 0.080,这说明越是具有独立思维、整体思维的党政领导干部,其业务能力越强。第二,性格对党政领导干部业务能力的影次之。稳定型性格对业务能力具有显著正向影响且回归系数为 0.172,严谨型性格对业务能力具有显著正向影响且回归系数为 0.164,开放型性格对业务能力具有显著正向影响且回归系数为 0.147,这说明党政领导干部的性格越稳定、越严谨、越不自我封闭,其业务能力越强。第三,学习研究对党政领导干部业务能力的影较大。调查研究对业务能力具有显著正向影响且回归系数为 0.170,从经验中反思对业务能力具有显著正向影响且回归系数为 0.067,读书自学对业务能力具有显著正向影响且回归系数为 0.065,这说明党政领导干部越是经常调查、越是经常读书学习、越是经常反思,其业务能力越强。第四,权力动机对党政领导干部业务能力的影响最小。社会化权力动机对业务能力具有显著正向影响且回归系数为 0.145,这说明社会化权力动机对党政领导干部业务能力具有一定的影响,权力动机越纯正的党政领导干部,其业务能力越强。

5) 个人因素对党政领导干部洞察力的影响。个人因素可以解释党政领导干部洞察力方差的 29.7%,这说明个人因素对党政领导干部洞察力的影响很大。

个人因素对党政领导干部洞察力的影响依次体现在思维方式、学习、情商、权力动机上,性格的影响没有通过显著性检验。第一,思维方式对党政领导干部洞察力的影响最大。独立性思维方式对洞察力具有显著正向影响且回归系数为 0.215,发散性思维方式对洞察力具有显著正向影响且回归系数为 0.181,系统性思维方式对洞察力具有显著正向影响且回归系数为 0.071,这说明越是具有独立思维、发散思维、整体思维的党政领导干部,其洞察力越强。第二,学习研究对党政领导干部洞察力的影次之。从经验中反思对洞察力具有显著正向影响且回归系数为 0.141,调查研究对洞察力具有显著正向影响且回归系数为 0.093,这说明越是经常调查、经常反思的党政领导干部,其洞察力越强。第三,情商对党政领导干部洞察力的影响较大。识别他人情绪对洞察力具有显著正向影响且回归系数为 0.137,这说明越是善于识别他人情绪情感的党政领导干部,其洞察力越强。第四,权力动机对党政领导干部洞察力的影响最小。社会化权力动机对洞察力具有显著正向影响且回归系数为 0.131,这说明社会化权力动机越纯正的党政领导干部,其洞察力越强。

6)个人因素对党政领导干部定力的影响。个人因素可以解释党政领导干部定力方差的 20.6%,这说明个人因素对党政领导干部定力的影响很大。

个人因素的影响依次体现在权力动机、情商、性格、学习研究上,思维方式的影响没有通过显著性检验。第一,权力动机对党政领导干部定力的影响最大。社会化权力动机对定力具有显著正向影响且回归系数为 0.361,这说明权力动机越纯正的党政领导干部,其定力越强。这个超过三分之一强的回归系数充分说明,动机决定定力,党政领导干部的自我管控能力取决于是否具有良好的动机。第二,情商对党政领导干部定力的影响次之。控制自我情绪对定力具有显著正向影响且回归系数为 0.328,识别自我情绪对定力具有显著正向影响且回归系数为 0.187,这说明越是善于识别与管理自我情绪的党政领导干部,其定力越强。第三,性格党政领导干部定力的影响较大。稳定型性格对定力具有显著正向影响且回归系数为 0.195,严谨型性格对定力具有显著正向影响且回归系数为 0.156,这说明性格越是偏向于稳定、严谨的党政领导干部,其定力越强。第四,学习研究对党政领导干部定力的影响最小。从经验中反思对定力具有显著正向影响且回归系数为 0.145,读书自学对定力具有显著正向影响且回归系数为 0.115,调查研究对定力具有显著正向影响且回归系数为 0.081,这说明经常调查研究、经常读书学习、经常反思,有利于党政领导干部定力的加强。

(2)个人因素对党政领导干部领导魅力的影响

个人因素可以解释党政领导干部领导魅力方差的 53.9%,这说明个人因素对党政领导干部领导魅力的影响非常大。

不同的个人因素对党政领导干部领导魅力的影响存在差异,见表 6-31。第一,思维方式对党政领导干部领导魅力的影响最大。独立性思维方式对领导魅力具有显著正向影响且回归系数为 0.203,发散性思维方式对领导魅力具有显著正向影响且回归系数为 0.176,系统性思维方式对领导魅力具有显著正向影响且回归系数为 0.127,这说明党政领导干部的思维方式越偏向于独立、发散、系统,则党政领导干部的领导魅力越强。第二,学习对党政领导干部领导魅力的影响次之。读书自学对党政领导干部领导魅力具有显著正向影响且回归系数为 0.181,这说明党政领导干部读书越多,则党政领导干部的领导魅力越强。第三,情商对党政领导干部领导魅力的影响较大。引导他人情绪对领导魅力具有显著正向影响且回归系数为 0.139,识别他人情绪对领导魅力具有显著正向影响且回归系数为 0.102,控制自我情绪对领导魅力具有显著正向影响且回归系数为 0.093,这说明党政领导干部的情商越高,情绪识别与管理能力越强,则党政领导干部领导魅力越强。第四,性格对党政领导干部领导魅力的影响也较大。宜人型性格对党政领导干部领导魅力具有显著正向影响且回归系数为0.124,外向型性格对党政领导干部领导魅力具有显著正向影响且回归系数为0.064,这说明党政领导干部的性格越偏向于热情、外向,则党政领导干部的领导魅力越强。第五,权力动机对党政领导干部领导魅力的影响最小。私人化权力动机对领导魅力具有显著负向影响且回归系数为-0.110,社会化权力动机对领导魅力具有显著正向影响且回归系数为0.074,这说明社会化权力动机与领导魅力成正比,私人化权力动机与领导魅力成反比,党政领导干部权力动机越纯正,则领导魅力越强。

表6-31 个人因素对党政领导干部领导魅力及各维度的回归分析($n=656$)

变量	领导魅力	道德魅力	亲和力	知识魅力
调查研究	0.033	0.106*	0.141**	0.223***
读书自学	0.181***	0.084*	0.256**	0.094*
从经验中反思	0.022	0.135***	0.151**	0.068*
严谨型性格	0.047	0.077*	0.029	0.049
外向型性格	0.064*	0.021	0.169**	0.117**
开放型性格	0.015	0.007	0.088*	0.005
宜人型性格	0.124***	0.160***	0.161***	0.022
稳定型性格	0.014	0.101*	0.043	0.051
识别自我情绪	0.003	0.095*	0.033	0.077
控制自我情绪	0.093*	0.215***	0.093*	0.016
识别他人情绪	0.102*	0.052	0.115*	0.015
引导他人情绪	0.139***	0.029	0.028	0.051
私人化权力动机	-0.110*	-0.122*	0.046	0.005
社会化权力动机	0.074*	0.107**	0.127***	0.097**
发散性思维方式	0.176***	0.024	0.070	0.161***
独立性思维方式	0.203***	0.408***	0.054	0.064*
系统性思维方式	0.127***	0.051	0.080	0.171***
F	43.924***	12.789***	14.537***	47.756***
R^2	0.539	0.254	0.279	0.560
sig.	0.000	0.000	0.000	0.000

注:* 表示$P<0.05$,** 表示$P<0.01$,*** 表示$P<0.001$。

在党政领导干部领导魅力的三大维度里面,个人因素对党政领导干部知识魅力的影响程度最大,解释方差为56.0%;个人因素对党政领导干部亲和力的影响程度居于第二位,解释方差为27.9%;个人因素对党政领导干部道德魅力的影响程度最小,解释方差为25.4%。本书根据解释力的大小依次进行分析。

1)个人因素对党政领导干部知识魅力的影响。个人因素可以解释党政领导干部知识魅力方差的56.0%,这说明个人因素对党政领导干部知识魅力的影响非常大。

个人因素的影响依次体现在学习研究、思维方式、性格、权力动机上,情商的影响没有通过显著性检验。第一,学习研究对党政领导干部知识魅力的影响最大。调查研究对知识魅力具有显著正向影响且回归系数为0.223,读书自学对知识魅力具有显著正向影响且回归系数为0.094,从经验中反思对知识魅力具有显著正向影响且回归系数为0.068,这说明越是经常调研、经常读书学习、经常反思的党政领导干部,其知识魅力越强。第二,思维方式对党政领导干部知识魅力的影响次之。系统性思维方式对知识魅力具有显著正向影响且回归系数为0.171,发散性思维方式对知识魅力具有显著正向影响且回归系数为0.161,独立性思维方式对知识魅力具有显著正向影响且回归系数为0.064,这说明党政领导干部思考问题的方式更具有独立性、发散性、系统性,则其知识魅力更强。第三,性格对党政领导干部知识魅力的影响较大。外向型性格对知识魅力具有显著正向影响且回归系数为0.117,这说明党政领导干部的性格外向,获取新知识的机会更多,其知识魅力更强。第四,权力动机对党政领导干部知识魅力的影响最小。社会化权力动机对知识魅力具有显著正向影响且回归系数为0.097,这说明党政领导干部的权力动机越纯正,其知识魅力更强。

2)个人因素对党政领导干部亲和力的影响。个人因素可以解释党政领导干部亲和力方差的27.9%,这说明个人因素对党政领导干部亲和力的影响很大。

个人因素的影响依次体现在学习研究、性格、权力动机、情商上,思维方式的影响没有通过显著性检验。第一,学习研究对党政领导干部亲和力的影响最大。读书自学对亲和力具有显著正向影响且回归系数为0.256,从经验中反思对亲和力具有显著正向影响且回归系数为0.151,调查研究对亲和力具有显著正向影响且回归系数为0.141,这说明越是持续读书学习、不断调研、经常反思的党政领导干部,其亲和力越强。第二,性格对党政领导干部亲和力的影响次之。外向型性格对亲和力开放性性格对亲和力具有显著正向影响且回归系数为0.169,宜人型性格对亲和力具有显著正向影响且回归系数为0.161,开放型性格对亲和力具有显著正向影响且回归系数为0.088,这说明越是性格外向、热情、开放的党政领导干部,其亲和力越强。第三,权力动机对党政领导干部亲和力的影响较大。社会化权力动机对亲和力具有显著正向影响且回归系数为0.127,这说明权力动机越纯正的党政领导干部,其亲和力越强。第四,情商对党政领导干部亲和力的影响最小。识别他人情绪对亲和力具有显著正向影响且回归系数为0.115,控制自我情绪对亲和力具有显著正向影响且回归系数为0.093,这说明情商越高的党政领导干部,其亲和力越强。

3)个人因素对党政领导干部道德魅力的影响。个人因素可以解释党政领导干部道德魅力方差的25.4%,这说明个人因素对党政领导干部道德魅力的影响很大。

不同的个人因素对党政领导干部道德魅力的影响存在差异。第一,思维方式对党政领导干部道德魅力的影响最大。独立性思维方式对党政领导干部道德魅力具有显著正向影响且回归系数为0.408,系统性思维方式对党政领导干部道德魅力具有显著正向影响且回归系数为0.051,这说明党政领导干部的思想越不受周围环境影响,越从全局考虑问题,则其道德魅力越大。第二,情商对党政领导干部道德魅力的影响次之。控制自我情绪对党政领导干部道德魅力具有显著正向影响且回归系数为0.215,识别自我情绪对党政领导干部道德魅力具有显著正向影响且回归系数为0.095,这说明党政领导干部对自我情绪情感进行识别与管理的本领越大,则党政领导干部的道德魅力越大。第三,性格对党政领导干部道德魅力的影响较大。宜人型性格对党政领导干部道德魅力具有显著正向影响且回归系数为0.160,稳定型性格对党政领导干部道德魅力具有显著正向影响且回归系数为0.101,严谨型性格对道德魅力具有显著正向影响且回归系数为0.077,这说明党政领导干部的性格越稳定、热情、严谨,则党政领导干部的道德魅力越大。第四,学习对党政领导干部道德魅力的影响也较大。从经验中反思对党政领导干部道德魅力具有显著正向影响且回归系数为0.135,调查研究对党政领导干部道德魅力具有显著正向影响且回归系数为0.106,读书自学对党政领导干部道德魅力具有显著正向影响且回归系数为0.084,这说明党政领导干部越是不断反思、加强调查、坚持读书,则其道德魅力越大。第五,权力动机对党政领导干部道德魅力的影响最小。私人化权力动机对党政领导干部道德魅力具有显著负向影响且回归系数为-0.122,社会化权力动机对党政领导干部道德魅力具有显著正向影响且回归系数为0.107,这说明权力动机是党政领导干部道德魅力的动因,党政领导干部权力动机越纯正,道德魅力越大。

(3)个人因素对党政领导干部领导影响力的影响

个人因素可以解释党政领导干部领导影响力方差的29.1%,这说明个人因素对党政领导干部领导影响力的影响很大。

不同的个人因素对党政领导干部领导影响力的影响存在差异,见表6-32。第一,学习研究对党政领导干部领导影响力的影响最大。调查研究对党政领导干部领导影响力具有显著正向影响且回归系数为 0.194,读书自学对党政领导干部领导影响力具有显著正向影响且回归系数为 0.128,从经验中反思对党政领导干部领导影响力具有显著正向影响且回归系数为0.074,这说明越是注意调查、经常读书学习、不断总结领导规律的党政领导干部,其领导影响力越强。第二,思维方式对党政领导干部领导影响力的影响次之。独立性思维方式对党政领导干部领导影响力具有显著正向影响且回归系数为 0.171,系统性思维方式对领导影响力具有党政领导干部显著正向影响且回归系数为 0.064,这说明党政领导干部越是具有独立思维、全局思维,其领导影响力越强。第三,情商对党政领导干部领导影响力的影响较大。识别自我情绪对党政领导干部领导影响力具有显著正向影响且回归系数为 0.162,控制自我情绪对党政领导干部领导影响力具有显著正向影响且回归系数为 0.134,引导他人情绪对党政领导干部领导影响力具有显著正向影响且回归系数为 0.092,识别他人情绪对党政领导干部领导影响力具有显著正向影响且回归系数为 0.062,这说明情绪情感识别与管理能力越强的党政领导干部,其领导影响力越强。第四,性格对党政领导干部领导影响力的影响也较大。外向型性格对党政领导干部领导影响力具有显著正向影响且回归系数为 0.160,稳定型性格对党政领导干部领导影响力具有显著正向影响且回归系数为 0.156,开放型性格对党政领导干部领导影响力具有显著正向影响且回归系数为 0.137,严谨型性格对党政领导干部领导影响力具有显著正向影响且回归系数为 0.079,这说明党政领导干部的性格越外向、稳定、开放、严谨,其领导影响力越强。第五,权力动机对党政领导干部领导影响力的影响最小。社会化权力动机对党政领导干部领导影响力具有显著正向影响且回归系数为 0.098,这说明社会化权力动机对党政领导干部领导影响力具有一定的影响,党政领导干部的权力动机越纯正,其领导影响力越强。

表 6-32　个人因素对党政领导干部领导影响力及各维度的回归分析($n=656$)

变　量	领导影响力	导向力	凝聚力	驾驭力
调查研究	0.194***	0.168***	0.010	0.234***
读书自学	0.128*	0.131*	0.130*	0.075*
从经验中反思	0.074*	0.072*	0.251***	0.070*
严谨型性格	0.079*	0.024	0.040	0.108*
外向型性格	0.160***	0.012	0.248***	0.167**
开放型性格	0.137**	0.029	0.178***	0.067
宜人型性格	0.039	0.047	0.012	0.024

续表

变 量	领导影响力	导向力	凝聚力	驾驭力
稳定型性格	0.156***	0.061	0.092*	0.193**
识别自我情绪	0.162**	0.015	0.155**	0.207***
控制自我情绪	0.134*	0.068	0.089	0.167**
识别他人情绪	0.062*	0.065	0.130	0.100**
引导他人情绪	0.092*	0.001	0.033	0.063*
私人化权力动机	0.017	0.016	0.042	0.009
社会化权力动机	0.098*	0.101**	0.310***	0.087*
发散性思维方式	0.036	0.015	0.027	0.038
独立性思维方式	0.171*	0.312***	0.027	0.025
系统性思维方式	0.064*	0.086*	0.112**	0.113**
F	15.426***	10.388***	14.332***	11.284***
R^2	0.291	0.217	0.276	0.231
sig.	0.000	0.000	0.000	0.000

注：*表示 $P<0.05$，**表示 $P<0.01$，***表示 $P<0.001$。

在党政领导干部领导影响力的三大维度里面，个人因素对党政领导干部凝聚力的影响程度最大，解释方差为27.6%；个人因素对党政领导干部驾驭力的影响程度居于第二位，解释方差为23.1%；个人因素对党政领导干部导向力的影响程度最小，解释方差为21.7%。本书根据解释力的大小依次进行分析。

1）个人因素对党政领导干部凝聚力的影响。个人因素可以解释党政领导干部凝聚力方差的27.6%，这说明个人因素对党政领导干部凝聚力的影响很大。

不同的个人因素对党政领导干部凝聚力的影响存在差异。第一，权力动机对党政领导干部凝聚力的影响最大。社会化权力动机对党政领导干部凝聚力具有显著正向影响且回归系数为0.310，这说明党政领导干部只有具备了社会化权力动机，才能不去在乎自己的权力大小，不争夺权势，才能够团结同事。第二，学习研究对党政领导干部凝聚力的影响次之。从经验中反思对党政领导干部凝聚力具有显著正向影响且回归系数为0.251，读书自学对党政领导干部凝聚力具有显著正向影响且回归系数为0.130，这说明越是坚持读书自学、经常反思的党政领导干部，其凝聚力越强。第三，性格对党政领导干部凝聚力的影响较大。外向型性格对党政领导干部凝聚力具有显著正向影响且回归系数为0.248，开放型性格对党政领导干部凝聚力具有显著正向影响且回归系数为0.178,稳定型性格对党政领导干部凝聚力具有显著正向影响且回归系数为0.092,这说明党政领导干部的性格越外向、开放、稳定,其凝聚力越强。第四,情商对党政领导干部凝聚力的影响较大。识别自我情绪对党政领导干部凝聚力具有显著正向影响且回归系数为0.155,识别他人情绪对凝聚力具有显著正向影响且回归系数为0.130,控制自我情绪对党政领导干部凝聚力具有显著正向影响且回归系数为0.089,这说明情商越高的党政领导干部,其凝聚力越强。第五,思维方式对党政领导干部凝聚力的影响最小。系统性思维方式对党政领导干部凝聚力具有显著正向影响且回归系数为0.112,这说明党政领导干部越从全局考虑问题,其凝聚力会越强。

2)个人因素对党政领导干部驾驭力的影响。个人因素可以解释党政领导干部驾驭力方差的23.1%,这说明个人因素对党政领导干部驾驭力的影响很大。

不同的个人因素对党政领导干部驾驭力的影响存在差异。第一,学习研究对党政领导干部驾驭力的影响最大。调查研究对党政领导干部驾驭力具有显著正向影响且回归系数为0.234,读书自学对党政领导干部驾驭力具有显著正向影响且回归系数为0.075,从经验中反思对党政领导干部驾驭力具有显著正向影响且回归系数为0.070,这说明越是善于读书学习、不断反思总结经验的党政领导干部,其驾驭力越强。第二,情商对党政领导干部驾驭力的影响次之。识别自我情绪对党政领导干部驾驭力具有显著正向影响且回归系数为0.207,控制自我情绪对党政领导干部驾驭力具有显著正向影响且回归系数为0.167,识别他人情绪对党政领导干部驾驭力具有显著正向影响且回归系数为0.100,引导他人情绪对党政领导干部驾驭力具有显著正向影响且回归系数为0.063,这说明情商越高的党政领导干部,其驾驭力也越强。第三,性格对党政领导干部驾驭力的影响较大。稳定型性格对党政领导干部驾驭力具有显著正向影响且回归系数为0.193,外向型性格对党政领导干部驾驭力具有显著正向影响且回归系数为0.167,严谨型性格对党政领导干部驾驭力具有显著正向影响且回归系数为0.108,这说明性格越稳定、外向、严谨的党政领导干部,其驾驭力越强。第四,思维方式对党政领导干部驾驭力的影响也较大。系统性思维方式对党政领导干部驾驭力具有显著正向影响且回归系数为0.113,这说明越是从全局考虑问题的党政领导干部,其驾驭力会越强。第五,权力动机对党政领导干部驾驭力的影响最小。社会化权力动机对党政领导干部驾驭力具有显著正向影响且回归系数为0.087,这说明社会化权力动机对党政领导干部驾驭力具有一定的影响,党政领导干部的权力动机越纯正,其驾驭力才越强。

3)个人因素对党政领导干部导向力的影响。个人因素可以解释党政领导干部导向力方差的21.7%,这说明个人因素对党政领导干部导向力的影响很大。

个人因素的影响依次体现在思维方式、学习、权力动机上,而性格、情商的影响没有通过显著性检验。第一,思维方式对党政领导干部导向力的影响最大。独立性思维方式对党政领导干部导向力具有显著正向影响且回归系数为0.312,系统性思维方式对党政领导干部导向力具有显著正向影响且回归系数为0.086,这说明党政领导干部善于独立思考、不被别人的思想所左右,才能真正思考组织的未来方向,才能独立指导他人。只有善于从整体上考虑问题,才能明晰组织的整体未来,才能正确带领团队。第二,学习研究对党政领导干部导向力的影响次之。调查研究对党政领导干部导向力具有显著正向影响且回归系数为0.168,读书自学对党政领导干部导向力具有显著正向影响且回归系数为0.131,从经验中反思对党政领导干部导向力具有显著正向影响且回归系数为0.072,这说明党政领导干部越是善于学习,越是经常调查、坚持读书、不断反思,其导向力会越强。第三,权力动机对党政领导干部导向力的影响相对较小。社会化权力动机对党政领导干部导向力具有显著正向影响且回归系数为0.101,这说明权力动机越纯正的党政领导干部,其对组织的导向力也越强。

(4)个人因素对党政领导干部领导权力的影响

个人因素可以解释党政领导干部领导权力方差中的13.4%,这说明个人因素对党政领导干部领导权力具有一定的影响。

个人因素的影响依次体现在性格、权力动机、情商、思维方式上,见表6-33。第一,性格对党政领导干部领导权力的影响最大。稳定型性格对党政领导干部领导权力具有显著正向影响且回归系数为0.234,严谨型性格对党政领导干部领导权力具有显著正向影响且回归系数为0.119,宜人型性格对党政领导干部领导权力具有显著正向影响且回归系数为0.104,这说明党政领导干部性格倾向于稳定、严谨,党政领导干部就倾向于正确行使领导权力。第二,权力动机对党政领导干部领导权力的影响次之。私人化权力动机对党政领导干部领导权力具有显著负向影响且回归系数为-0.141,社会化权力动机对党政领导干部领导权力具有显著正向影响且回归系数为0.120,这说明党政领导干部个人控制欲越强,则正确行使领导权力的概率越低,党政领导干部追求社会利益的动机越强,则正确行使领导权力的概率越高。第三,情商对党政领导干部领导权力的影响较大。识别他人情绪对领导权力具有显著正向影响且回归系数为0.136,控制自我情绪对领导权力具有显著正向影响且回归系数为0.114,这说明控制自我情绪的能力越强、识别他人情绪的能力越强,则正确行使领导权力的概率越大。第四,思维方式对党政领导干部领导权力的影响最小。系统性思维方式对党政领导干部领导权力具有显著正向影响且回归系数为0.078,这说明党政领导干部越是从全局考虑问题,则正确行使领导权力的概率越大。

表6-33　个人因素对党政领导干部领导权力及各维度的回归分析($n=656$)

变　量	领导权力	法定权力	奖励权力	强制权力
调查研究	0.053	0.141**	0.017	0.010
读书自学	0.009	0.048	0.033	0.071
从经验中反思	0.060	0.072	0.045	0.044
严谨型性格	0.119**	0.160***	0.074	0.088*
外向型性格	0.010	0.021	0.005	0.013
开放型性格	0.029	0.086	0.039	0.033
宜人型性格	0.104*	0.018	0.179***	0.078
稳定型性格	0.234***	0.247*	0.174**	0.208
识别自我情绪	0.076	0.080	0.087	0.037
控制自我情绪	0.114**	0.293***	0.002	0.023
识别他人情绪	0.136*	0.191***	0.099	0.080
引导他人情绪	0.011	0.027	0.122**	0.007
私人化权力动机	−0.141***	−0.112**	0.048	0.027
社会化权力动机	0.120*	0.147***	0.097*	0.144***
发散性思维方式	0.053	0.020	0.050	0.018
独立性思维方式	0.061	0.022	0.025	0.042
系统性思维方式	0.078*	0.192***	0.020	0.002
F	5.793***	11.864***	3.352***	4.262***
R^2	0.134	0.240	0.082	0.102
sig.	0.000	0.000	0.000	0.000

注：* 表示 $P<0.05$，** 表示 $P<0.01$，*** 表示 $P<0.001$。

在党政领导干部领导权力的三大维度里面，个人因素对党政领导干部法定权力的影响程度最大，解释方差为24.0%；个人因素对党政领导干部强制权力的影响程度居于第二位，解释方差为10.2%；个人因素对党政领导干部奖励权力的影响程度最小，解释方差为8.2%。本书根据解释力的大小依次进行分析。

1）个人因素对党政领导干部法定权力的影响。个人因素可以解释党政领导干部法定权力方差的24.0%，这说明个人因素对党政领导干部法定权力的影响很大。

不同的个人因素对党政领导干部法定权力的影响存在差异。第一，情商对党政领导干部法定权力的影响最大。控制自我情绪对党政领导干部法定权力具有显著正向影响且回归系数为0.293,识别他人情绪对党政领导干部法定权力具有显著正向影响且回归系数为0.191,这说明党政领导干部控制自身情绪的能力越强、识别他人情绪的能力越强,依法用权的可能性越大。第二,性格对党政领导干部法定权力的影响次之。稳定型性格对党政领导干部法定权力具有显著正向影响且回归系数为0.247,严谨型性格对党政领导干部法定权力具有显著正向影响且回归系数为0.160,这说明党政领导干部的性格越稳定、越严谨,依法用权、有效履行领导责任的可能性越大。第三,思维方式对党政领导干部法定权力的影响较大。系统性思维方式对党政领导干部法定权力具有显著正向影响且回归系数为0.192,这说明党政领导干部越是从全局考虑问题,依法用权的可能性越大。第四,权力动机对党政领导干部法定权力的影响也较大。社会化权力动机对党政领导干部法定权力具有显著正向影响且回归系数为0.147,私人化权力动机对党政领导干部法定权力具有显著负向影响且回归系数为-0.112,这说明党政领导干部的权力动机越是偏向于为众人谋利而不是为了炫耀权力,则其依法用权的可能性越大。第五,学习研究对党政领导干部法定权力的影响最小。调查研究对党政领导干部法定权力具有显著正向影响且回归系数为0.141,这说明党政领导干部越是加强调查研究,权力责任意识越强,积极履行领导职责的可能性越大。

2)个人因素对党政领导干部强制权力的影响。个人因素可以解释党政领导干部强制权力方差的10.2%,这说明个人因素对党政领导干部强制权力具有一定的的影响。

个人因素的影响依次体现在性格、权力动机、情商上,学习、思维方式的影响没有通过显著性检验。第一,性格对党政领导干部强制权力的影响最大。稳定型性格对党政领导干部强制权力具有显著正向影响且回归系数为0.208,严谨型性格对党政领导干部强制权力具有显著正向影响且回归系数为0.088,这说明党政领导干部的性格越稳定、严谨,党政领导干部越不会滥用强制权力。第二,权力动机对党政领导干部强制权力的影响次之。社会化权力动机对党政领导干部强制权力具有显著正向影响且回归系数为0.144,这说明党政领导干部社会化权力动机越强,其为了人民利益越会合理使用、大胆运用强制权力。第三,情商对党政领导干部强制权力的影响最小。识别他人情绪对党政领导干部强制权力具有显著正向影响且回归系数为0.080,这说明情绪识别的本领有利于党政领导干部考虑是否使用强制权力。

3)个人因素对党政领导干部奖励权力的影响。个人因素可以解释党政领导干部奖励权力方差的8.2%,这说明个人因素对党政领导干部奖励权力具有一定的影响。

个人因素的影响依次体现在性格、情商、权力动机上,学习、思维方式的影响没有通过显著性检验。第一,性格对党政领导干部奖励权力的影响最大。宜人型性格对党政领导干部奖励权力具有显著正向影响且回归系数为0.179,稳定型性格对党政领导干部奖励权力具有显著正向影响且回归系数为0.174,这说明党政领导干部的性格越稳定、热情,越有利于奖励权力的正确使用。第二,情商对党政领导干部奖励权力的影响次之。引导他人情绪对党政领导干部奖励权力具有显著正向影响且回归系数为0.122,识别他人情绪对党政领导干部奖励权力具有显著正向影响且回归系数为0.099,这说明党政领导干部的情绪识别与引导能力有助于奖励权力的正确使用。第三,权力动机对党政领导干部奖励权力的影响最小。社会化权力动机对党政领导干部奖励权力具有显著正向影响且回归系数为0.097,这说明党政领导干部的社会化权力动机越强,奖励权力越会得到正确使用。

7 党政领导干部领导力提升路径

党政领导干部是推进"四个全面"战略布局的骨干力量,是推进国家治理现代化的关键力量,必须解决党政领导干部领导力存在的问题,有效提升其领导力水平。要以马克思主义领导理论为指导,辩证施策,分类提高不同群体党政领导干部的领导力,针对不同环节提高党政领导干部的领导力,采取不同举措提高党政领导干部的领导力。

7.1 分类提高不同群体党政领导干部的领导力

研究结果表明,不同群体党政领导干部之间的领导力水平存在显著差异:女性党政领导干部的领导力要显著低于男性党政领导干部的领导力,较低年龄阶段党政领导干部的领导力要显著低于较高年龄阶段党政领导干部的领导力,较低文化程度党政领导干部的领导力要显著低于较高文化程度党政领导干部的领导力。因此,应该着力提升女性、较低年龄阶段、较低文化程度三类党政领导干部群体的领导力水平。

7.1.1 着力提升女性党政领导干部的领导力

(1)加强专门规划,协调二孩政策与女性干部培养政策

提升女性党政领导干部的领导力,首先要做好女性党政领导人才的科学预测和有效规划。刘云山指出,女干部是干部队伍的重要部分,要"放到整个领导班子"建设中来谋划。① 科学的预测与长远的规划,是开发女性党政领导人才的第一环节。国家二孩政策开放以后,党政系统的不少女性领导干部由于拥有稳定的工作、稳定的收入,她们是生育二胎的重要群体。生育政策是国家的基本政策,生育二胎也是女性党政领导干部的基本权利。如果协调不好二孩政策与女性干部培养政策,就可能导致一定的冲突:要么没有足够的女性党政领导干部可

---

① 刘云山.坚持长期系统培养 注重择优统筹配备 努力形成结构合理素质优良的干部队伍[N].人民日报,2015-10-24(3).

供选拔,要么提拔以后一段时间之内承担不了繁杂的领导任务。另外,女性党政领导干部的退休年龄本身比男性早,近些年来不少地方对女性党政领导干部的培养政策也因为各种原因得不到有效执行,这导致后备力量不足,其整体领导力水平是不容乐观的。要对未来一段时期内的岗位需求做出科学预测,做好女性党政领导人才的专门规划,确定培养计划。尤其是针对二孩政策带来的新问题,做好整体统筹,维护生育权利与培养提拔的统一,适当进行照顾,制定相应的政策支持和配套措施。[①]

(2)加大家庭支持,克服"男主外、女主内"的刻板印象

"男主外、女主内"是中国家庭文化中对男女两性行为准则的比较稳固的认知,是对男女两性的所有刻板印象之中最具有代表性的。如今,这种旧观念依然被很多男性和家庭成员认定,影响对女性人生价值的估量。女性党政领导干部也摆脱不了这种落后家庭文化的窠臼,导致女性角色与党政领导干部角色之间的不匹配。虽然希望处理好领导职责与家庭责任的关系,平衡好事业与家庭的关系,但在缺乏家人理解与家庭支持的情况下,一些女性党政领导干部往往付出更多,承担更大的压力。家人应给她们充分的理解,给予最大的家庭支持,分担抚育子女的责任,减轻家务劳动的负担,让她们有更多的精力承担领导任务,充分发挥她们的领导才华,实现她们自己的人生价值。

(3)发挥善解人意的优势,形成独特领导风格

从性别特质上来讲,大多数女性具有温柔体贴、善解人意的性格特点。这种性格特点往往给女性党政领导干部带来较强的亲和力,能够尊重他人,使群众觉得领导者态度热情,富有爱心,使被领导者觉得领导者平易近人,体贴下属。女性党政领导干部应该做到用人格的力量体贴同事,感化群众,感染下级。在领导风格上,女性党政领导干部更倾向于更多民主授权,善于鼓励他人,具有较强的民主性,更喜欢与下级协商解决问题。这些领导方式上的优点是很多男性党政领导干部所不及的,应该坚持这种优势,形成女性的领导优势。[②]

(4)克服求稳依赖的弱点,主动进取敢于开拓

要摆脱过度依赖的心理,形成主体意识。在传统社会,女性处于附属的位置,处于弱势群体的地位,导致女性不得不形成很强的依附,这种依附心理是被迫的、被动的。这种长期形成的不平等文化至今仍有不可小觑的影响,再加上不少女性的自我设定,导致有些女性没有主体性态度。在社会主义国家,男女是平等的,尤其是女性党政领导干部更要具有女性的主体意识,增强女性在领导作用

---

① 张慧."全面二孩"政策下女性职业生涯新困境分析[J].劳动保障世界,2016(23):28-29.
② 高莹.21世纪中国女性党政领导人才开发研究[D].北京:中共中央党校,2008:130.

中的自觉意识,充分肯定自身的人生价值,清醒定位自己的人生使命,做到更加自信自强。要克服安于现状的心理,敢于开拓进取。由于女性社会交际面相对小一些,生活范围相对狭窄一些,习惯了循规蹈矩,这种弱点束缚了女性党政领导干部的头脑,使其比较缺乏创造精神和进取精神。要克服安于现状的心理,注意不断扩大领导视野,大胆开拓,敢于进取,勇于尝试,进一步提升自己的创新能力。①

7.1.2 着力提升年轻党政领导干部的领导力

(1)发挥活力优势

年轻党政领导干部具有自身的特殊优势,拥有一些有利的素质条件。习近平指出,当前"70后""80后"领导者正在成长起来,大都"思想活跃",给党和国家的事业"注入新的生机活力"。② 首先,要发挥体力充沛、精力旺盛的特点。要争取多干工作,除了自己的本职工作,也要帮助别人做好工作。遇到紧急、额外的工作,要发挥精力充沛的优势,劲头十足,尽力把工作做好。其次,要发挥富有朝气、充满热情的特点。对待上级、同事、下级要热情,让人乐于接近。要充满活力,给人朝气蓬勃的感觉。尤其是面对工作上的困难,要更加积极乐观,精神饱满。最后,要发挥思维敏捷、敢想敢干的优点。年轻党政领导干部最大的优势就是不受传统思想的束缚。要反应敏捷、思维快速、感觉敏锐,对一些问题要迅速意识到其发展潜力或者潜在危害,在困难面前要快速思索、迅速解决。研究新事物,把新事物与当前的领导工作结合起来,创造新的局面,提出新的办法,采用新的技术。打破落后思想,工作魄力强,勇于开拓进取,敢于提出解决问题的新见解和克服困难的新思路,组织上也要充分发挥年轻党政领导干部的这些优势。

(2)克服急躁情绪

年轻党政领导干部还不是很成熟,这正是青年人群体常有的现象。在年轻党政领导干部的成长过程中,还存在不少急躁情绪,这不利于领导力的提升。习近平指出,青年领导者忌"急于求成"。③ 一方面,要克服心浮气躁、急于晋升的心态。年轻党政领导干部尤其要认识到,领导目标不是抓住时机以求个人快速升迁,急于追求权力,而是抓住时机为民服务、取得事业成就,养成踏踏实实为人民服务的作风。有一些年轻党政领导干部心浮气躁,提拔之前想方设法得到晋

---

① 张捷,时云.女性领导发展需求及政策建议研究:以江苏省女性党政领导为例[J].领导科学,2011(4):42-44.
② 习近平.领导干部要树立正确的世界观权力观事业观[J].中国党政干部论坛,2010(9):3.
③ 习近平.摆脱贫困[M].福州:福建人民出版社,2014:33.

升,晋升没有多长时间又想调整到条件更好的单位,这些人考虑的是追逐权力、享受待遇。青年人接班,最重要的是把党的好传统继承起来。另一方面,要注重做大量的积累工作,在继承中有所创新。有一些年轻党政领导干部急于树立自己的权威,推翻前任的决策另起炉灶。有些刚担任领导职位,急于求成,在情况不明的时候操之过急,急于出政绩。有些没有调查研究,出于个人想法朝令夕改。有些不屑于干小事,意图干大事一举成名。要甘做小事,做好基础工作,不断积累经验,在平凡的工作中取得不平凡的成就。要着眼于长远,一旦做出决断轻易不作主体修改。在前任领导者的基础上发展,有所继承有所创新,从而保持工作的连续性。

(3)拓展领导视野

由于领导阅历的限制、涉世不深,有些年轻党政领导干部没有丰富的领导经验,自以为是,见识比较短浅。江泽民指出,青年领导干部务必使自己"具有开阔的视野"。① 要克服自以为是的心态。现在的青年党政领导干部基本都接受过高等教育,不少拥有硕士学历甚至博士学历,拥有丰富的理论知识,但是涉世不深,再加上年轻气盛,有些容易产生骄傲情绪。广大年轻党政领导干部要向实践学习,向群众学习,向老干部学习,要不断开阔视野。人的认识是一个不断深化的过程,领导视野是一个不断开阔的历程。要在空闲之余,训练战略眼光,做一个"上屋顶"之人,不要老在"地下室"。研究和分析时代要求,敏锐地观察时代的各种变化。训练研判全局性问题的洞察力,养成对重大问题进行思考的习惯。

(4)加强锻炼考验

当前,有些地方对年轻党政领导干部存在提拔过快的问题,这不利于领导力的提升。习近平指出,要把年轻干部派到改革发展"第一线","放到艰苦环境中"接受锻炼。②《2014—2018年全国党政领导班子建设规划纲要》提出,不把年龄作为党政领导干部调整的界限。年轻化不是低龄化,不能过快提拔年轻党政领导干部。一方面,要安排到基层进行历练。当今社会是一个和平稳定、教育发达的时代,年轻党政领导干部基本都经过多年的学校教育。这里面就带来一个新的问题,即产生了从家门到校门、从校门到机关门的"三门干部"。这些人没有基层一线的实际经验,没有社会经验,直接通过考试进入党政机关。要使这些人了解基层状况,增加基层阅历,增长基层工作经验。另一方面,要安置到艰苦复杂的环境考验。如果经受不住艰难困苦的考验,就不可能真正成熟。现今社会的年轻党政领导干部基本没有经过严酷环境的考验,没有经历政治风浪的冲击。

---

①江泽民.论党的建设[M].北京:人民出版社,2001:427.
②习近平.以改革创新精神做好培养选拔年轻干部工作[J].党建,2009(5):6.

要把这些人安排到急难险重的环境中经受锻炼,完成复杂的任务,从而脱颖而出。越是到矛盾突出的环境见世面,越能在意志、才能和品德方面得到锻炼。

7.1.3 着力提升较低文化程度党政领导干部的领导力

(1) 进一步提高文化程度

文化程度是运用语言文字的一般能力及具备的普通知识,是党政领导干部最基本的素质。列宁提出,虽然苏维埃政权实现了工农群众参加国家管理,但是"有文化"的领导人才不足。由于领导者的文化素质差而给领导造成困难,文化上的落后限制了领导者的力量。① 刘少奇指出,领导者受"文化水平的限制",有的问题就不能很好地驾驭。文化程度更高,解决的问题才更多。② 没有较高的文化水平,就难以赢得领导主动权。这些提高领导者文化水平的重要思想,在今天依然适用,仍然具有很强的指导作用。看待教育程度问题,不能有"唯学历论",但是一定的教育程度、较高的文化水平对党政领导干部领导力有积极的作用。当今的党政领导干部队伍是由不同年龄阶段的人构成的,由于历史的缘故,还存在一些学历程度较低、文化知识较为缺乏的党政领导干部。随着时代的发展,人民群众和干部队伍的受教育程度也越来越高。改革开放初期,中专学历就是很高的教育程度。当今社会年轻干部队伍大都具有本科学历,不少甚至有博士学历。为了适应新的历史时期的要求,较低文化程度的党政领导干部要努力学习,接受更多的教育,主动提高文化水平。

(2) 树立终身学习的理念

终身学习,是指贯穿一生的持续学习历程,即学无止境的意思。习近平强调,领导干部一定要树立"活到老、学到老"的思想。③ 不少党政领导干部到一定年龄之后就不再提拔,就产生了升迁无望、不再学习的消极心理,产生了既然没有文凭、不愿学习的懈怠心理。对于这部分党政领导干部,终身学习的理念更有针对性。不通过新的学习提高自己,必然会落后于时代的要求,有失去领导资格的危险。党的十八大提出建设学习型政党的战略任务,把学习型的要求放在首位。文化程度较低的党政领导干部,必须树立终身学习的观念。学习不是一朝一夕的事情,应该长期坚持,主要依靠自修终身学习。对这些人的考核,可以把是否持续学习当作考察标准,鼓励其重新学习。

---

① 中共中央编译局.列宁全集:第36卷[M].北京:人民出版社,1985:150.
② 刘少奇选集:下卷[M].北京:人民出版社,1985:264.
③ 习近平.之江新语[M].杭州:浙江人民出版社,2007:41.

7.2 着力提升党政领导干部领导力的薄弱环节

研究结果表明,党政领导干部领导力的四个构成要素均存在问题。其中,领导权力方面的均值为 2.9495,是最薄弱的环节;领导能力方面的均值是 3.7009,也是很薄弱的环节;领导影响力方面的均值为 3.7948,也比较薄弱;领导魅力方面的均值为 3.8308,也不高。因此,党政领导干部要提升领导力,最需要改进的是规范行使领导权力,重点加强领导能力,同时也要提升领导影响力、领导魅力。

7.2.1 正确行使领导权力

研究结果表明,党政领导干部在奖励权力方面的均值最低,是最薄弱的环节,63.0%的党政领导干部不合理使用奖励权,没有很好地调动干部的积极性;63.3%的党政领导干部对下属的违法腐败行为做不到坚决处理,没有很好地行使强制权力;62.2%的党政领导干部没有严格地按照岗位规定行使权力,权力法定意识不强。因此,党政领导干部要规范行使领导权力,首先应当加强奖励权力的使用,提高干部群众的积极性;其次是刚直用权,加强对违法腐败现象的惩治;最后是树立权依法使的观念,严格按照岗位规定履行职责。

(1)发挥奖励权力的激励功能

当前,很迫切的一个问题是处理好全面从严治党与奖励激励的正确关系,既要加强监督问责的力度,又要调动干部的积极性。一些党政领导干部误判中央的反腐政策,有些为了明哲保身,抱着"不出事"的心理将正常福利与腐败所得一视同仁,取消正常奖励,不敢奖励,严重损害了干部的感情与合法权益,挫伤了干部的积极性。[①] 李克强指出,要通过"奖勤"为有所作为的干部增强动力。[②] 要明确激励政策,发挥奖励权力的动力机制作用。必须旗帜鲜明地鼓励干事创业的干部,对实干、愿干、能干的干部加大支持,提供更大的舞台。通过物质奖励、职务提拔、表彰鼓励等各种手段勉励先进人物,从而激发全体干部的积极性。

(2)发挥强制权力的规范与震慑作用

1)严明规矩,维护权威。习近平指出,光靠觉悟不够,还要有"刚性约束、强制推动"。[③] 当前,有些地方与部门存在组织权威得不到尊重的问题,还存在"有令不行"的问题。没有约束,一个组织就是一群乌合之众,干不成任何事业。没

[①]"反腐"决不是取消福利的借口[N].中华工商时报,2015-01-28(3).
[②]李克强.在国务院常务会议第一次会议上的讲话[N].人民日报,2016-01-07(1).
[③]习近平总书记重要讲话文章选编[M].北京:中央文献出版社,2016:23.

有规矩,组织就会丧失权威性,干不了任何事业。纪律严明,是领导的力量所在。推进全面从严治党,就要防止部门保护主义,克服本位主义,不允许出现"上有政策、下有对策"的现象,不允许发生有令不行的情况。对违反组织纪律、破坏组织权威的人要严格教育,情况严重的必须采取纪律措施。

2)惩懒治贪,加强震慑。习近平指出,必须运用反腐利剑,"形成强大震慑"。① 当前,我国反腐倡廉工作已经取得重大成就,但是反腐败形势依然不容乐观,尤其是存在"上面九级风浪,下面纹丝不动"的现象,即中央领导层大力反腐,而越到基层反腐力度逐级递减。对腐败分子的容忍,就是"对人民犯罪"。② 惩治腐败是党有力量的表现。党政领导干部要本着对党和人民负责的精神,不能放松对腐败分子的惩治,发挥强制权力的震慑作用。对于消极懒惰的干部,要通过"罚懒"使这些干部产生压力,推动他们积极作为。③

(3)做到"权依法使"

1)法无授权不可为,强化职权法定理念。习近平指出,领导干部要做到"法无授权不可为"。在一些党政领导干部中还存在一种错误思想,有的认为法律只是用来管理群众的,自己是否遵守法律则是无关重要的;有些存在官大还是法大、权大还是法大的疑问;有人还存在用旧习惯办事的现象,反而授人以柄。党政领导干部不熟悉法制,不仅做不到合法领导,还会产生违法腐败的现象。全面推进依法治国,就要求党政领导干部具备法治思维,做到开展领导工作要依照法律,处理事情要使用法律,决策要合乎法律。要严格依据法定权限和法定程序办事,在法律之内、法律之下行使权力,法规没有赋予的权力坚决不能行使。

2)法定职权必须为,做到"心中有责"。习近平强调,领导干部要做到"法定职权必须为",不可只揽权不担责。④ 当前,一些党政领导干部当"太平官"得过且过,抱着"不出事"的态度消极应付;有些认为只要没有违法腐败就会安全无事,这都是领导责任感不强的表现。"为官不为"的本质,是不履行法定职责。法定权力必须履行而不能放弃,放弃行使权力就是渎职、失职。法定权力必须行使而不得无为,有选择性地留下权力空白属于隐性违法。党政领导干部要树立权力就是责任的观念,履行好法定职责,不得放弃、推诿、转嫁责任。

7.2.2 加强领导能力建设

研究结果表明,党政领导干部在领导能力方面的均值处于第二低,是一个比

---

① 习近平关于协调推进"四个全面"战略布局论述摘编[M].北京:中央文献出版社,2015:147.
② 吴官正.闲来笔潭[M].北京:人民出版社,2007:346.
③ 李克强.在国务院常务会议第一次会议上的讲话[N].人民日报,2016-01-07(1).
④ 习近平.做焦裕禄式的县委书记[M].北京:中央文献出版社,2015:10.

较薄弱的环节。具体表现为,魄力最为不足,担当精神最为欠缺,91.4%的党政领导干部面对身边的腐败现象不敢举报,也不敢与之进行斗争;74.6%的党政领导干部自律能力不强,45.6%的党政领导干部认为自己的业务能力不强,40.1%的党政领导干部识别干部的能力不强,38.8%的党政领导干部政治定力不强,31%的人不能很好地根据下属的能力分配工作,30.5%的党政领导干部创新意愿不强。这说明党政领导干部要加强自身领导能力建设,最需要的是增强魄力,敢于担当;突出业务能力的位置,重点提高岗位技能;要增强廉洁定力和政治定力,加强自我管控能力;还需要加强创造力,增强创新精神,加强识别干部的能力等。

(1)敢于担当

敢于担当是对党政领导干部的基本要求。习近平指出,领导者要有"快刀斩乱麻的气魄"。[①] 党政领导干部没有魄力,不敢担当,就会滋生消极腐败现象,就会面对失误推卸责任,就会面对质疑不敢坚持正确的意见。党政领导干部必须增强胆识,敢于担当。面对消极腐败现象,敢于举报,勇于进行斗争,对失去原则的现象表明正确的态度。面对工作失误敢于正视,积极改正,首先做自我批评,不做揽功诿过之事。对于自己的正确意见,要敢于坚持,不能因为别人的议论就对自己产生怀疑。尤其是涉及原则性的问题,只要立场正确,就不能因为外部因素的干扰而有所动摇。

(2)成为本职工作的行家里手

党政领导干部不论身居哪个领导职位,都要根据岗位的需要做到"精其术",具备专业水准的业务能力。习近平指出,领导干部要成为"行家里手、内行领导"。[②] 当前一些党政领导干部存在"本领不足"的问题,岗位业务不熟练、岗位技能不强。党政领导干部要具备专业水准的业务能力,为官从政需要过硬的本领。不管在哪个领导岗位上,都要做到力争最好、力求优秀。党政系统需要的人才是全方位的,必须具备相应的专长。比如说,主管经济工作,就必须懂得我国已经进入经济新常态阶段,懂得如何推进供给侧改革,引导创新发展、绿色发展,推进经济结构的调整,熟悉经济政策;从事纪检监察工作,就必须掌握法纪法规,善于侦查审理办案;促进统一工作,就必须详细了解台湾各个社会阶层的情况,熟悉台湾政治、经济、地理、民情状况,善于开展对台湾人民的工作;开展外交工作,就必须维护国家利益,通晓外交方针政策,善于促进国际交往,敢于进行国际斗争;管理外贸工作,就必须懂得国际经济形势,熟悉国际市场规则,懂得国际贸易法规;推动农业工作,就必须懂得农业政策,熟悉农村形势,知晓农业技术,掌

---

① 习近平.摆脱贫困[M].福州:福建人民出版社,2014:46.
② 习近平.干在实处 走在前列[M].北京:中共中央党校出版社,2014:554.

握农民心理,建设社会主义新农村;等等。

(3)增强定力

1)增强廉洁定力,做到"心中有戒"。习近平指出,"廉洁自律是共产党人为官从政的底线"。① 在当今社会,我国的监督制度确实还有一些漏洞。同时,各类诱惑、各种讨好对着党政领导干部而去,领导岗位成为高危职业,成为一些别有用心之人"围猎"的对象。定力不强的党政领导干部很容易迷失自我,放松警惕,心存侥幸。一个人能否廉洁自律,最大的诱惑不是外界而是自己,最难战胜的敌人不是别人而是自己。党政领导干部要增强抵御诱惑的能力,加强自我约束,心存敬畏,慎独慎微,严于律己,做到自警、自省、自律。

2)增强政治定力,做到"心中有党"。习近平指出,"理想信念坚定,是好干部第一位的标准"。② 当前,一些党政领导干部出现问题,归根到底是因为信仰迷茫、信念动摇。有人觉得马克思主义已经过时,有人怀疑共产主义,有的不信马列信鬼神,有的向往西方社会制度。坚定理想信念是政治定力之基。要做到理想信念坚定,坚持社会主义基本路线,做政治上的"明白人",对党忠诚,自觉同党中央保持一致。尤其是面对政治风浪要坚守政治立场,面对大是大非要坚持政治方向,面对干扰经得起政治考验。

3)磨练毅力韧性,做到不怕吃苦。习近平指出,领导工作是"苦差事",想舒舒服服的就不能承担领导工作。③ 从政是一条自主性不是很强的路,没有坎坷是不可能的。尤其是经历了挫折之后,容易自怨自艾。领导岗位是充满各种压力的,领导活动是布满各种矛盾的,领导道路中有风险、有挫折、有坎坷、有挑战,党政领导干部必须能吃苦,意志力强。面对领导工作中的困难,党政领导干部必须磨练不畏艰难、艰苦奋斗的意志,保持一往无前、自强不息的精神,具有埋头苦干、百折不挠的毅力。领导工作是一个长期的过程,是一个渐进的过程,党政领导干部必须具有"滴水穿石"的精神,着眼于长期的铺垫工作,以量变求质变,保有一股永不放弃的韧劲和韧性。

4)增强战略定力,做到政贵有恒。习近平指出,领导干部要做到"政贵有恒"。④ 能不能保持战略定力,是一个党政领导干部是否成熟的重要标志。一个成熟的领导者并非图一时之快。天天有新精神是党政领导干部没有走上领导正轨的表现,不断有新口号并不表明党政领导干部的高明。工作成就的取得,不是

---

① 习近平. 做焦裕禄式的县委书记[M]. 北京:中央文献出版社,2015:11.
② 习近平总书记重要讲话文章选编[M]. 北京:中央文献出版社,2016:133.
③ 习近平. 做焦裕禄式的县委书记[M]. 北京:中央文献出版社,2015:46.
④ 习近平谈治国理政[M]. 北京:外文出版社,2014:399-400.

一蹴而就的,是长期积累的效应。对行之有效的战略决策一以贯之、决不朝令夕改,是一种领导品格,也是有定力的表现。保持战略定力,必须不为一时得失所困扰,不为一时情绪改变目标,不为一时注意力改变方向。为官一方必须保持领导工作的稳定性,为官一任必须保持领导活动的连续性。党政领导干部对中央作出的重大战略部署要一以贯之地贯彻,对地方和部门的战略蓝图落实到底。党政领导干部要有"钉钉子"的精神,一锤一锤接着敲,不断钉下去,领导工作必定大有成效。要有"功成不必在我"的精神,对一张好的战略蓝图,一茬一茬接着干,必定大有所为。党政领导干部到任之后,不要"兜底翻",要像接力赛一样一棒一棒地接下去,多做利于长远的事。

(4)提升创造力

1)大胆设想,试点试验。习近平指出,领导者最重要的是具备创造性。① 全面深化改革战略的提出,进一步提高了对党政领导干部创造力的要求,党政领导干部必须适应变化,大胆变革,敢于尝试,勇于创新。首先,要敢于思索,不可盲目、机械。党政领导干部不可机械对待中央的政策或者上级的统一决议,不可盲目贯彻上级的决议,应该按照本地区的实际情况把中央政策具体化,结合本部门的真实情况把上级决议具体化,否则就不会有生动活泼的局面。其次,党政领导干部必须打破思维定势,打开思维空间,善于结合当地群众的需要和可能的条件去创造事业,具有灵活性,创造新的办法解决问题。形势在发展,事物无时无刻不在变化,党政领导干部必须应时而变,根据变化了的情况大胆变革,设想解决问题的新方法,接受新事物,不断开拓创新。比如,在新媒体时代、网络时代,党政领导干部要具有新媒体思维,善于利用新媒体的力量从事领导工作。最后,在设想出新的办法之后,要尝试实践。在可能的范围之内,大胆推进试点试验工作。采用试点的方法,大胆实验,可以采用先易后难的策略,在先行试点中鼓励成功,纠正失误,逐步推进。取得若干成功经验后在面上推广,在全面推进时以前期成功的经验引路,把创新的代价和改革的风险降低到最低程度。②

2)集中群众创造智慧。习近平指出,人民群众中有"无穷的创造力",要把领导智慧的增长扎根于人民群众的实践沃土。③ 埋没大家的创造性,就会造成领导的贫乏。千百万人民群众的智慧会创造出一种比最伟大的天才还要高明的东西,多注意群众怎样在实际中创造新事物。集中群众的智慧和创造,是领导者的

---

① 习近平谈领导[J].领导文萃,1993(Suppl.1):9.
② 习近平.之江新语[M].杭州:浙江人民出版社,2007:17.
③ 习近平.深入学习中国特色社会主义理论体系 努力掌握马克思主义立场观点方法[J].求是,2010(7):20.

主要工作之一。一些新事物是群众发明的,党政领导干部的作用是把它们概括起来。必须相信群众的创造力,不可限制群众的创造性,发现、发展下边好的创造。只要善于从人民群众的创造火花之中寻找灵感,党政领导干部创新的资本、创造的力量就会大大地增强。这种领导思想的转变,是创造工作的基础,是创造的重要源泉。

(5)提升洞察力

1)科学判断形势。习近平指出,科学判断形势是正确决策的前提。① 科学判断形势,历来是实施正确领导的前提。科学判断形势的能力,是领导能力的重要一环。借助于对事物的认识来做出决定,才能对外部环境有正确的认识。自以为是地发号施令,这样的党政领导干部没有不摔跤的。必须深入实际,掌握外部环境的情况,不仅要了解本部门本地区的形势,也要了解省内形势,了解国内形势,必要的时候还要了解国际形势。洞悉事情的全体,抓住事情的本质,正确把握形势的变化。

2)善于识别干部。习近平指出,用人得当,就必须要知人。首先,要识别一个干部的品德格局。当前一些干部出现违法违纪问题,一个重要的原因就是党政领导干部没有把下级考察好。党政领导干部要看干部的德,既看干部的小节,更要看干部的大节,要观察干部对待群众的感情以看其品质情怀,观察干部对待名利的态度以看其境界格局,这才是对待干部的正确态度。其次,要识别一个干部的能力水平。党政领导干部不是法院,不是检察院,不是只盯住干部的缺点。要发现干部的长处,看干部的优点,看他的主流。要通过观察干部对重大问题的思考以看其见识见解,观察干部处理问题的结果以看其能力水平。最后,要注意识别干部的方法。对干部的了解不能停留在自我的表面感觉上,必须懂得考察办法。党政领导干部要多渠道识别干部,既要依靠自己的眼力,尽可能掌握第一手信息,有对干部的直接判断,又要用好集体的眼睛,从多视角了解干部,还要从基层了解群众对干部的评价。要多层次地识别干部,既要考察干部在平时、日常的工作表现,又要考察干部在关键时刻、重大关头的行为表现。要全方面地识别干部,既看干部一个历史时期的工作,又看干部所有历史时期的一贯表现,既看干部一个岗位某个方面的工作,又看干部全部的工作。②

3)抓住主要关节。习近平强调,领导者要知关节,得要领,善于着眼大事,将领导的"主要精力倾注到事关全局性、方向性、关键性的问题"上来。③ 当前,造

---

① 习近平.干在实处 走在前列[M].北京:中共中央党校出版社,2014:27.
② 习近平.之江新语[M].杭州:浙江人民出版社,2007:24.
③ 习近平谈领导[J].领导文萃,1993(Suppl. 1):10.

成一些党政领导干部"不会为"的重要原因,是党政领导干部面对复杂的形势,面对繁重的领导任务,没有找出工作重点,没有看出中心环节。纲举才能目张。党政领导干部必须善于看到领导工作中的关键环节,抓住中心,中心工作为主,择其要者而为之。对于上级部署,要善于区别任务的轻重缓急,区别中心工作与一般工作,从而用最快的速度优先处理紧急事务,用最小的力量次后处理不着急的事务或者轻微的工作,用最大的精力、最多的时间抓住中心环节,做到不平均使用力量,防止乱无头绪的事务主义。

4)提升预见能力。习近平指出,领导干部要力求眼光敏锐、见微知著的"最高境界",力戒见事迟、反应慢的最坏情况。① 当今时代是一个复杂多变的时代,当今社会是一个突发事件频发的社会。只有先觉者,才能觉后觉。党政领导干部承担领导工作,指导群众的行动,必须具备预见能力,必须做一个先觉者,必须争取对各种问题有预先的计算。党政领导干部必须训练对事物的敏感性,把问题防患于未然,治之于未乱,化解于无形。必须提高工作的预见性,见事早,提前发现问题,提前做好准备。在形势有利的情况下,党政领导干部必须看到存在着的不利因素,做到居安思危,未雨绸缪,提前做好处置不利局面的准备。在形势不利的情况下,党政领导干部必须发现蕴藏着的有利因素,预测美好前景,把形势引导到光明的前途。

(6)提升决断水平

1)提升民主决断的能力。习近平指出,领导者在做出决断之前,"先听他个八面来风",兼听各种意见。② 善于从群众意见中汲取智慧,是提高领导能力的重要途径,也是提高民主决断能力的重要方面。只依靠几个领导者,多英明也不行。一方面,要做到遇事多商量。要坚持有事多商量,商量得越深入决断能力越强。关乎全国的事情,必须在全社会中商量;关乎一个地方的事情,必须在这个地方商量;关乎特定群众的事情,必须在部分群众中商量,这就是集思广益、民主决策的过程。另一方面,现代领导还有"智力上的延伸",要有一些智囊。③ 党政领导干部要发挥专家智库的作用,为领导决断提供各种备选方案,协助做出科学的选择。要做到把各个方面的意见集中起来加以提炼,善于吸收别人的正确意见,提取各种意见中有价值的部分。

2)提升科学决断的能力。习近平指出,凡事要善于运用"底线思维"的方法。

---

① 习近平.之江新语[M].杭州:浙江人民出版社,2007:27.
② 习近平.摆脱贫困[M].福州:福建人民出版社,2014:14.
③ 江泽民.各级领导干部要研究领导科学[M].探索与争鸣,1995(2):3.

事情要多从坏处准备,做到有备无患。① 党政领导干部在决断的时候,既要考虑想到的情况,又要准备意料不到的情况,既要想到有利条件、顺境,又要对付不利情况、困难。作计划要留有余地,规定任务不要过重,做出规划不要过死,要把工作的基点放在出现较大的风险上,准备好应对之策,把握主动权,这是很重要的领导智慧。党政领导干部的决策计划不是一个个体的事情,而是关系到一个团队、一个单位甚至一个地区的利益,必须对各种方案进行慎重比较。要考虑权衡各种方案的优点和缺点,选择具有最大优点的方案,规避具有最大缺点的方案。做出决策,不但要与现行的比较,也要与过去的比较,不仅要与本地区的比较,还要与省外的、国外的比较,不仅要与落后的比较,更要与先进的比较。进行多方面的比较权衡,判断才更准确,好处才更多。人对事物的认识不是一蹴而就的,尤其是不紧急但又很关键的问题,必须做到反复思考。从正面反面反复思考,从各种可能性反复考量。如果时间允许,把这个事项暂时放起来、缓一缓,过后再思考,这才是科学决断的方法。

3)提高使用干部的能力。习近平指出,用干部要做到"用其所长"。② 现在,有的党政领导干部配置干部要么看资历、论资排辈,要么存有私心,而不是看谁更合适、更优秀,结果造成干部有怨气,自己工作也吃力,难以取得优秀业绩。用人得当,就必须提高人事决断能力,科学安排干部,用当其时、用其所长。首先,要以事择人。什么人到什么岗位,哪个工作用哪个干部,党政领导干部要心中有所判断。干部与岗位、人和事的匹配,一定要从工作需要出发;尤其是不能简单把职位作为奖励干部的工具,更不能把职位变成拉拢干部的手段。其次,要用人所长。骏马能够驰骋万里,但是耕田不如牛。在配置使用干部的过程中要发挥干部的优点,文笔好的要让其多书写,善于交际的要让其承担外联工作。使干部各尽所能,充分释放干部的聪明才智。最后,要善于配备干部组合。在一个工作任务中,党政领导干部必须搭配好干部团队。两个性格都很强势的干部尽量不要搭配在一起,几个都很内向的干部也尽量不要安排在一起,要根据干部的优缺点进行互补搭配。

4)提高果断决策的能力。习近平指出,在需要决断的关键时刻要"敢于拍板"。③ 首先,要排除干扰有主见。世界是复杂的,人对一个事物的看法也是多样的,存在一些争论也是非常正常的。一个党政领导干部在遵循民主程序的前提下,必须专心致志地聚焦工作,力排众议做出决断,不能拘泥于别人的评说,不

---

① 习近平总书记系列重要讲话读本[M].北京:人民出版社,2014:180-181.
② 习近平谈治国理政[M].北京:外文出版社,2014:419.
③ 习近平谈领导[J].领导文萃,1993(Suppl.1):11.

能被一些不必要的议论干扰,也不能陷入完美主义的泥淖。必须要有主见,自己没有主见或者是有方案而优柔寡断,被领导者就无所适从。其次,面对繁杂紧急事件要迅速决断。领导岗位任务众多,一个党政领导干部承担的工作繁杂沉重,这就要求必须快速决策、果敢决断。对于一些小的繁杂的事项要快速做出选择,快刀斩乱麻,讲求决策效率。对于一些紧急事项和突发事件,不可拖延,必须快速制订处理方案,及时处置,以免错过处理的最佳时间点。最后,要抓住机遇果断决策。党政领导干部要把握好机遇,促成事物质变。① 当今的世界是快速变化的世界,对于已经看准了的符合法律政策要求的事项必须果断决策,决不可延误时机。局面千变万化,机遇稍纵即逝,必须善于审时度势,当机遇出现的时候利用机遇而不能丧失机遇。

7.2.3 积极发挥领导影响力

研究结果表明,党政领导干部在领导影响力方面的均值不高。其中,32.8%的人不能很好地为下属指出工作方向,32.5%的人不能很好地培养指导下属,31.6%的人在突发事件面前主动性不强,23%的人不能很好地把下属的力量凝聚起来。因此,党政领导干部要提升领导力,首先要增强导向力;重点抓好对突发事件的主动驾驭,还要把干部群众的力量凝聚起来,发挥整体的力量。

(1) 提升导向力

1) 提出任务,指明前进方向。要指明任务而不是任其自流。邓小平指出,称职的领导是提出建议,不是要发展群众中的"自流性"。② 在工作中任其自流,跟随在群众的后面跑,不引导群众的自发性,违反了领导群众前进的原则,这就把自己降到普通群众的水平,失去了领导的作用,这是错误的倾向。领导力是指引力,党政领导干部是一个组织的领航员,要根据党的路线方针政策,根据群众的实际情况,提出任务,定出计划,从而实现指导作用。要做好向导而不是包办代替。领导者只能是人民群众的"向导"。③ 不合格的领导是万能的领导,是无所不包的领导。其结果是使领导活动的空间毫无边界,管了许多不该管、也管不好的事。领导力是导向力。党政领导干部只能是向导,不能包办代替。要从"无限"领导向"有限"领导转变,立足于自身主要职责,明确自己的活动空间,而不是什么都大包大揽。要做一个组织把控方向的舵手,而不是只依靠自己划桨。

2) 培养干部,指导干部进步。习近平指出,领导工作的一个重要方法,是要

---

① 习近平谈做官与做人[J].时代潮,2000((8):34.
② 邓小平文选:第1卷[M].北京:人民出版社,1994:72.
③ 刘少奇选集:上卷[M].北京:人民出版社,1981:352.

有很强的"带队伍"意识,成熟的领导者是善于培养人的。① 传统的领导力是外显的,上级永远处于强势地位,下级永远处于边缘地位,领导者只用人而不培养人,只命令人而不教导人。衡量党政领导干部是否优秀,要看指导得如何。培养下级的过程,就是发挥领导影响力的过程。能培养出下一代领导者才是最高境界的领导,影响力才能长久持续。领导力是教导力。不仅自己会干而且指导别人干,改变上忙下闲的情况。应该实现领导力从"显性"向"隐性"的转变,在一些时候要大胆放手,有意识地退到领导活动的边缘,创造条件推动下级独立开展工作,为他们提供活动舞台。在下级有工作困难的时候加强帮助,在存在困惑的时候提供指导。

(2)提升凝聚力

党政领导干部不仅要把干部群众分散的力量凝聚起来,也要团结其他领导成员。习近平指出,"团结出凝聚力"。② 在一个领导集体里面,要团结与自己意见有分歧的领导成员,要联合曾经反对过自己的领导成员。党政领导干部必须懂得,领导成员之间最忌讳的是不团结他人,反而挑拨离间。③ 必须抛弃没有帮助反而打击他人的所谓"权谋力"。不能把组织变成狭隘的宗派,变为狭小的圈子,决不搞小山头、小团伙。党政领导干部对其他领导成员要施加积极的作用力,起到团结作用、联合作用,而不是消极作用。对干部群众要施加强有力的聚合作用,把干部群众的力量聚拢起来,把分散的个体凝聚成为强大的团队。

(3)提升驾驭力

1)应对而不是应付复杂局势。习近平指出,领导者面对突发事件不要等待观望,要主动推动,积极作为,"亲临现场、靠前指挥"。④ 前几年,在瓮安、陇南、孟连等地发生的事件说明,党政领导干部在突出矛盾上存在浑然不觉的问题,在复杂问题上存在视而不见的问题,在突发事件上存在处置不当的问题。错误的做法是,退避三舍,退后等待,被动应付,消极对待。一些消极混乱现象得不到及时纠正,根本原因是领导不力,甚至是放弃了领导。这里面有能力的问题,更是主动性的问题。我国已经进入矛盾凸显期和问题高发期,风险挑战频出。掌握主动权才能势如破竹。要积极施加领导影响力,主动作用于环境,使事情按照自己的意图进行,处于主动地位。面对复杂局面,不能熟视无睹,要积极应对,掌控局势;对待突出矛盾,不能置若罔闻,要靠前指挥,主动解决;对于突发事件,不能

---

① 习近平.摆脱贫困[M].福州:福建人民出版社,2014:42.
② 习近平.干在实处 走在前列[M].北京:中共中央党校出版社,2014:552.
③ 江泽民文选:第2卷[M].北京:人民出版社,2006:149.
④ 习近平.做焦裕禄式的县委书记[M].北京:中央文献出版社,2015:10.

消极回避,要快速反应,迅速处置。

2)说服而不是压服人民群众。习近平指出,对待人民内部矛盾要"耐心疏导、说服教育",力戒简单粗暴、强加于人。① 对待人民群众只能说服不能压服,以力服人是不行的,压的结果只能是压而不服。② 现代社会人民群众教育程度提高,政治热情增加,民主意识增强,对领导者的依赖降低,这是对党政领导干部领导力量的挑战。在某种意义上,党政领导干部与群众是矛盾的双方,党政领导干部处于主要方面,矛盾的主因是对群众的说服工作不到位。与群众产生意见分歧时,有些党政领导干部在观念上是很不清楚的,认为控制局面就是使用强制力量。必须抛弃命令主义的简单做法,不能只凭强迫力量命令群众做尚未协商一致的事情。四川省成都市金牛区唐福珍事件就是一个轰动全国的惨痛教训,受害人迫于强制搬迁而自焚。人民群众的事情要通过沟通,不能通过强压来解决,强迫只能扩大事态。要动员群众,加强宣传,以理服人,用民主协商的、说服教育的办法解决人民内部矛盾。有些情况下,群众不是立刻接受,要逐步地用摆事实、拉近感情的方式耐心说服。说服的方法花费的时间与精力不少,但是这是绝对需要的。

7.2.4 提高领导魅力水平

研究结果表明,党政领导干部在领导魅力方面的均值不高。其中,46.0%的党政领导干部对待办事群众亲和力不足,39.5%的党政领导干部见识不广,34.9%的党政领导干部不太注意践行核心价值观,32.1%的党政领导干部知识不够丰富。这说明党政领导干部最需要提升知识见识水平;要注意言传身教的作用,积极践行核心价值观;重点解决好"脸难看"的问题,热情服务群众。

(1)成为"杂家"

丰富的学识是构成党政领导干部人格魅力的重要基础。习近平强调,一个优秀的领导者不能只懂得某一门的狭隘知识,而是做一个"杂家"。③ 党政领导干部是负责全面工作的,知识应该力求全面。党政领导干部虽然不很专,但懂得多、站得高、看得全,所以才能领导众多专家,才能吸引被领导者。学习各行各业的知识,既要懂一些自然科学知识,又要懂一些社会科学知识。学习经济、管理、法律、科技、文化、网络、国际等各个方面的知识,努力使自己成为真正意义上的知识丰富的"杂家"。既要有丰富的书本知识,又要有充足的社会见识。坚持工

---

① 习近平.如何做好新形势下的群众工作[EB/OL].[2005-09-01].http://www.zjol.com.cn/05zjnews/system/2005/09/01/00628850.
② 毛泽东文集:第7卷[C].北京:人民出版社,1999:279.
③ 习近平.干在实处 走在前列[M].北京:中共中央党校出版社,2014:422.

作需要什么学什么的原则,有针对性地学习履行领导岗位必备的知识。坚持什么方面弱就补什么的原则,有针对性地填补知识短板,优化知识结构。在知识更新迅速的年代,不断跟踪学习与领导工作相关的新知识。

(2)培养从政道德

1)"心中有民",坚持道德高线。习近平指出,"为官之理在于讲奉献"。[①] 领导魅力能否树立起来,树立的程度如何,归根结底取决于为民服务的程度。党政领导干部的道德觉悟应该在社会公德的共性要求之上,对自己的道德要求不能与一般人一样,应树立道德的高线要求。最高尚的道德是为人民服务,为了人民群众的利益而奋斗才是道德高线。要把人民的利益放在最高位置,急群众之所急,乐于奉献,做到先天下之忧而忧。当自己的利益、家庭的利益和人民群众的利益发生冲突的时候,必须牺牲自己的私利,维护人民群众的利益。党政领导干部应该成为普通大众的道德表率,有些事情群众能做而党政领导干部不能做,有些事情普通群众可以不做而党政领导干部必须做。

2)德润人心,坚守道德底线。习近平指出,领导干部也是一个普通的百姓,要"做好人",遵守一般的社会道德。[②] 一些党政领导干部出现道德失范问题、道德滑坡问题,连普通群众能遵守的道德规范也没做到。党政领导干部生活在社会里,也是普通之人,要做到以德服众,必须坚守人民群众心中的道德底线,必须坚守社会生活的一般道德规范。一般性社会道德规范是最基本的、最朴素的道德规范,党政领导干部必须坚守,做一个好人,具有诚实守信的社会公德、认真勤奋的职业道德、孝顺慈爱的家庭美德,守住做人的底线。在一般性的社会道德上,党政领导干部应该成为普通大众的道德标杆。禁止群众做的事情,党政领导干部坚决不去做;要求群众做到的事情,党政领导干部首先要带头做到。

3)模范践行,坚持价值引领。习近平指出,榜样的力量是无穷的,领导干部要带头"弘扬社会主义核心价值观",用自己的模范行为感召群众。[③] 要在核心价值观上正本清源,使自己的价值观跟得上现代化的节奏。在当今的中国,富强、民主、文明、和谐是国家层面的核心价值,自由、平等、公正、法治是社会层面的核心价值,爱国、敬业、诚信、友善是个人层面的核心价值。党政领导干部要摒弃错误的价值理念,做社会主义核心价值观的价值承担者。养成核心价值观不是简易之事,由易到难、由小到大,逐步内化于心,变成日常的行为准则,最终形成自觉的信念。要通过核心价值观凝魂聚气,把它注入组织,取得价值认同,成

---

① 习近平.摆脱贫困[M].福州:福建人民出版社,2014:38.
② 习近平.之江新语[M].杭州:浙江人民出版社,2007:258.
③ 把培育和弘扬社会主义核心价值观 作为凝魂聚气强基固本的基础工程[N].人民日报,2014-02-26(1).

为人们日用而不觉的价值准则。我国全方位的社会变革与开放,形成了多样化的利益主体,传统的单一的价值取向被打破,代之以多元化的价值观。党政领导干部要坚持价值引领,用社会主义核心价值观凝聚价值共识,解决人们的价值冲突和价值困惑。

(3)塑造亲民形象

亲和力是领导魅力的重要方面。习近平指出,在新形势下做好群众工作,要"进一步提高亲和力"。① 当前一个突出的问题,是党政领导干部在服务群众的过程中存在"脸难看"的问题,亲和力不足。党政领导干部领导力的强弱,不仅是从能力上来看,也要注意"面孔",注意对人民群众的服务态度问题。党政领导干部必须克服"脸难看"的问题,尊重群众,热情服务,塑造亲民的领导形象。要做到为人处世必须具有感染力、使群众愿意亲近,待人接物必须具有亲和力、让群众愿意接近。

7.3 采取不同举措提升党政领导干部领导力

研究结果表明,政治因素、经济因素、社会文化因素、组织因素、家庭因素、个人因素对党政领导干部领导力均具有一定的影响。这充分说明,要提升党政领导干部的领导力水平不是一个单方面的问题,而是要注意内外兼修。既要提升个人素质,又要改善外部环境。

7.3.1 加强制度建设

研究结果表明,政治因素对党政领导干部领导力的解释方差为 11.1%。其中,政治因素对道德魅力的解释方差高达 85.0%,对领导能力的解释方差为 16.9%,对领导权力的解释方差为 14.0%,对领导影响力的解释方差为 10.3%。这说明好的制度能够明显提高党政领导干部领导力水平。因此,必须继续保持好的制度传统,同时填补相关体制机制的漏洞。

(1)加强监督制度

监督是对权力进行督促和监管。马克思主义者认为,绝对的权力导致绝对的腐败。对于规范领导权力而言,监督制度处于根本地位,具有长远作用。马克思早就指出,公务人员在公众监督之下公开工作,能"防止人们去追求升官发财"。② 列宁也强调,施行"真正的监督"是打倒官僚主义的关键,才能消除苏维

---

① 习近平.领导干部要不断提高新形势下群众工作水平[N].人民日报,2011-01-06(1).
② 中共中央编译局.马克思恩格斯选集:第3卷[M].北京:人民出版社,1995:13.

埃政权的弊病。① 习近平指出,一些人腐败现象严重,重要原因是当前一些领域的体制机制不够健全。要加强对权力的制约和监督,把"权力关进制度的笼子里"。② 没有监督或者监督不强就一定会犯大错误。严管才是厚爱,信任不能代替监督,好干部是管理监督出来的。全面从严治党,要把强化党内监督作为根本,坚持民主集中制,加强党委监督,做好监督体系顶层设计,强化巡视监督,强化纪检监察机关的监督。要把法治作为治本之策,把法治作为治理的基本方式,善于用法治思维反腐,善于用法治方式监督,严明党的法规,推进反腐败国家立法,厘清权力清单。加强对主要领导职位的监督,科学分解主要党政领导干部的权力。监督制度起不到应有的作用,再多也是流于形式。要突出监督制度的针对性,制度在于精不在于多,防止"牛栏关猫"。

(2)改进考核制度

考核是对工作态度与工作成效的核查考定。马克思主义者认为,要不断改进和严格执行考核制度,运用考核结果使干部能上能下。列宁早就提出,要实行考核制度,考核必须是全面而又严格的。通过"一个小型考核机构",检查执行情况与工作效果。③ 习近平指出,考核工作要跟上,让"能者上庸者下"。④ 当前造成"为官不为"的重要原因是,弱化了 GDP 标准后,其余的标准有待于进一步科学化。有些则是制订了强制性的评比指标,造成党政领导者有选择性的行使权力。要继续完善对生态效益、社会文明程度、民生进步状况、道德品质、依法办事等指标的考核,反映党政领导者的真实状况,把考查结果与能上能下机制相结合,使劣者汰、庸者下、能者上。要继续废除各种不科学的屏蔽考核,释放给党政领导干部造成的不必要的压力。

(3)完善问责制度

1)健全严格的问责机制。问责是对工作中责任的划分与追究。马克思主义者认为,要健全问责机制,有责必问,有责必究。胡锦涛较早指出要健全质询问责、引咎辞职的制度。⑤ 习近平指出,要完善责任追究工作,促进"问责常态化"。⑥ 动员千遍不如问责一次,一些党政领导干部不作为的重要原因就是问责

---

① 中共中央编译局.列宁全集:第 30 卷[M].北京:人民出版社,1985:107.
② 十八大以来重要文献选编[M].北京:中央文献出版社,2014:136.
③ 中共中央编译局.列宁全集:第 42 卷[M].北京:人民出版社,1987:388.
④ 习近平总书记重要讲话文章选编[M].北京:中央文献出版社,2016(4):136.
⑤ 胡锦涛.高举中国特色社会主义伟大旗帜 为夺取全面建设小康社会新胜利而奋斗[N].人民日报,2007-10-25(1).
⑥ 习近平.在第十八届中央纪律检查委员会第六次全体会议上的讲话[N].人民日报,2016-05-03(2).

不严。党的十八大以来,党和政府对衡阳贿选案问责467人,对南充贿选案问责477人。这种失职必究的问责对全国的党政领导干部都是一种警醒与震慑,对提升党政领导干部的领导力具有正面的促进作用。当前的问题是,行政问责多、管党治党不力问责少,问责规定零散。推进全面从严治党,就要完善责任追究制度。要科学界定责任,党委的主体责任是加强领导管理,选好用好干部,强化权力制约和监督,支持查处违纪违法问题,廉洁从政。纪检监察机关的监督责任是专门做好监督执纪问责工作,问责要严,不能感情用事。要整合问责制度,实现问责主体、内容、对象、事项、程序、方式的制度化,实现问责制度的聚焦。

2)建立合理的容错机制。当前一些党政领导干部不履行法定权力,创造力不足,重要原因是担心出现领导失误被问责。党政领导干部出现工作错误,一些是由于配套不完善,一些是由于事物太新太复杂。人的认识是由不知到知、由浅入深的过程,改革者、创新者、探索者一时一地的失误也是必然的。习近平提出了"三个区分"的思想,指出要谅解因缺乏经验而出现的改革失误、合理合法的探索性失误、推动发展中的过失。① 李克强指出,鼓励政府官员干事业就要"建立容错机制"。② 要把管理问责和谅解理解相结合,容忍一些工作失误,保护改革创新者的积极性。要科学认定容错的具体内容与标准,落实认定错误的部门和流程,营造良性的容错氛围,不要放大改革失误,提高社会容忍度。

(4)加强集体领导制度

在马克思主义者看来,集体领导是最高的领导原则,既可以使个人汲取集体智慧,又可以防止个人专断。马克思强调,党组织要民主,通过集体协商堵塞住"独裁的密谋狂的道路"。③ 习近平指出,集体领导和个人负责的关系"不能缺位错位"。④ 一方面,在重要的事情上要加强共同讨论、集体投票决定。组织意图和领导个人意图不同,禁止用个人决定代替甚至推翻组织决定。在涉及大额资金、重大项目、重要干部任免、重大事项上必须实施集体领导,举行会议共同进行讨论。在任何时候、任何情况下,在这些重要问题上党政领导干部个人都不要擅自表态,不能省略民主讨论程序,不把个人意见强加给集体成员。在小的事情上,要委托一位大胆泼辣而又深孚众望的领导成员负责,严格地规定个人责任,以专责守。借口集体领导而导致无人负责,是最危险的祸害。既要防止把集体

---

① 习近平.在省部级主要领导干部学习贯彻党的十八届五中全会精神专题研讨会上的讲话[N].人民日报,2016-05-10(2).
② 李克强.政府工作报告[N].人民日报,2016-03-18(1).
③ 中共中央编译局.马克思恩格斯选集:第4卷[M].北京:人民出版社,1995:200.
④ 习近平.在党的群众路线教育实践活动总结大会上的讲话[N].人民日报,2014-10-09(2).

领导变为集体推脱、事无巨细一概讨论的错误倾向,也要反对把个人负责变为各自为政、重大问题个人专断的错误倾向。

(5)适度向基层分权

党政领导干部尤其是基层党政领导干部必须有一定的权力,才可以独立处理问题,才能提高效率。责任到人就要权力到人,如果只有责任而权力不足,责任制就一定会落空。权力集中于中央,地方党政领导干部的权力就小,就难有作为。权力集中于省市,区县乡镇党政领导干部的权力就弱,就难以作为。全国的县镇级党政机关的领导干部普遍存在责任大、权力小的不对称状态,这是当前的一个事实,造成难以调动积极性也难以推动工作的被动局面,这也是党政官员"不作为"的一个重要原因。李克强指出,要推进简政放权,给地方"下放权力"。① 一些地方的"扩权强县"的试点表明,县级政府权力的扩大有利于促进地方公共服务水平,有利于促进经济发展。② "强镇扩权"的试点也表明,将一些市直部门的权力适度下放给乡镇政府,不仅充实了党政官员的领导权力,使权责对称,更推动了当地的发展。③ 要在此基础上加大权力下放的力度,使地方尤其是基层党政领导干部责权一致,调动积极性,增加干事创业的主动权。

7.3.2 发挥经济因素的保障与激励作用

研究结果表明,经济因素对党政领导干部领导力的解释方差为9.4%。其中,经济因素对领导影响力的解释方差为10.5%,对领导权力的解释方差为9.3%,对定力的解释方差为10.8%。这充分说明,要提高党政领导干部的领导力水平,必须坚持发展是第一要务的理念,促进经济发展,增加可供支配的公共经济资源;同时也要根据经济发展水平、物价水平和人民群众的承受程度适度提高党政领导干部的薪资水平。

(1)坚持发展经济,发挥经济因素的保障作用

在马克思主义者看来,经济资源是领导力的有力支撑。从根本上说,党政领导干部的领导力状况,与经济因素密切关联。毛泽东提出,要实现自己的领导,必须给以被领导者"物质福利"。只有解决群众的生活问题,他们才围绕在领导

---

① 李克强.改革要取消和下放权力接受群众监督[EB/OL].[2013-05-13].http://t.m.youth.cn/transfer/index/url/news.youth.cn/gn./201305/t20130513_3222878.htm.
② 郑浩生,李东坤.省以下分权改革促进地方基本公共服务供给吗?——来自四川省"扩权强县"改革的经验证据[J].公共管理学报,2016(4):42-52.
③ 王汉超.放实权 得实惠 出实效[N].人民日报,2014-03-06(6).

者的周围。① 如果不尽可能地发展生产,就会失去领导主动权。习近平指出,通过办实事让群众享有看得见的利益,解决群众的生活困难,是一种"最实际、最普遍、最有效"的工作方法。② 我国中西部农村、山区很多地方依然很贫困,如果不能保持一定速度的经济发展,改善民生就没有物质基础。当今社会,多数事件背后都存在经济利益问题,群众情绪大多是物质利益问题,经济性大于政治性。③ 发展经济才能巩固领导力。只有发展经济,才有物质资源保证有效履行法定权力,才能提高对复杂局面的驾驭力,获得处置危机的物质条件,才能获取为民服务的公共经济资源。不管哪个岗位、哪个系统的党政领导干部,都要坚持"发展是第一要务"的理念,注意为经济建设提供服务,为发展经济保驾护航,增加生产力的总量。

(2)适当提高薪酬,发挥经济因素的激励作用

党政领导干部生活在现实生活中,也照样面临生活压力。马克思主义者认为,使领导者安心工作,保障必要的生活条件,是领导者顺利完成任务所必需的。江泽民指出,应当保障领导干部合理合法的物质利益,不能"又要马儿跑,又要马儿不吃草"。④ 习近平指出,要"对干部待遇上保障",让广大干部安心。⑤ 要求履行组织职责与保证待遇是统一的,有利于调动积极性。薪酬水平是影响党政领导干部领导力的重要因素,可以用来维持生活,稳定优秀人才,抑制潜在的不廉洁行为,这是党和国家必须要注意的。当前,在国家实施职务职级并行改革后,党政领导干部薪酬有所改善,但是依然存在不少问题。现在社会物价上涨,福利房制度逐步退出,购房、生活成本高,扶养父母子女费用高。"为官不为"现象仅有7.4%出现在省级部门,22.0%出现在市级部门,47.1%出现在县级部门,23.5%出现在乡镇部门。近八成的人认为40～59岁的官员属于"天花板"干部,薪酬待遇封顶,最容易出现"为官不为"现象。⑥ 由于职务职级并行制度未考虑男女退休年龄的差别,女性退休年龄一般比男性早,造成了部分女党政领导干部没法享受改革红利。要实行"廉而不刿"的政策,保障合理的收入,打开"正

---

① 毛泽东文集:第5卷[C].北京:人民出版社,1996:146.
② 习近平.如何做好新形势下的群众工作[J].求是,2005(17):29-32.
③ 于建嵘.当前我国群体性事件的主要类型及其基本特征[J].中国政法大学学报,2009(6):116.
④ 江泽民.论加强和改进执政党建设[M].北京:中央文献出版社,1991:473.
⑤ 习近平.在省部级主要领导干部学习贯彻党的十八届五中全会精神专题研讨班上的讲话[N].人民日报,2016-05-10(2).
⑥ 王卓怡,常妍,孟宪强.不敢干、不愿干还是不会干 部分官员不作为真正原因调查分析报告[J].人民论坛,2015(15):14-17.

门"。① 要根据经济发展情况,在社会承受范围之内,适当提升市、县、镇党政领导干部薪酬水准,使付出与收入对称;建立合理的薪酬变动机制,保证"天花板干部"不升职但能提薪;适度照顾女性党政官员,缩短提薪周期,使其在退休前享受改革红利。

7.3.3 塑造良好的社会文化氛围

研究结果表明,社会文化因素对党政领导干部领导力具有很强的影响,解释方差为26.0%。其中,社会文化因素对领导权力的解释方差为49.7%,对领导能力的解释方差为11.4%,对领导魅力的解释方差为9.3%,对领导影响力的解释方差为9.1%。这充分说明,必须高度重视一些不良社会文化因素的负面影响,认识到其危害性;坚持正面引导,塑造风清气正的文化生态;着眼于持久的努力,从根本上消除不良社会文化产生的土壤。

(1)废弃"老好人"主义,形成追求真理、讲究原则的氛围

我国是一个人情社会,人际关系相对紧密,造成人们不愿得罪人、给人留"面子"的空气。"老好人"主义也有一定的文化根源,传统文化中存在明哲保身、力求中庸的处世哲学。要意识到"老好人"主义是有害的。在这种庸俗的文化空气中,党政领导干部是很难成长起来的,更难以推动工作。马克思早就指出,不要让"团结"的叫喊所迷惑,就是口头上喊声最响的人造成的"麻烦比任何人都多"。② 习近平强调,做"好好先生"不仅是一种涣散,更是一种麻痹。③ 不讲真理,不讲原则,因为是认识的熟人,明知道不对却保持"一团和气"。党政领导干部不同于一般群众,他们如果受"老好人"主义影响太深,就会因为不愿意触碰既得利益而放弃改革,因为害怕得罪人而不愿惩治腐败现象。要形成追求真理的氛围。党政领导干部之间要做诤友,是就是是,非就是非。如果只从维护对方面子的角度出发,面对问题不讲真理,将来事发还是要丢掉面子。对于他人工作中的错误,应及时地给予提醒;面对他人的缺点,要善意地提出来。要形成讲究原则的氛围,当个人交情同法律法规相矛盾、私人面子同政策制度相抵触时,必须坚持原则,即使被指为"无情"也不为所动。④ 敢于负责的党政领导干部往往会丢失一些选票,这导致一些人去当"老好人"。群众公认与单纯以票取人是两个概念,要正确设计与改进民主测评制度,不要引导党政领导干部当"满票干部",

---

① 李克强.在国务院第四次廉政工作会议上的讲话[J].中国纪检监察,2016(8):1-6.
② 中共中央编译局.马克思恩格斯选集:第4卷[M].北京:人民出版社,1995:617.
③ 习近平.干在实处 走在前列[M].北京:中共中央党校出版社,2014:443.
④ 习近平.做焦裕禄式的县委书记[M].北京:中共文献出版社,2015:45.

不能形成"唯票"导向。① 主流媒体要加大对"老好人"主义的批判力度,带头讲真话,敢于批评,营造追求真理、讲究原则的良好社会氛围。

(2)摒弃"官本位"文化,形成以民为本、以人为本的导向

要充分认识"官本位"文化的危害。"官本位"文化至今仍然有着不小的影响,不仅在党政机关中存在,在广大社会系统也存在。其实质是推崇权力至上,一切目的都是做官,认为官位有了就什么都拥有了。"官本位"文化是一种"地位观念",一味追求官位而忽视工作,使事业的利益服从于升官的需要,割裂了与人民群众的关系。如果有什么会"把社会主义事业毁掉"的话,那就是这种落后的文化。② "以民为本"和"以官为本"是两种截然不同的社会文化。人民群众是社会的主人,要坚持以民为本、以人为本,树立和倡导"以人民为中心"的文化导向。③ 在党政权力机关要持久不断地营造"以民为本"的导向,通过各种文化建设途径营造良好的文化氛围。媒体要加强主流宣传,加大对"以官为本"文化的批评力度,引导人们的认知,不断塑造正面的社会文化氛围。要消解"官本位"文化的制度基础。铲除不良风气的土壤,根本上要靠制度改革。随着政治体制改革的深入发展,政治透明性的加强,市场经济体制的逐步发展,"官本位"赖以存在的社会基础会逐步被消解。人民论坛调研中心对我国不同地区的"官瘾"状况进行问卷调查,结果显示:把党政官员作为首选职业目标的比例在东部地区为51.6%,在中部地区为59.4%,在西部地区为72.8%;评价人看官阶等级并进行区别对待的比例在中西部地区为64.6%,在东部地区为32.3%。④ 这一方面说明,"官本位"文化在我国社会依然有着很大的影响,另一方面说明"官本位"文化在西、中、东部比例递减。从中得出的结论是,体制改革越早、市场化程度越深的地方,"官本位"文化的影响大为减弱。要通过全面深化改革推进简政放权,加强对权力的监督,促进社会主义市场经济的深入发展,破除其存在的土壤。

7.3.4 加大组织培养力度

研究结果表明,组织因素对党政领导干部领导力具有较大的影响,解释方差为 13.6%。其中,组织因素对领导能力的解释方差为 38.2%,对领导魅力的解释方差为 29.7%,对领导影响力的解释方差为 15.3%。这充分说明组织因素是

---

① 习近平.之江新语[M].杭州:浙江人民出版社,2007:10.
② 中共中央编译局.列宁全集:第 52 卷[M].北京:人民出版社,1988:300.
③ 习近平.胸怀大局把握大势着眼大事 努力把宣传思想工作做得更好[N].人民日报,2013-08-21(1).
④ 人民论坛问卷调研中心.东中西部"官瘾"状况异同[J].人民论坛,2012(10):14.

影响党政领导干部健康成长的重要变量,是提升党政领导干部领导力不可或缺的因素。因此,必须保持和营造良好的组织环境,组织方面要继续加强对党政领导干部的培养与锻炼。

(1)强化实践历练

在马克思主义者看来,凡是政绩突出的领导者,都是在实践中历练出来的,这已经成为一种规律性的现象。列宁早就指出,领导并不是生来就有的,而是"从经验中得来的"。① 实践是最好的课堂,是锻炼党政领导干部的根本途径。不经过斗争实践的锻炼,就不能在群众中确立权威。

1)坚持逐级锻炼。习近平指出,"一步登天在这个时代是行不通的"。② 要逐级提拔党政领导干部,反对突击式提拔,不能过快越级提拔。党政领导干部的成长必须经过递进式的历练,必要的台阶使其奠定扎实的基础,积累领导经验,熟悉专业,锻炼耐心,深入群众,潜心工作,经受考验。对于潜力大的党政领导干部,在关键岗位上对其进行考验是必不可少的步骤。在这些重要台阶上经受过锻炼并取得业绩的党政领导干部,具有全局视野,驾驭力强,能够担当大任。

2)注重基层锻炼。习近平指出,基层一线是提高领导素质的"大考场"。③ 要加大从基层提拔党政领导干部的比例,坚持从基层中来的重要导向。党政领导干部有了基层经历才能了解下情,把党的政策与当地实际情况相结合,知道人民的实际需求,也有利于积累经验、增长见识。要坚持到基层中去的导向,给没有基层经历的党政领导干部"补课"。许多党政领导干部长期在机关工作,对基层的实际状况缺乏了解,应该尽快补上基层经历这一课。基层一线是党政领导干部积累实际经验的好课堂,对于增长领导才干、加速政治成熟具有至关重要的作用。要结合实际,制定相应的基层培养规划,分期分批逐步组织实施。

3)加强交流轮换。党政领导干部长期在一个地方工作,流动性小,见识不足,往往产生不正之风,对事物的感觉也会迟钝。坚持实行领导岗位定期交流,加强基层党政领导干部横向交流力度,使其获得不同的经验,成为了解各方情况的复合型领导人才。要加大落后地区和发达地区之间的轮换,使落后地区的党政领导干部接触面广,开阔视野,使发达地区的党政领导干部经受考验。加强上下双向交流,要有计划地挑选一些基层党政领导干部到省级党政机关和中央党政机关锻炼,使长期在基层工作的熟悉上级机关的工作,开阔视野,也给上级机关带来基层经验。要不断地从中央党政机关选派缺乏基层经历的到市县交流任

---

① 中共中央编译局.列宁选集:第3卷[M].北京:人民出版社,1972:481.
② 十八大以来重要文献选编:上[M].北京:中央文献出版社,2014:348-349.
③ 习近平.在地方和基层历练中锤炼党性增长才干[N].人民日报,2010-10-12(1).

职,这是改善党政领导干部队伍资历结构的重要方法,有利于改变中央党政机关领导干部经历单一、缺乏基层经验的问题,使其增长见识,提高能力。

4)强化艰苦历练。习近平指出,要把有培养潜力的领导干部"放到急难险重的环境锻炼"。① 选好培养对象之后,组织上预留好升迁职位,创造优越环境,恰恰没有把培养对象安排到复杂环境磨练,这是培养工作的极大误区,必须要改正。铺"路子"不如压"担子",培养不等同于处处照顾,越是困难大的地方越能锻炼人。要安排有发展前途的党政领导干部经受"熔炉"的艰苦考验,这才是培养的好办法。要坚持注重艰苦历练的正确培养导向,不能在"温室"里培养,把培养对象安排到困难大的环境去磨练,看其能否脱颖而出。要把贫困地区作为锻炼的重要基地,既有利于帮助群众脱贫致富,又有利于锻炼党政领导干部,这个方法很值得提倡。要坚持从经受过艰苦考验的干部中提拔录用的用人导向。要重用争着去解决复杂问题、经受住艰苦历练的干部,并为其提供更高的平台。实践证明,能力有限、无所作为、经受不住考验的干部不能重用。不愿意接受考验,或者与组织讲条件、不安心进行工作、得过且过的干部,说明其立场不对、认识不深,要批评教育,不能重用。

(2)发挥老干部传帮带的作用

老干部是重要的政治资源,是领导智慧的重要源泉。习近平指出,"老干部是党的宝贵财富"。要发挥老干部的作风示范作用。党政领导干部不是只靠年轻化、专业化就能担当大任,最重要的是具有良好的作风。老干部最大的作用是给年轻党政领导干部树立一个好的榜样。通过以身示范,潜移默化地影响事业继承者。要根据老干部阅历广、经验丰富的特点,聘请老干部当"参谋",②起到"助手"的作用。③ 对于承继者没有办妥的事情,老干部要好心好意地加以帮助。在力所能及的范围内,老干部可以通过个别辅导、召开座谈会、举办讲座的方式指点党政领导干部。注意下一代党政领导干部的培养工作,充当伯乐的角色,发现人才、推荐人才。

(3)规范和推广"导师制"

"导师制"是将上级领导者与下级党政领导干部进行制度化的、固定的配对。党政领导干部走上新岗位之后,特别是走上跨度大的新岗位,由于没有经验,在领导工作中必然会遇到一些困惑。传统干部培训模式在内容和方式上的灵活性都不够强,难以实现及时沟通,也难以及时解决问题。组织的教育培训工作很重

---

① 习近平.做焦裕禄式的县委书记[M].北京:中央文献出版社,2015:25-26.
② 习近平.知之深 爱之切[M].石家庄:河北人民出版社,2015:3-11.
③ 邓小平文选:第3卷[M].北京:人民出版社,1994:7.

要,但是不能经常性随时地举行。老干部传帮带也很重要,但是老干部精力毕竟有限,脱离领导岗位之后不能全面及时地掌握工作信息。"导师制"就可以解决上述问题,弥补其他培养方式的不足。导师是党政领导干部的上级领导者,能够实现信息对称,加深了解,比一般的培训班或者老干部传帮带方式更直接,效果更好。近年来,山东省淄博市针对县乡岗位调整跨度大的党政领导干部探索"导师制"培养,对共性问题,分专题进行集中辅导;对个别困惑可以随时上门求教;导师根据学员情况到学员单位调研,现场办公。四川省威远县试点"导师制",由党政主要领导者和上级分管领导进行"二对一"联系培养,分享领导经验。这些案例都表明,"导师制"无疑是一种最新也是最好的培训方式之一。这对党政领导干部快速成长是必要、重要的,党和国家可以在更高的层次出台相关规定,规范和推广这个培养办法。

(4)加强和改进教育培训

教育培训是领导力提升的基础,集中一段时间进行组织培训对党政领导干部颇有助益。要加强"精准化"的教育培训,对重点岗位、党政领导班子成员强化点名调训。这些人掌握一个部门、地方的党政大权,是怀有不良动机者重点攻克的对象,要以政治理论、党性修养为重点培训内容,保证其政治立场。他们也是干事创业的支柱力量,要以党和国家的重大战略部署、地方重点发展任务为主要培训内容,锻炼其战略视野,把握好大方向。要做好分类培训和按需培训,按照需求、个人兴趣爱好开展培训,提供能力、国学、心理素质、业务处理等丰富的课程供党政领导干部自主选学。要坚持行之有效的传统办法,又不断探索新的办法。理论培训、课堂教学、请有丰富实践经验的领导干部讲学等成功做法要长期坚持。还可以采取挂职、社会调查、现场体验教学、行为体验等方式,增强培训的实践性。可以推广学员论坛、专题讲座等方式,让党政领导干部自由交谈,让优秀的党政领导干部现身说法,深入探讨某一个领域的专题性问题,增强教育培训的互动性和深度。①

7.3.5 塑造良好家风

研究结果表明,家庭因素对党政领导干部领导力的影响效应最小,解释方差仅为1.2%。其中,家庭因素对领导魅力的解释方差为9.1%,对领导权力的解释方差仅为1.6%,对领导影响力、领导能力的解释方差都仅为0.1%。这在一定程度上说明,家庭因素对党政领导干部领导力的支撑功能、支持作用没有充分发挥出来,尤其是对党政领导干部领导力的规范功能、约束作用还没有充分挖掘

---

① 习近平.做好新形势下干部教育培训工作[J].理论探索,2010(6):5-7.

出来。因此,必须重视家庭的作用,加强家庭监督,构建廉洁家风;加强家庭支持,塑造和谐家庭。

(1)构建严格廉洁的家庭氛围

家风是一个家庭长期形成的风气。马克思主义者认为,家风反映领导干部的作风,要形成恋亲而不为亲徇私的家风。习近平强调,领导干部要"注重家教、注重家风"。① 中国社会具有浓厚的"家本位"传统,不少党政领导干部家庭观念过重,把家庭置于组织之上,存在为家庭还是为人民的困惑。家风影响党风政风,家风不正很容易诱发腐败问题。要把家教放到重要位置,家庭教育要严格,加强对配偶子女、家庭成员、亲属亲戚的管理,教育家庭成员做到自食其力,依靠自己的努力与本领工作生活。要正确处理亲情和原则的关系,以人民利益为重,坚持原则高于亲情,不可把权力当作家庭成员谋取私利的手段,不可效仿古代"封妻荫子"的腐败之道。做到廉洁齐家,营造严正的家风,把家庭建成反腐倡廉的前线。

(2)塑造和谐美满的家庭环境

家庭是社会的基本细胞,是干部的生活场所。在马克思主义者看来,要建设家庭文明,使家庭更加美满幸福,和谐家庭对领导者的影响不可忽视。习近平强调,领导干部健康的家庭生活能够"滋养身心"。② 家庭生活不可替代,家庭是领导干部"心灵的归宿"。③ 不少腐败案例表明,紧张的家庭关系、不和谐的夫妻婚姻容易使一些党政领导干部在家庭之外寻找感情寄托,导致生活作风败坏,最终走上违法腐败道路。和谐的家庭生活是帮助党政领导干部成长的最重要的因素之一,美满的家庭环境对党政领导干部的领导力无疑具有正面促进作用。家庭成员要加大对党政领导干部领导工作的理解与支持,灌输正能量。注意营建和谐的夫妻关系,加深夫妻之间的情感交流,营造美好幸福的婚姻生活。

7.3.6 培育个人素养

研究结果表明,个人因素对党政领导干部领导力的影响效应是最强的,解释方差为37.4%。其中,个人因素对领导能力的解释方差为58.9%,对领导魅力的解释方差为53.9%,对领导影响力的解释方差为29.1%,对领导权力的解释方差为13.4%。这充分说明,党政领导干部要提升领导力水平,自身的修为是最重要的。应该优先从自身入手,加强自我修炼,着力培养有利于领导力发展的

---

① 习近平.在2015年春节团拜会上的讲话[N].人民日报,2015-02-18(2).
② 习近平总书记重要讲话文章选编[M].北京:中央文献出版社,2016(4):354.
③ 习近平.在会见第一届全国文明家庭代表时的讲话[N].人民日报,2016-12-16(2).

个人素养。

(1)端正奋斗动机

动机是引起个体活动并促使这一活动朝向某一目标行进的内部动力。动机决定道德,动机影响领导力。马克思主义者强调,动机和效果是辩证统一的,要看到动机的作用。马克思早就指出,直接决定人的思虑或者激情的杠杆是各种各样的,其中一种就是"精神方面的动机"。① 习近平指出,领导干部要经常思考入党"为了什么"的问题。② 作为领导干部,究竟是抱着什么动机,这是承担领导工作之后经常遇到的考验。在现实社会之中,一些党政领导干部存在一些错误的奋斗动机。有些功名心强,把领导权力当作争取私人名利的工具;有的家庭观念错位,把领导工作当作光耀门庭的手段;有的虚荣心强,把领导职位看作个人出风头的平台;有的持有享乐主义,奋斗动力缺失。这都是错误的个人化动机。党政领导干部要树立社会化动机。要"不求官有多大,但求无愧于民"。不要把职位晋升作为志在必得的东西,要立志为了人民的利益而奋斗。要"从政发财应当两道",正确区分为官之道和为商之道,不能把经济学上的利益最大化的动机作为从政的指导思想。要"立志做大事"。要摆脱个人风头主义、光宗耀祖、升官发财的庸俗动机,立志干出一番事业,实现个人价值。③

(2)树立科学的思维方式

思维方式,是人在认识和处理问题时的思想方法。马克思主义者历来重视思想方法的问题,思维方式不科学就不能提高领导力水平。陈云认为,"最要紧的,是把思想方法搞对头"。思想方法不对,经验就不能提高,这对于问题的解决是最重要的。④ 党政领导干部要树立科学的思维方式。

1)树立发散思维方式。要打破传统的思维定势。思维定势是党政领导干部一直沿着过去固定的思路分析和处置不同的问题,对创造力造成很大的障碍。不破不立,一个新事物的确立总是同旧事物的破除相伴生的。要打开思维空间,思维沿着许多不同的方向扩展,善于运用辐射思维、逆向思维、求异思维分析问题。

2)树立系统思维方式。领导工作是一项综合性很强的工作,没有系统思维,就担当不了领导工作。党政领导干部要从全局上看待事物,从整体上分析问题,于大处着眼,有长远眼光。无论是哪一级的党政领导干部都要懂得"小道理服从

---

① 中共中央编译局.马克思恩格斯选集:第4卷[M].北京:人民出版社,1972:244.
② 习近平.扎实做好保持党的纯洁性各项工作[J].求是,2012(6):6.
③ 习近平.之江新语[M].杭州:浙江人民出版社,2007:3.
④ 陈云文选:第3卷[M].北京:人民出版社,1986:38.

大道理",胸怀全党全国工作全局,把本职工作作为实现党和国家全局工作的必要步骤。在一个地方、组织内部也要顾全大局。任何党政领导干部既要指出本组织的大局,又要把自己的本职任务看成是地方与组织大局的必要环节。

3)树立独立思维方式。政策决议出台之后,不进行任何思考与努力,以最简单的方式全盘照抄照转,只起到"传话筒"或者"留声机"的作用;或者不结合本地的实际情况,不看人民群众的实际状况,不管行不行得通就机械性地行动,这是怠工的最好办法。领导干部的职责不是充当"收发室"①,要抛弃盲目性。我国幅员广阔,各地方条件差异大,要结合实际情况独立思索,不随众不盲从,在党和政府的政策方针下开动自己的脑筋,有自己的主张,独立开展工作。把上级决议和本地区、本部门的实际情况相结合,能够行得通的就坚决行动,实在行不通的要及时详尽地报告,请上级指示。

(3)加强学习研究

在马克思主义者看来,学习研究是提高领导力水平的必经之路。毛泽东指出,"如果不学习,就不能领导工作"。② 勤奋学习是提高领导本领的前提。习近平强调,学习是"胜任领导工作的必然要求"。③ 只有加强学习研究,才能把握规律性,避免陷入不知而盲的困境,克服本领不足的问题。

1)爱读书、读好书、善读书。习近平指出,读书是陶冶道德情操、增强领导本领的"重要途径"。④ 2009—2014年领导干部阅读状况调查指出,党政干部读书学习总体状况不容乐观,不少党政干部心态浮躁,认为时间有限,没办法读书学习,反映出一些党政干部对读书学习与领导力水平密切关系的认知不深。党政领导干部应主动读书学习,才能担当起治国理政的领导重任。要爱读书,把读书学习作为个人的爱好。要读好书,阅读马列主义的经典著作,阅读中国化马克思主义的理论著作,阅读学习做好领导工作必需的各种书籍。要善读书,持之以恒,慢慢积累,坚持阅读与运用相结合,学用结合,提高自己的思想道德水平,解决领导工作中的困惑,实现自我超越。读书要注意方法,坚持阅读与思考相统一,去粗取精、去伪存真,坚持"尽信书不如无书"的原则,结合自身实际经验,结合社会现实,验证书籍中的知识,为我所用。

2)加强调查研究。在马克思主义者看来,调查研究是领导者的基本功,是基

---

① 邓小平文选:第2卷[M].北京:人民出版社,1994:11.
② 毛泽东文集:第2卷[C].北京:人民出版社,1993:179.
③ 习近平.在中央党校建校80周年庆祝大会暨2013年春季学期开学典礼上的讲话[N].人民日报,2013-03-03(2).
④ 习近平.领导干部要爱读书读好书善读书[J].党的建设,2009(6):38-40.

本的领导素质。毛泽东指出,"没有调查就没有发言权"。① 在调查掌握情况之前,不能随便指手画脚。在陈云看来,要用"百分之九十以上的时间"去了解情况,用百分之十的力量决定就可以了。② 习近平指出,调查研究是"谋事之基"。③ 掌握这一基本功才能取得领导主动权。要加大调查研究力度与范围。乡镇党政一把手要调查过所有的村,县区党政一把手要调查过所有的乡镇,省直辖市党政一把手要调查过所有的县区。现代社会各方面的差异日益突出,个体和局部的代表性有所下降,要掌握尽可能多的信息,既保证代表性又提高广泛性。要提高调查内容的针对性,围绕中心工作,只有如此才是谋到关键处,起到事半功倍的效果。要围绕各方面广泛关注的、影响面大的、具有时效性的社会热点问题,这样才能跟上时代,跟踪社会踪迹,及时回应和解决人民群众的问题。要围绕上级部门关注的重要问题,帮助上级解决问题,满足上级决策之需。要围绕突出矛盾,到群众意见多的地方调研,及早采取措施。要提高调查方式的多样性,使用不同手段、通过不同渠道进行调研。可以利用社会各界的调研力量,利用政府相关调研部门的结论,通过知心朋友建立固定联系,召开调查研讨会,走访调查,等等,也可以运用现代统计调查方法,把定性、定量分析结合起来。

3)总结经验教训。在马克思主义看来,善于总结是领导成熟的标志,是提高领导力的重要方法。毛泽东指出,"共产党人是靠总结经验吃饭的"。④ 邓小平强调,过去的成功与错误都是财富,问题在于"及时总结经验"。⑤ 有些党政领导干部一直存在一个困惑:同为领导者,甚至是一种岗位的领导者,经历都差不多,进步快慢却差异很大;一些人总是重复过去的错误。经验不总结,是没有用的。领导力水平产生差距的重要原因就是不善于总结经验,没有通过总结达到发现规律、学习改进的目的。只知其然不知其所以然,没有条理化,也没有上升为理论。经验与总结经验是不同的,经验是感性认识,总结经验是理性认识,要实现从感性认识到理性认识的飞跃。总结经验,就是把"术"上升为"道",由经验升华到规律。要克服经验主义的错误,不把局部经验误认为是普遍真理,不把个别经历当作共性规律。要养成总结思考的习惯,把具体上升为一般,赋予领导经验以理论意义。每经过一段时间、经历一些事件、完成一些任务,就要总结规律。总结越深刻、越全面,领导力水平提高得就越快。

---

① 毛泽东选集:第1卷[M].北京:人民出版社,1991:110.
② 陈云文选:第3卷[M].北京:人民出版社,1986:180.
③ 习近平.干在实处 走在前列[M].北京:中共中央党校出版社,2014:536.
④ 毛泽东文集:第5卷[C].北京:人民出版社,1996:80.
⑤ 邓小平文选:第1卷[M].北京:人民出版社,1994:346.

(4)养成良好性格

性格,是从人的行为方式中反映出来的相对稳定的个性心理特征。马克思主义者承认性格对领导者的作用,认为领导者的性格因素对事物的发展具有一定的作用。马克思早就使用了性格这个概念,并且指出偶然性对事物的发展起到"加速和推迟"的作用,其中就包括"人物的性格"这种偶然情况。① 在贺国强看来,良好的性格是领导素质全面发展的重要标志,要养成"积极""平和""豁达"等性格。② 党政领导干部要重视性格的作用,加强性格调试,养成良好的性格素质。

1)要意识到领导者的性格不是微不足道的小事。列宁早就指出,领导者的个人性格是一种"可能具有决定意义的小事"。性格粗暴,这一点看起来是微不足道的小事,但实际上不是小事。性格粗暴的缺点在个人的平常交往之中是可以容忍的,但是在领导的职位上就是一个不能忽视的重要问题。作为领导者,需要有耐心、谦虚。③ 这已经非常充分地说明了领导者性格的重要性,作为一般原理是通用的。一个人不掌握领导权力,其性格缺点的影响是很小的。不好的性格与领导权力结合,就会产生放大效应,危害党和人民的事业。

2)要加强自我性格修炼。习近平强调,不同的领导现象背后,实际上也反映出性格问题,领导干部要加强"性格自我调适"。④ 要在工作实践、日常生活中不断磨练性格,养成良好性格。现代领导心理学认为,严谨型、开放型、宜人型、稳定型、外倾型是被普遍认可的五大领导者性格。严谨型是谨慎细心、有条理性;开放型是富于想象、兴趣广泛;宜人型是不多疑、谦虚、率真;稳定型是内心平静稳健、不神经过敏;外倾型是积极关注外部事物、为人乐观,要以此为努力方向加强性格修炼。虽然性格具有一定的稳定性,但也是相对的,是可以改变的。要重视自己的性格缺点,在长期的实践之中加强磨炼、不断调适、注意矫正,从而对自身的领导力有所助益。

(5)提高情商水平

情商是对人的情绪情感的认识与管理,反映一个领导者的社会适应水平。情绪作为一种非理性因素,具有随机性,具有不稳定性的特点,随着社会环境的变化而变换,在某些情况下起着破坏作用。马克思主义者承认情商的重要作用,认为领导者要密切关注和管理人的情绪。领导者凭一时的激动,凭感情用事,良

---

① 中共中央编译局.马克思恩格斯全集:第33卷[M].北京:人民出版社,1973:210.
② 贺国强党建工作文集:上[M].北京:人民出版社,2014:465.
③ 中共中央编译局.列宁全集:第43卷[M].北京:人民出版社,1987:340.
④ 习近平总书记重要讲话文章选编[M].北京:中央文献出版社,2016:84-85.

好的愿望就无法实现。习近平直接使用了情商这个概念,提出"做实际工作情商很重要"①的观点。情商包括自我意识、社会意识、自我管理、人际管理四个方面,这四个方面内部也是有关联的。自我意识不足,就无法管理自己的情绪;自身情感失控,就无法引导他人的情绪。党政领导干部要提升领导力水平,必须具备较高的情商素质。

1) 调节自我情绪。吴官正指出,在某些情况下,一个人的情绪会"关系到一个人的命运",而领导者感情用事,可能会对社会造成"很大的负面影响"。② 党政领导干部所处的领导职位是备受人们关注的岗位,是矛盾的焦点,来自于各方面的压力也很大,容易滋生一些不良情绪。要注意了解自我的情绪状况,对自身的情感有清晰的判断。要进行适时的自我调节,采取一些措施化解压力、调节情感、控制情绪,防止不良情绪爆发。

2) 体察群众情绪。胡锦涛强调,要把群众情绪作为"第一信号",深入到群众意见多的地方体察群众情绪。③ 群众情绪是人民群众对社会现实的直观反映,是社会问题的原始表露,是一个组织和地方是否安定的重要折射镜。等到群众情绪激化、事态严重才注意到,是很难化解的,代价也是很大的。要经常深入到农村、学校、企业等,把握群体情绪,把不良情绪提前化解,引导人民群众的情绪朝着积极的方向发展。

3) 疏解干部情绪。习近平指出,领导者要发挥"调压器"的作用。④ 领导的艺术在于及时了解干部心理,把握和化解干部在工作上、生活上产生的各种不良情绪,善于找到调节干部情绪的环节来提高领导力水平。在干部产生失望不满情绪之时,使干部保持乐观,调动工作热情;当干部流露出骄傲自满情绪之时,要给干部"增压";当干部压力过度之时,要给干部"减压"。

---

① 学习有方:习近平妙答青年四问[EB/OL]. (2015-07-25)[2019-06-25]. http://www.xinhuanet.com/politics/2015-07/25/c_128058612.htm.
② 吴官正. 闲来笔潭[M]. 北京:人民出版社,2013:368.
③ 胡锦涛. 十六大以来重要文献选编:上[M]. 北京:中央文献出版社,2005:371-372.
④ 习近平. 干在实处 走在前列[M]. 北京:中共中央党校出版社,2014:525.

8 结论与展望

8.1 主要结论

本书以马克思主义领导思想为指导思想,借鉴吸收现代领导力理论,从"党政领导干部""领导力"等核心概念出发,构建了研究党政领导干部领导力的分析框架,即领导权力、领导魅力、领导能力、领导影响力"四力"模型。依据这个分析框架,再建立领导力测评指标体系和问卷,采用问卷调查法以西安市部分党政领导干部为研究样本进行预调研和正式调研,使用 SPSS 统计分析软件对调研数据进行统计分析,进而判断党政领导干部领导力的现状,发现党政领导干部领导力存在的问题及影响因素,最后提出提升党政领导干部领导力的对策与举措。

通过调查分析,主要结论有以下几个方面:

1)就整体而言,党政领导干部领导力呈现"总体偏低、奖励最弱"的典型特征。党政领导干部领导力总体均值为 3.6733,总体水平偏低。从不同群体来讲,女性党政领导干部的领导力水平要显著低于男性党政领导干部的领导力水平,低年龄阶段党政领导干部的领导力水平要显著低于高年龄阶段党政领导干部的领导力水平,低文化程度党政领导干部的领导力水平要显著低于高文化程度党政领导干部的领导力水平。从构成要素来讲,党政领导干部在领导权力方面的均值是最低的,而奖励权力在所有领导力维度里面又是最薄弱的环节;在领导能力方面的均值是第二低的,也是很薄弱的环节;在领导影响力、领导魅力方面的均值也不高。

2)党政领导干部领导力受政治因素、经济因素、社会文化因素、组织因素、家庭因素和个人因素的影响,但上述六个方面影响因素对党政领导干部领导力的解释能力存在较大差异。分析结果表明,个人因素对党政领导干部领导力的影响最大,解释方差为 37.4%;社会文化因素对党政领导干部领导力的影响程度居于第二位,解释方差为 26.0%;组织因素对党政领导干部领导力的影响程度居于第三位,解释方差为 13.6%;政治因素对党政领导干部领导力的影响程度居于第四位,解释方差为 11.1%;经济因素对党政领导干部领导力的影响程度居于第五位,解释方差为 9.4%;家庭因素对党政领导干部领导力的影响程度最小,解释方差仅为1.2%。

3)要从以下几个方面提升党政领导干部领导力。第一,分类提高不同群体党政领导干部的领导力,着力提升女性、较低年龄阶段、较低文化程度三类党政领导干部群体的领导力水平。第二,着力提升党政领导干部领导力的薄弱环节,首先促进党政领导干部加强使用奖励权力激励干部群众,加强使用强制权力惩治消极腐败现象,依法行使岗位权力;同时还要改进领导能力,提高领导影响力,提升领导魅力。第三,注意内外兼修。充分发挥制度的宏观调节作用,继续保持好的制度传统,同时填补相关体制机制的漏洞;不断促进经济发展,发挥经济因素的保障作用,适度提高党政领导干部的薪资水平,发挥经济因素的激励作用;高度重视一些不良社会文化因素的危害,着眼于持久的努力与引导,从根本上消除不良社会文化产生的土壤;营造良好的组织环境,保持和加强组织对党政领导干部的培养与锻炼;充分挖掘家庭支持与家庭监督的作用;优先从自身入手,着力培养有利于领导力发展的个人素养。

8.2 展　　望

虽然开展了一定的研究,但是由于时间、经验、知识、能力的限制,本研究不可避免地存在着一些不足,有待进一步深入研究。

1)研究样本有待扩大。所选取的样本主要来自于西安市的党政领导干部,虽然样本总体数量达到统计分析的要求,但是没有对中央机关的党政领导干部进行调查,没有对中东部的党政领导干部展开调查。在未来的研究中,可以在更多地方广泛收集样本,通过实证研究与本书的研究结果进行对比、修正,增强研究结论的可靠性,也可以比较中央、地方党政领导干部领导力是否存在显著性差异,比较不同地域党政领导干部领导力是否存在显著性差异。

2)研究内容有待深入。随着国家政策的变化,有不少研究内容还需要在以后的研究中继续关注,进行跟踪研究。国家实行二孩政策后,女性党政领导干部也是生育二胎的重要力量,这对女性党政领导干部领导力的影响有多大,怎么保持领导力水平,采取什么政策进行协调,是需要继续关注的问题;国家对基层党政领导干部的薪酬有所提高,这种薪酬水平的增加幅度能否缓解经济压力,对基层党政领导干部领导力的影响有多大,需要继续关注;当前国务院在下放权力,有些地方也在向基层下放权力,这对地方尤其是基层党政领导干部领导力有何影响,党政领导干部是否有能力承接,突出矛盾在什么地方,需要继续研究。

附 录

"党政领导干部领导力研究"调查问卷

尊敬的领导：

  您好，非常感谢您抽出宝贵时间帮助我们完成问卷。您的回答是对这一研究活动的最大支持，对客观地研究此问题具有重要意义。本问卷采用匿名方式，内容严格保密，仅用于学术研究，请您放心地根据自己的真实想法作答。问题答案没有优劣之分，您的真实想法是我们最真切的期望。

  如果您对研究结果感兴趣，可以与我们联系，我们会把研究结果反馈给您！衷心地感谢您的大力支持！

问卷编号 □ □ □ □

一、基本情况

请您根据实际情况，在相应的选项上打"√"。

A01 性　　别：(1)男　(2)女

A02 年　　龄：(1)30 岁以下　(2)31～35 岁　(3)36～40 岁
　　　　　　　(4)41～49 岁　(5)50～59 岁

A03 教育程度：(1)专科以下　(2)专科　(3)本科　(4)硕士　(5)博士

A04 级　　别：(1)副科　(2)正科　(3)副处　(4)正处　(5)副厅
　　　　　　　(6)正厅

二、主要调查内容

请您根据实际情况，在相应的选项上打"√"。

B01 我严格按照岗位规定履行权力
  a.非常不同意　b.比较不同意　c.一般　d.比较同意　e.非常同意

B02 我用强制惩戒手段规范下属的违法腐败行为
  a. 非常不同意 b. 比较不同意 c. 一般 d. 比较同意 e. 非常同意
B03 我运用奖励手段激励下属推动工作
  a. 非常不同意 b. 比较不同意 c. 一般 d. 比较同意 e. 非常同意
C01 我能用价值观获得下属认同
  a. 非常不同意 b. 比较不同意 c. 一般 d. 比较同意 e. 非常同意
C02 我经常注意言传身教、自身操行
  a. 非常不同意 b. 比较不同意 c. 一般 d. 比较同意 e. 非常同意
C03 我对下属客气
  a. 非常不同意 b. 比较不同意 c. 一般 d. 比较同意 e. 非常同意
C04 我对办事群众热情服务
  a. 非常不同意 b. 比较不同意 c. 一般 d. 比较同意 e. 非常同意
C05 我见多识广
  a. 非常不同意 b. 比较不同意 c. 一般 d. 比较同意 e. 非常同意
C06 我知识丰富
  a. 非常不同意 b. 比较不同意 c. 一般 d. 比较同意 e. 非常同意
D01 我能看清眼前形势
  a. 非常不同意 b. 比较不同意 c. 一般 d. 比较同意 e. 非常同意
D02 我能看清干部的性格与想法
  a. 非常不同意 b. 比较不同意 c. 一般 d. 比较同意 e. 非常同意
D03 我能预见事件的变化发展趋势
  a. 非常不同意 b. 比较不同意 c. 一般 d. 比较同意 e. 非常同意
D04 我能看到事物的重点环节
  a. 非常不同意 b. 比较不同意 c. 一般 d. 比较同意 e. 非常同意
D05 我能根据下属的能力性格分配工作
  a. 非常不同意 b. 比较不同意 c. 一般 d. 比较同意 e. 非常同意
D06 我能在重要问题上抓住时机做好决策
  a. 非常不同意 b. 比较不同意 c. 一般 d. 比较同意 e. 非常同意
D07 在紧急时刻我能决断好
  a. 非常不同意 b. 比较不同意 c. 一般 d. 比较同意 e. 非常同意
D08 我能从不同侧面反复权衡决策
  a. 非常不同意 b. 比较不同意 c. 一般 d. 比较同意 e. 非常同意

D09 我能在决断时征求别人意见
　　a.非常不同意　b.比较不同意　c.一般　d.比较同意　e.非常同意
D10 否定中国向往美国是错误的
　　a.非常不同意　b.比较不同意　c.一般　d.比较同意　e.非常同意
D11 没有监督我也经得起诱惑
　　a.非常不同意　b.比较不同意　c.一般　d.比较同意　e.非常同意
D12 在重要工作上我会一直抓下去
　　a.非常不同意　b.比较不同意　c.一般　d.比较同意　e.非常同意
D13 我意志力强,对繁杂的领导工作不腻烦
　　a.非常不同意　b.比较不同意　c.一般　d.比较同意　e.非常同意
D14 面对质疑我能坚持正确意见
　　a.非常不同意　b.比较不同意　c.一般　d.比较同意　e.非常同意
D15 面对腐败我敢举报并进行斗争
　　a.非常不同意　b.比较不同意　c.一般　d.比较同意　e.非常同意
D16 面对工作失误我能负起责任
　　a.非常不同意　b.比较不同意　c.一般　d.比较同意　e.非常同意
D17 我有工作创新意识
　　a.非常不同意　b.比较不同意　c.一般　d.比较同意　e.非常同意
D18 我有工作创新经验与方法
　　a.非常不同意　b.比较不同意　c.一般　d.比较同意　e.非常同意
D19 我熟悉岗位业务技能
　　a.非常不同意　b.比较不同意　c.一般　d.比较同意　e.非常同意
D20 我的岗位业务技能很强
　　a.非常不同意　b.比较不同意　c.一般　d.比较同意　e.非常同意
E01 我常给下属指出下一步的工作方向
　　a.非常不同意　b.比较不同意　c.一般　d.比较同意　e.非常同意
E02 我常指导下属进步
　　a.非常不同意　b.比较不同意　c.一般　d.比较同意　e.非常同意
E03 我团结具有不同意见的领导成员
　　a.非常不同意　b.比较不同意　c.一般　d.比较同意　e.非常同意
E04 我把干部拧成一股绳合力工作
　　a.非常不同意　b.比较不同意　c.一般　d.比较同意　e.非常同意

E05 面对复杂局面我主动应对
　　a. 非常不同意　b. 比较不同意　c. 一般　d. 比较同意　e. 非常同意
E06 面对突发事件我积极处理
　　a. 非常不同意　b. 比较不同意　c. 一般　d. 比较同意　e. 非常同意
E07 我说服教育不服从领导的人
　　a. 非常不同意　b. 比较不同意　c. 一般　d. 比较同意　e. 非常同意
F01 现在权力较多地集中于上级部门和少数领导成员手中
　　a. 非常不同意　b. 比较不同意　c. 一般　d. 比较同意　e. 非常同意
F02 我是一级一级提拔上来的
　　a. 非常不同意　b. 比较不同意　c. 一般　d. 比较同意　e. 非常同意
F03 组织中的大事要领导成员民主协商和集体定夺
　　a. 非常不同意　b. 比较不同意　c. 一般　d. 比较同意　e. 非常同意
F04 现在监督力度大
　　a. 非常不同意　b. 比较不同意　c. 一般　d. 比较同意　e. 非常同意
F05 现在问责力度大
　　a. 非常不同意　b. 比较不同意　c. 一般　d. 比较同意　e. 非常同意
F06 现在考核力度大
　　a. 非常不同意　b. 比较不同意　c. 一般　d. 比较同意　e. 非常同意
G01 我的收入较高,经济压力不大
　　a. 非常不同意　b. 比较不同意　c. 一般　d. 比较同意　e. 非常同意
G02 我掌握一些公共经济资源
　　a. 非常不同意　b. 比较不同意　c. 一般　d. 比较同意　e. 非常同意
H01 现今仍存在官本位现象
　　a. 非常不同意　b. 比较不同意　c. 一般　d. 比较同意　e. 非常同意
H02 我尽量给人留面子
　　a. 非常不同意　b. 比较不同意　c. 一般　d. 比较同意　e. 非常同意
I01 我在基层锻炼过
　　a. 非常不同意　b. 比较不同意　c. 一般　d. 比较同意　e. 非常同意
I02 我曾处理很难的事情,让我受煎熬
　　a. 非常不同意　b. 比较不同意　c. 一般　d. 比较同意　e. 非常同意
I03 我参加过岗位轮换
　　a. 非常不同意　b. 比较不同意　c. 一般　d. 比较同意　e. 非常同意

I04 我经历过上下部门的双向交流
  a. 非常不同意 b. 比较不同意 c. 一般 d. 比较同意 e. 非常同意
I05 有上级领导对我进行点评指导
  a. 非常不同意 b. 比较不同意 c. 一般 d. 比较同意 e. 非常同意
I06 我常接受组织培训
  a. 非常不同意 b. 比较不同意 c. 一般 d. 比较同意 e. 非常同意
I07 有老干部对我进行过指点
  a. 非常不同意 b. 比较不同意 c. 一般 d. 比较同意 e. 非常同意
J01 我的家庭很和睦,家庭成员鼓励支持我
  a. 非常不同意 b. 比较不同意 c. 一般 d. 比较同意 e. 非常同意
J02 我的家人严格要求我
  a. 非常不同意 b. 比较不同意 c. 一般 d. 比较同意 e. 非常同意
K01 我比较谨慎
  a. 非常不同意 b. 比较不同意 c. 一般 d. 比较同意 e. 非常同意
K02 我积极关注社会事物
  a. 非常不同意 b. 比较不同意 c. 一般 d. 比较同意 e. 非常同意
K03 我兴趣广泛
  a. 非常不同意 b. 比较不同意 c. 一般 d. 比较同意 e. 非常同意
K04 我轻易不挑别人的毛病
  a. 非常不同意 b. 比较不同意 c. 一般 d. 比较同意 e. 非常同意
K05 我不容易紧张
  a. 非常不同意 b. 比较不同意 c. 一般 d. 比较同意 e. 非常同意
K06 我能认清自己的情绪状态
  a. 非常不同意 b. 比较不同意 c. 一般 d. 比较同意 e. 非常同意
K07 我能控制自己的情绪状态
  a. 非常不同意 b. 比较不同意 c. 一般 d. 比较同意 e. 非常同意
K08 我能认清别人的情绪状态
  a. 非常不同意 b. 比较不同意 c. 一般 d. 比较同意 e. 非常同意
K09 我能引导别人的情绪状态
  a. 非常不同意 b. 比较不同意 c. 一般 d. 比较同意 e. 非常同意
K10 我希望升官发财、光耀门庭
  a. 非常不同意 b. 比较不同意 c. 一般 d. 比较同意 e. 非常同意

K11 我希望干好事业,名利无所谓
  a. 非常不同意 b. 比较不同意 c. 一般 d. 比较同意 e. 非常同意

K12 我能多角度、多方向地考虑问题
  a. 非常不同意 b. 比较不同意 c. 一般 d. 比较同意 e. 非常同意

K13 我有自己独立的思考,不受他人左右
  a. 非常不同意 b. 比较不同意 c. 一般 d. 比较同意 e. 非常同意

K14 我经常思考工作中的因果联系、部门关系
  a. 非常不同意 b. 比较不同意 c. 一般 d. 比较同意 e. 非常同意

K15 我经常反思我的从政历程
  a. 非常不同意 b. 比较不同意 c. 一般 d. 比较同意 e. 非常同意

K16 我经常读书自学
  a. 非常不同意 b. 比较不同意 c. 一般 d. 比较同意 e. 非常同意

K17 我经常调查研究
  a. 非常不同意 b. 比较不同意 c. 一般 d. 比较同意 e. 非常同意

问卷调查结束,谢谢您的大力配合!

参考文献

[1] LITANO M L, MAJOR D A, LANDERS R N, et al. A meta-analytic investigation of the relationship between leader-member exchange and work-family experiences[J]. The Leadership Quarterly, 2016 (27): 802-817.

[2] HEYLER S G, ARMENAKIS A A, WALKER A G, et al. A qualitative study investigating the ethical decision making process: A proposed model[J]. The Leadership Quarterly, 2016 (27): 788-801.

[3] CHARLIER S D, STEWART G L, GRECO L M. Emergent leadership in virtual teams: Amultilevel investigation of individual communication and team dispersion antecedents[J]. The Leadership Quarterly, 2016 (27): 745-764.

[4] DIEBIG M, BORMANN K C, ROWOLD J. A double-edged sword: Relationship between full-range leadership behaviors and followers' hair cortisol level[J]. The Leadership Quarterly, 2016(27): 684-696.

[5] LIN B, MAINEMELIS C, KARK R. Leaders' responses to creative deviance: Differential effects on subsequent creative deviance and creative performance[J]. The Leadership Quarterly, 2016 (27): 537-556.

[6] SYDOW J, LERCH F, HUXHAM C, et al. A silent cry for leadership: Organizing for leading (in) clusters[J]. The Leadership Quarterly, 2011 (22): 328-343.

[7] BOAS S. Leadership takes time: Some implications of (not) taking time seriously in leadership research[J]. The Leadership Quarterly, 2011 (22): 307-315.

[8] HUNTER S T, TATE B W, DZIEWECZYNSKI J L, et al. Leaders make mistakes: A multilevel consideration of why[J]. The Leadership Quarterly, 2011 (22): 239-258.

[9] FRY L W, HANNAH S T. Impact of spiritual leadership on unit performance[J]. The Leadership Quarterly, 2011 (22): 259-270.

[10] KOTLYAR I, KARAKOWSKY L, NG P. Leader behaviors, conflict

and member commitment to team-generated decisions[J]. The Leadership Quarterly,2011 (22) :666-679.

[11] VESSEY W B, BARRETT J, MUMFORD M D. Leader cognition under threat: "Just the Facts" [J]. The Leadership Quarterly,2011 (22) : 710-728.

[12] GAO L P, JANSSEN O, SHI K. Leader trust and employee voice: The moderating role of empowering leader behaviors [J]. The Leadership Quarterly,2011 (22) :787-798.

[13] PALRECHA R, SPANGLER W D, YAMMARINO F J. A comparative study of three leadership approaches in India[J]. The Leadership Quarterly, 2012 (23):146-162.

[14] VAN GINKEL W P, KNIPPENBERG D V. Group leadership and shared task representations in decision making groups[J]. The Leadership Quarterly,2012 (23): 94-106.

[15] SPANGLER W D, TIKHOMIROV A, SOTAK K L,et al. Leader motive profiles in eight types of organizations [J]. The Leadership Quarterly,2014 (25) :1080-1094.

[16] Contractor N S, DeChurch L A, Carson J, et al. The topology of collective leadership [J]. The Leadership Quarterly, 2012 (23): 994-1011.

[17] COLLINS M D,JACKSON C J. A process model of self-regulation and leadership: How attentional resource capacity and negative emotions influence constructive and destructive leadership[J]. The Leadership Quarterly,2015 (26) :386-401.

[18] SANTOS J P, CAETANOB A, TAVARES S M. Is training leaders in functional leadership a useful tool for improving the performance of leadership functions and team effectiveness? [J]. The Leadership Quarterly,2015 (26) :470-484.

[19] MUMFORD M D, WATTS L L, PARTLOW P J. Leader cognition: Approaches and findings[J]. The Leadership Quarterly, 2015 (26) : 301-306.

[20] LEE K, SCANDURA T A, SHARIF M M. Cultures have consequences: A configural approach to leadership across two cultures[J]. The Leadership Quarterly,2014 (25):692-710.

[21] YAMMARINO F J, MUMFORD M D, SERBAN A, et al. Assassination and leadership: Traditional approaches and historiometric methods[J]. The Leadership Quarterly, 2013 (24): 822 – 841.

[22] OC B, BASHSHUR M R. Followership, leadership and social influence [J]. The Leadership Quarterly, 2013(24): 919 – 934.

[23] ELLEN B P, FERRIS G R, BUCKLEY M R. Leader political support: Reconsidering leader political behavior[J]. The Leadership Quarterly, 2013 (24): 842 – 857.

[24] DANSEREAU F, SEITZ S R, CHIU C Y. What makes leadership, leadership? using self – expansion theory to integrate traditional and contemporary approaches[J]. The Leadership Quarterly, 2013(24): 798 – 821.

[25] STOUTEN J, Marius V D, David M M. Can a leader be seen as too ethical? The curvilinear effects of ethical leadership[J]. The Leadership Quarterly, 2013 (24): 680 – 695.

[26] PEUS C, BRAUN S, FREY D. Situation-based measurement of the full range of leadership model-Development and validation of a situational judgment test[J]. The Leadership Quarterly, 2013 (24): 777 – 795.

[27] KULAS J T, KOMAI M, GROSSMAN P J. Leadership, information, and risk attitude: A game theoretic approach[J]. The Leadership Quarterly, 2013 (24): 349 – 362.

[28] LITTLE L M, GOOTY J, WILLIAMS M. The role of leader emotion management in leader – member exchange and follower outcomes[J]. The Leadership Quarterly, 2016 (27): 85 – 97

[29] ARVEY R, DHANARAJ C, JAVIDAN M, et al. Are there unique leadership models in Asia? Exploringuncharted territory[J]. The Leadership Quarterly, 2015 (26): 1 – 6.

[30] PEUS C, BRAUN S, KNIPFER K. On becoming a leader in Asia and America: Empirical evidence from women managers[J]. The Leadership Quarterly, 2015 (26): 55 – 67.

[31] MASON D C, GERBASI A, CULLEN-LESTER K L. Predicting leadership relationships: The importance of collective identity[J]. The Leadership Quarterly, 2016 (27): 298 – 311.

[32] 中共中央编译局. 马克思恩格斯全集: 第 7 卷[M]. 北京: 人民出版

社,1959.

[33] 中共中央编译局.马克思恩格斯全集:第 8 卷[M].北京:人民出版社,1961.

[34] 中共中央编译局.马克思恩格斯全集:第 16 卷[M].北京:人民出版社,1964.

[35] 中共中央编译局.马克思恩格斯全集:第 18 卷[M].北京:人民出版社,1964.

[36] 中共中央编译局.马克思恩格斯选集:第 1 卷[M].北京:人民出版社,1972.

[37] 中共中央编译局.马克思恩格斯全集:第 23 卷[M].北京:人民出版社,1972.

[38] 中共中央编译局.马克思恩格斯全集:第 34 卷[M].北京:人民出版社,1972.

[39] 中共中央编译局.马克思恩格斯全集:第 38 卷[M].北京:人民出版社,1972.

[40] 中共中央编译局.马克思恩格斯选集:第 4 卷[M].北京:人民出版社,1972.

[41] 中共中央编译局.马克思恩格斯全集:第 33 卷[M].北京:人民出版社,1973.

[42] 中共中央编译局. 马克思恩格斯全集:第 30 卷[M].北京:人民出版社,1974.

[43] 中共中央编译局.马克思恩格斯全集:第 39 卷[M].北京:人民出版社,1974.

[44] 中共中央编译局.马克思恩格斯全集:第 40 卷[M].北京:人民出版社,1982.

[45] 中共中央编译局.马克思恩格斯选集:第 1 卷[M].北京:人民出版社,1995.

[46] 中共中央编译局.马克思恩格斯选集:第 3 卷[M].北京:人民出版社,1995.

[47] 中共中央编译局.马克思恩格斯选集:第 4 卷[M].北京:人民出版社,1995.

[48] 中共中央编译局.马克思恩格斯选集:第 4 卷[M].北京:人民出版社,2012.

[49] 列宁,瓦西里耶夫.领导与预见[M].北京:群众书店,1951.

[50] 中共中央编译局.列宁全集:第6卷[M].北京:人民出版社,1959.
[51] 中共中央编译局.列宁全集:第35卷[M].北京:人民出版社,1959.
[52] 中共中央编译局.列宁全集:第34卷[M].北京:人民出版社,1985.
[53] 中共中央编译局.列宁全集:第30卷[M].北京:人民出版社,1985.
[54] 中共中央编译局.列宁全集:第34卷[M].北京:人民出版社,1985.
[55] 中共中央编译局.列宁全集:第35卷[M].北京:人民出版社,1985.
[56] 中共中央编译局.列宁全集:第36卷[M].北京:人民出版社,1985.
[57] 中共中央编译局.列宁全集:第6卷[M].北京:人民出版社,1986.
[58] 中共中央编译局.列宁全集:第7卷[M].北京:人民出版社,1986.
[59] 中共中央编译局.列宁全集:第37卷[M].北京:人民出版社,1986.
[60] 中共中央编译局.列宁全集:第40卷[M].北京:人民出版社,1986.
[61] 中共中央编译局.列宁全集:第38卷[M].北京:人民出版社,1986.
[62] 中共中央编译局.列宁全集:第42卷[M].北京:人民出版社,1987.
[63] 中共中央编译局.列宁全集:第43卷[M].北京:人民出版社,1987.
[64] 中共中央编译局.列宁全集:第50卷[M].北京:人民出版社,1988.
[65] 中共中央编译局.列宁全集:第52卷[M].北京:人民出版社,1988.
[66] 中共中央编译局.列宁选集:第2卷[M].北京:人民出版社,1972.
[67] 中共中央编译局.列宁选集:第4卷[M].北京:人民出版社,1972.
[68] 中共中央编译局.列宁选集:第3卷[M].北京:人民出版社,1995.
[69] 中共中央编译局.列宁选集:第4卷[M].北京:人民出版社,1995.
[70] 中共中央编译局.列宁专题文集:论无产阶级政党[M].北京:人民出版社,2009.
[71] 中共中央编译局.斯大林选集:下卷[M].北京:人民出版社,1979.
[72] 十四大以来重要文献选编[M].北京:中央文献出版社,2006.
[73] 十六大以来重要文献选编:上[M].北京:中央文献出版社,2005.
[74] 十七大以来重要文献选编:中[M].北京:中央文献出版社,2011.
[75] 十八大以来重要文献选编:上[M].北京:中央文献出版社,2014.
[76] 毛泽东邓小平江泽民论党的建设[M].北京:中央文献出版社,1998.
[77] 毛泽东文集:第1卷[C].北京:人民出版社,1993.
[78] 毛泽东文集:第2卷[C].北京:人民出版社,1993.
[79] 毛泽东文集:第3卷[M].北京:人民出版社,1996.
[80] 毛泽东文集:第5卷[M].北京:人民出版社,1996.
[81] 毛泽东文集:第6卷[C].北京:中央文献出版社,1999.
[82] 毛泽东文集:第7卷[C].北京:人民出版社,1999.

参考文献

[83] 毛泽东选集:第1卷[M].北京:人民出版社,1991.
[84] 毛泽东选集:第2卷[M].北京:人民出版社,1991.
[85] 毛泽东选集:第3卷[M].北京:人民出版社,1991.
[86] 毛泽东选集:第4卷[M].北京:人民出版社,1991.
[87] 建国以来毛泽东文稿:第3册[M].北京:中央文献出版社,1989.
[88] 建国以来毛泽东文稿:第10册[M].北京:中央文献出版社,1996.
[89] 建国以来毛泽东文稿:第11册[M].北京:中央文献出版社,1996.
[90] 建国以来毛泽东文稿:第12册[M].北京:中央文献出版社,1998.
[91] 刘少奇选集:上卷[M].北京:人民出版社,1981.
[92] 刘少奇选集:下卷[M].北京:人民出版社,1985.
[93] 周恩来选集:下卷[M].北京:人民出版社,1984.
[94] 朱德选集[M].北京:人民出版社,1983.
[95] 邓小平文选:第1卷[M].北京:人民出版社,1994.
[96] 邓小平文选:第2卷[M].北京:人民出版社,1994.
[97] 邓小平文选:第3卷[M].北京:人民出版社,1993.
[98] 陈云文选:第1卷[M].北京:人民出版社,1984.
[99] 陈云文选:第3卷:[M].北京:人民出版社,1986.
[100] 陈云年谱:下卷[Z].北京:中央文献出版社,2000.
[101] 彭真年谱:第5卷[M].北京:中央文献出版社,2012.
[102] 江泽民文选:第1卷[M].北京:人民出版社,2006.
[103] 江泽民文选:第3卷[M].北京:人民出版社,2006.
[104] 江泽民.论党的建设[M].北京:中央文献出版社,2001.
[105] 江泽民论有中国特色社会主义[M].北京:中央文献出版社,2002.
[106] 江泽民.论"三个代表"[M].北京:中央文献出版社,2001.
[107] 朱镕基上海讲话实录[M].北京:人民出版社,2013.
[108] 李瑞环.辩证法随谈[M].北京:人民出版社,2007.
[109] 吴官正.闲来笔潭[M].北京:人民出版社,2013.
[110] 胡锦涛文选:第1卷[M].北京:人民出版社,2016.
[111] 胡锦涛文选:第2卷[M].北京:人民出版社,2016.
[112] 胡锦涛文选:第3卷[M].北京:人民出版社,2016.
[113] 贺国强党建工作文集:上[M].北京:人民出版社,2014.
[114] 习近平.干在实处 走在前列[M].北京:中共中央党校出版社,2014.
[115] 习近平.摆脱贫困[M].福州:福建人民出版社,2014.
[116] 习近平.之江新语[M].杭州:浙江人民出版社,2007.

[117] 习近平关于党风廉政建设和反腐败斗争论述摘编[M].北京:中央文献出版社,2015.
[118] 习近平谈治国理政[M].北京:外文出版社,2014.
[119] 习近平.做焦裕禄式的县委书记[M].北京:中央文献出版社,2015.
[120] 习近平总书记系列重要讲话读本[M].北京:人民出版社,2016.
[121] 习近平总书记重要讲话文章选编[M].北京:中央文献出版社,2016.
[122] 王修智,岳增瑞.马克思恩格斯列宁领导理论研究[M].北京:人民出版社,2008.
[123] 侯树栋,何孝瑛.马克思主义领导理论概论[M].北京:人民出版社,2008.
[124] 陈占安.毛泽东领导理论研究[M].北京:人民出版社,2008.
[125] 孟继群.邓小平领导理论研究[M].北京:人民出版社,2008.
[126] 奚洁人."三个代表"重要思想的领导学研究[M].北京:人民出版社,2008.
[127] 顾训宝.领导就是服务:邓小平对服务型政党建设的探索及启示[J].毛泽东思想研究,2016(1):50-53.
[128] 刘要停,曹守新,张婧.习近平有关青年领导人才的重要论述研究[J].中国青年社会科学,2016(1):28-32.
[129] 孙迪亮.论习近平的领导干部修身观[J].中国特色社会主义研究,2015(6):94-100.
[130] 陈潭,伍小乐."把权力关进制度的笼子里"的根源探析:马克思论国家权力的为恶倾向及其制约[J].理论与改革,2014(6):17-21.
[131] 王其辉.恩格斯权威理论的再诠释与当代意蕴[J].云南行政学院学报,2014(6):59-61.
[132] 梁丹丹.列宁"三位一体"的权力制约思想及其当代价值[J].理论导刊,2015(1):35-39.
[133] 母天学.邓小平领导方法论新探[J].毛泽东思想研究,2014(5):44-49.
[134] 李景治.坚持邓小平的权力观[J].江西师范大学学报(哲学社会科学版),2014(6):3-9.
[135] 田恒国.邓小平权力制约监督思想[J].党史研究与教学,2014(6):4-11.
[136] 邵景均.论毛泽东领导思想[J].中国行政管理,2011(7):7-11.
[137] 刘明辉,江允英.习近平领导科学思想研究[J].中共福建省委党校学报,2016(2):31-35.

[138] 赵朝峰,刘颖.论习近平的领导干部学习观[J].中共中央党校学报,2017(1):14-21.

[139] 贺善侃.执政党领导力的内涵与提升路径探析[J].领导科学,2014(2):27-29.

[140] 程样国,黄平槐.社会主义核心价值力与干部领导力的辩证互动[J].科学社会主义,2013(1):83-86.

[141] 张士海.我党文化领导力建设的着力点[J].理论探索,2012(6):54-57.

[142] 燕继荣.执政党领导力的建设[J].领导科学,2011(4):18.

[143] 胡卫.习近平的战略定力论[J].社会主义研究,2016(6):1-7.

[144] 周振国.习近平战略定力思想研究[J].毛泽东思想研究,2016(6):46-51.

[145] 吴韵曦.列宁关于领导干部素质的重要思想及启示:从《给代表大会的信》谈起[J].理论导刊,2013(4):45-47.

[146] 周贤山.新常态下提升领导干部领导力研究[J].中共南京市委党校学报,2015(6):58-64.

[147] 刘兰华.基层领导干部伦理领导力现状与培育路径研究[J].北京行政学院学院,2014(4):34-39.

[148] 杨国庆.领导干部如何应对限权背景下的领导力挑战[J].领导科学,2014(18):12-13.

[149] 李朝智.情商对领导力的提升作用[J].党政论坛,2010(2):46-48.

[150] 领导的眼力[J].管理学家(学术版),2013(12):27.

[151] 刘志伟.走出领导魅力的认识误区[J].领导科学,2012(20):32-33.

[152] 刘召唤.领导干部提升领导力的途径[J].领导科学,2013(36):35-36.

[153] 李明,毛军权.领导力研究的理论评述[J].上海行政学院学报,2015(6):91-102.

[154] 陆园园,吴维库.领导力核心四要素研究[J].新视野,2013(2):56-59.

[155] 贺善侃,张天丰.从柔性领导力开发谈提高政府公信力[J].理论探讨,2012(3):159-163.

[156] 孙奎贞,刘艳丽.新领导力:古代领导力与现代领导力比较研究[J].北京行政学院学报,2011(3):18-21.

[157] 贺善侃.强化柔性领导力:构建和谐领导力的有效途径[J].领导科学,2011(2):7-9.

[158] 颜廷锐.领导力研究的新发展:伦理领导[J].理论与改革,2010(3):81-85.

[159] 赵新宇,尚玉钒,席酉民,等.领导权力研究回顾与展望[J].软科学,2015(9):81-84.

[160] 张好雨,刘圣明,王辉,等.领导权力分享对谁更有效:圈内人还是圈外人[J].领导科学,2016(2):43-46.

[161] 白茫茫.正确理解法定权力[N].云南日报,2015-02-02(8).

[162] 刘志伟.领导魅力的本质属性分析[J].领导科学,2013(17):32-34.

[163] 刘志伟.领导魅力模式解析[J].领导科学,2012(34):30-31.

[164] 刘志伟.走出领导魅力的认识误区[J].领导科学,2012(20):32-33.

[165] 杜少燚.领导干部人格魅力多元化构成浅析[J].领导科学,2010(32):47-48.

[166] 修焕龙.领导干部要多点亲和力[J].领导科学,2013(1):42-43.

[167] 王继东.个人能力不等于领导能力:项羽失败的启示[J].领导科学,2013(25):49-50.

[168] 徐西盛.领导干部要增强拒腐防变的政治定力[J].领导科学,2015(30):29-30.

[169] 周泽民.当干部要保持廉洁定力[J].当代江西,2015(3):4-6.

[170] 张占斌.保持战略定力与平常心:新理念与新思维[J].经济研究参考,2015(1):42-65.

[171] 侯远长."任凭风浪起,稳坐钓鱼船":学习习近平总书记关于增强政治定力的思想[J].学习论坛,2014(12):10-14.

[172] 孙业礼.担当·定力·规矩:学习习近平系列讲话中的新概念、新韬略[J].党的文献,2014(2):79-86.

[173] 贾立政,孙墨笛,栾大鹏,等.中国共产党的独特力量有哪些:一项大型调查的基本结果[J].人民论坛,2016(18):16-19.

[174] 张会蔚,张卫平.端正权力动机加强廉洁自律[J].人民论坛,2016(17):41-43.

[175] 刘明定.构建容错机制的逻辑悖论与破解之策[J].领导科学,2016(6):22-24.

[176] 张明.以价值观为导向的领导力建设路径探析[J].江西广播电视大学学报,2015(4):45-48.

[177] 杨守涛.党政领导者决策力提升法则[J].领导科学,2015(32):55-57.

[178] 王安庭.青年党政领导人才成长路径研究[J].才智,2015(18):268.

[179] 刘晓玉.领导干部非权力影响力的内涵、特点与实践意义[J].中国党政干部论坛,2015(6):42-44.

[180] 魏鸿.女性领导特质及领导力转型[J].领导科学,2015(16):46-48.
[181] 张会蔚.端正权力动机当好人民公仆[J].红旗文稿,2015(4):37-38.
[182] 郭秀丽.社会主义核心价值观的文化领导力[J].理论视野,2014(5):75-76.
[183] 余科豪,张洪侥,黄平槐.提升干部领导力的困境及出路[J].江西社会科学,2014(3):194-196.
[184] 马秀玲,闫虹.女性党政一把手成长路径研究:以地市级为例[J].中国行政管理,2013(8):76-79.
[185] 吴涛."官本位"思想与领导干部的灰色权力观[J].领导科学,2013(16):15-16.
[186] 于洪生.现阶段我国"官本位"现象的调查与分析[J].领导科学,2013(5):11-15.
[187] 张创新,陈文静.我国党政领导干部问责幅度实证研究[J].中国行政管理,2012(11):102-106.
[188] 吕冀平.善于引导干部争做老实人勿当"老好人"[J].领导科学,2012(30):50-51.
[189] 孙珠峰,胡伟.中国党政官员学历变化和代际更迭研究[J].学术界,2012(3):36-46.
[190] 申晓月,胡中锋.领导动机理论:一种新的领导理论[J].上海教育科研,2011(7):34-37.
[191] 蒋薇薇,朱思丞.制度是第一领导力[J].理论观察,2011(3):5-6.
[192] 刘贵丰.改革创新领导干部权力监督制约机制研究[J].理论学刊,2011(5):39-42.
[193] 石国亮.论政党价值观的领导力[J].扬州大学学报(人文社会科学版),2011(2):22-27.
[194] 张捷,时云.女性领导发展需求及政策建议研究:以江苏省女性党政领导为例[J].领导科学,2011(4):42-44.
[195] 欧建平.领导力、决策力与智库实力[J].领导科学,2011(3):14-16.
[196] 路杰.从价值观提升领导力[J].紫光阁,2011(1):70-71.
[197] 曾祥华.党政领导干部问责制的调查与分析[J].行政法学研究,2010(4):112-118.
[198] 赵光君.领导干部要善于运用非权力性影响力推动工作[J].中国党政干部论坛,2010(10):56-58.
[199] 刘淑英.性格开启领导智慧[J].领导科学,2010(21):38-40.

[200] 王宪魁.领导干部要做重视学习善于学习的表率[J].求实,2010(4):4-7.

[201] 谭建.领导干部权力的隐性影响力与提升要素[J].领导科学,2016(18):15-16.

[202] 刘少华.老实人与"老好人"有何差别[J].中国党政干部论坛,2010(3):8-10.

[203] 王周林.官场"老好人"的危害不可低估[J].中国党政干部论坛,2010(3):10-11.

[204] 许耀桐."老好人"干部为什么常有？[J].中国党政干部论坛,2010(3):11-13.

[205] 洪江强.要增强战略定力[J].红旗文稿,2013(15):38.

[206] 肖俊华.年轻干部要锤炼定力、忍力与魄力[J].领导科学,2014(22):55-56.